女性论坛

俞湛明 罗 萍 编著

第**1**辑

WUHAN UNIVERSITY PRESS

武汉大学出版社

武汉大学妇女与性别研究中心

目　　录

四、女性学融入专业教育

目　　录

四、女性学融入专业教育

开 卷 语

人们期盼已久的《女性论坛》（以下简称《论坛》），经过一段时间的筹备，今天与大家见面了。这是值得高兴的一件盛事！它的诞生，既为珞珈这块学术园地增加了一朵绚丽的奇葩，也为当代中国关心女性研究的学者们建造了一个可供切磋和争鸣的学术平台，确实值得祝贺！

数千年来，由于传统的"男尊女卑"思想根深蒂固，社会上不可能有专门研究女性的学术机构，更不可能有让女性研究者撰文发论的专门刊物。今天，时代变了！当代中国不仅有专门研究女性的学术机构，也有让女性研究者撰文发论的一些专刊。本《论坛》的问世，再一次向社会证明了这一翻天覆地的巨大变化，相信广大妇女姐妹们以及关心女性发展的男士们，会为此感到由衷的高兴！

本《论坛》由"武汉大学妇女与性别研究中心"创办，它的基本宗旨是：以马克思列宁主义、毛泽东思想、邓小平理论及"三个代表"的重要思想为指导，本着传播社会主义核心价值体系、关心女性全面发展、倡导女性自尊自信自立自强、弘扬女性优良品德、开发女性聪明才智、促进社会和谐与文明进步等良好愿望，推动有关女性的学术研究，刊发从事女性研究的学者们的学术成果。具体说来，本《论坛》拟将刊发本校及兄弟院校、科研机关、党政部门乃至海外男女学者们研究女性的优秀成果。作为《论坛》的创办者，我们有责任、有义务带头从事有关女性的学术研究，因而刊发的成果应当首先出自珞珈山，出自武汉大学，使《论坛》逐渐成为当今中国高校研究女性问题的一方学术沃土。

《中国妇女发展纲要（2001～2010）》明确规定："在课程、教育内容和教学方法改革中，把社会性别纳入到教师培训课程，在高等教育相关专业中开设妇女学、马克思主义妇女观、社会性别与发展等课程，增加教育者和被教育者的社会性别意识"；《中国儿童发展纲要（2001～2010）》也重申："将性别平等意识纳入教育内容"。本《论坛》将努力宣传贯彻这些指示精神，通过刊发相关论文，传播"马克思主义妇女观"，进行女性前沿理论探索；不断总结在高等教育中纳入社会性别意识的途径与方式，丰富完善女性学教育理论；坚持"以人为本"的原则，努力培育文明道德风尚与构建男女平等文化；引导教育者和被教育者提高社会性别意识，特别是增强男女平等意识，反对各种形式的歧视女性的不合理规章制度；将社会性别理论渗透到高等教育领域，推动社会性别主流化，以促进社会主义和谐社会的构建。总之，我们一定要为女性在市场经济条件下的正常发展振臂疾呼，清扫道路！

本《论坛》倡导从社会性别视角开展理论研究，致力于建设一种有别于男权中心文化的男女平等新文化；对传统文化，我们将本着取其精华，剔其糟粕的原则，使古为今用，推陈出新；对外来文化，我们将本着"他山之石，可以攻玉"的原则，借鉴吸取适合我国妇女情况的有用成分。《论坛》将以海纳百川的气度，遵循"双百"方针，围绕基本宗旨，广猎博采来自各方的优秀成果。具体说来，就是刊载具有社会性别视角的人文科学、社会科学学术论文，也将博采有质量的性别调查研究报告与西方女性主义理论研究成果。

本《论坛》拟一年一辑（特殊情况例外），第一辑为《中国高校女性学教育的理论与实践》；第二辑为《两性平等与和谐社会建构》，以后将视情况发展，逐年确定相关议题。我们期盼富有创意之作，欢迎研究妇女问题的专家学者们给我们赐稿，以便促进《论坛》健康发展，提高《论坛》学术质量，扩大《论坛》学术影响力！使《论坛》真正体现"女性的学术"，并服务于"学术的女性"！

一、女性学教育研究

我国高校女性学学科建设

本文探讨三个问题：一是近二十余年我国女性研究发展路径，二是高校女性研究教学与课程建设，三是女性学学科建设的本土经验。

近二十年我国女性研究发展路径

我国的女性研究自 20 世纪 80 年代中期以来得到了长足发展。1995 年联合国第四次世界妇女大会在北京召开，又为我国女性研究的深入与拓展提供了新的契机。梳理近二十年的发展脉络，我们可以从以下三个角度去考察：

首先，从学科的角度来考察。近二十年，我国的女性研究大致可以分为三个发展阶段。20 世纪 80 年代，女性研究侧重在既有学科内进行。诸如在心理学、历史学、文学、教育学等传统学科领域，相继出现了以研究女性特质特征为出发点的分支研究，并产生了女性心理学、妇女史学、女性文学与女性批评、女性教育学等分支学科。随着研究的推进，我们认识到女性研究是一个多学科综合交叉的新兴领域，许多女性的生存发展问题，很难在某一个既有学科内得到完满解答，需要跨学科的研究与探索。于是，20 世纪 90 年代初，女性研究比较关注在若干既有学科中进行融合和交叉，譬如对"社会转型与妇女"、"女性与中国传统文化"等问题的研究就是若干相关学科的女性研究者共同承担的。由此，女性研究进入了跨学科的发展阶段。90 年代后期，在既有学科和跨学科研究的基础上，女性研究进入了以建立独立的女性学学科的发展阶段。学界比较多地开始探讨女性学作为一个独立学科存在的依据，学科的研究对象、范畴、方法，以及知识系统和理论体系等问题。当然，这种描述只是有助于我们了解女性研究的一种线型的发展进程。其实，女性研究在这三个领域——既有学科、跨学科和独立的女性学学科的研究是紧密相连、互为依托、相互补充的，只是在某一时间段某领域的研究受到更多的关注，进展比较突出而已。

其次，从研究对象的定位来考察。20 世纪 70 年代以来，中国大陆的女性研究对象从某种意义上说，经历了从"运动"、"问题"到"人"的转变。我国的女性研究与妇女运动相伴而生，在 20 世纪相当长的一段时间内，女性研究的焦点是"妇女运动"。80 年代以后，女性研究开始更多地关注"女性问题"，即女性的发展与事实上的男女平等问题。90 年代后期，学界普遍认为，应从"人"的角度、即作为人的一半来研究女性问题，女性学研究的对象是"女人"——"自觉的实践活动着的女人"的见解，成为学界的一种共识。当然，"运动"、"问题"和"人"，都在女性研究视野之内，但从人的角度切入揭示女性作为人的本质属性和有别于男性的自身特征，显然是女性研究和女性学学科的逻辑起点。因为，任何女性问题的产生、演变和解决，诸如男女平等和女性社会解放的彻底实现，都是以女性本质、特征及其发展规律为依据的，只有解决了女性的本体论问题，才能解决女性的价值论和发展论的问题。

再次，从研究机构与队伍建设来考察。近二十年来，我国妇女研究机构和研究队伍已经形成了妇联、高校和社科院系统"三足鼎立"的局面。虽然它们隶属于不同的系统，但依其性质、任务和作用而言，可以分为三大类：一是进入行政体制内的常设机构，主要进行妇女现实问题研究，为其所属上级单位提供实证性研究成果，如妇联系统的研究机构等；二是处于体制内的边缘的虚体机构，大多进行以拓展学术领域、注重学科建设为主的基础研究，如高校和一些科研院所的妇女研究中心等；三是以妇女研究为宗旨组建的社会团体，譬如一些协会、研究会、协作组等。近十年来，三个系统的研究机构和研究人员均有较快增长，但发展最快的是高校系统，她们已经成为女性研究学界一支十分活跃的力量。截至 2004 年底，在中国妇女研究会 108 个团体会员中，就有 48 个来自高校的妇女研究机构，占 44.4%。

据不完全统计，截至 2005 年初，已经有 53 所普通高等院校设立了 55 个女性研究机构。综观 55 家高校的女性研究机构，若从领导体制上考察，大致可以分为三类：一是隶属于校方或校科研部（处），主要负责人由校级领导兼任，如北京大学、首都师范大学、中央民族大学等院校；二是隶属于某个学院（系、所），如武汉大学、华中师范大学等院校；三是隶属于工会等群团组织，如吉林大学、内蒙古大学、厦门大学等院校。若从功能作用的角度来考察，大致也可以分为三类：一是以教学和科研为主；二是侧重于研究和活动；三是以活动和女教职工权益保护为主。在建制上，多数高校仍停留在虚体建制阶段，但"三无"（无编制、无经费、无场地）的状况正在逐步改变，一些高校妇女中心有了自己固定的活动场所。据悉，有专职编制的高校妇女研究中心已有 4 家，它们是中国传媒大学、延边大学、东北师大和天津师大，据说武汉大学妇女与性别研究中心从 2006 年起已由"三无"到"三有"。

高校女性研究教学与课程建设

我国高校的女性研究与教学起步于 20 世纪 80 年代中期，主要内容是介绍西方女性主义学说、运动与思潮。但是我国改革开放政策的实施，一些大学教师走出了国门，外籍教师进入了大学校园，一些热心妇女发展事业的教师开始关注西方女性主义理论与方法。譬如，1984 年，北京大学英语系聘请的外籍教师，应邀举办了有关西方女性主义的讲座。1987 年，英语系教授开出了有关的专题课。1990 年，北京大学中外妇女问题研究中心问世，使分散在各院系热心妇女研究的教师走到了一起，一批女性研究课程出现在北大课堂。到 1995 年，北大已经在外语、中文、历史学、心理学、社会学等院系开出了有关女性研究的专题课、讲座课或选修课 12 门。这期间，郑州大学、武汉大学、杭州大学、云南民族大学、天津师范大学等高校也在部分院系开出了相关的女性研究课程。

第四次世界妇女大会之后，随着我国女性理论研究的不断深入与拓展，女性研究课程作为全校通选课走进了更多的大学校园。1996 年至 2000 年之间武汉大学在社会学硕士研究生中开设"妇女社会学专题研究"、"家庭社会学专题研究"课程，1994 年至今在社会学系本科生中坚持开设"家庭社会学"课程。1997 年西安交通大学开设全校本科生选修课"女性、素质与发展",到 1999 年已讲授 4 次,约 350 位学生选修。① 杭州大学(现浙江大学)向全校本科生开设基础性的"妇女研究"选修课程,几年内选修学生就有 664 名。② 华中师范大学 1994 年即在本科生中开设了"妇女理论与妇女问题研究"通选课。复旦大学自 1997 年在社会学系开设了"妇女研究"限选课,在全校本科生中开设了"性别研究"通选课。③ 这一时期,女性研究课程建设在普通高校的发展,既体现在课程数量的增加上,也体现在课程质量的提升中。1995 年以后,女性研究和女性学课程多为"限选课"或"通选课",比起此前的"专题课"、"讲座课",在课程内容和教学方法上均有所进步,即内容的系统性、理论性增强,并实施学生参与式教学法,实现了教与学的互动,受到学生的普遍欢迎。北京大学佟新教授在 2001 年起在全校本科生中开设的通选课"社会性别导论",每次都有 100 多名学生选修。首都师范大学啜大鹏等教授开设的本科通选课"女性学",1999 年以来已经讲授了 11 个学期,应学生要求从开始的 18 学时增加到 36 学时,报名选课人数最高达 180 人,用同学们的话说"这是学校里很火的一门课程了"。性别课程走进上海高校课堂以后,也很受学生欢迎。上海大学第一次选修女性研究课程的人数为 117 人,第二次上升为 170 人,其中男学生约 30%。福建农林大学 2003 年面向全校本科生开设公共选修课"女性学",选修的学生一年比一年多:2003 年 9 月第一期,计划 60 人,报名 578 人,实收 75 人;第二期计划 100 人,报名 680 人,实收 112 人;第三期计划 139 人,学生网上选课,很快满额,最后报名多达 1685 人,实收 160 人,这是该校其他课程从未有过的现象。④

1998 年,北京大学设立了女性学硕士专业方向,由此推动了女性学专业课程建设的步伐。从 1999 年起,北京大学开出了 4 门女性学专业课程:女性学研究——女性学概念、知识及其理论体系;女性发展史——女性发展史、妇女运动发展史、女性学说发展史;性别与发展——性别与经济发展、性别与社会发展、性别与人口发展;西方女性学名著选读——西方女性主义的理论与方法。东北师范大学、云南民族大学等院校也相继设立了具有本校专业特色的女性学硕士专业课程体系。

据不完全统计,到 2005 年 7 月,全国已经成立妇女研究机构的 53 所高校中已有 39 所院校先后开出了女性研究或女性学的相关课程。

归纳起来,我国高校女性研究教学与课程主要有以下几个特点:

第一,从开设课程的路径看,我国高校的女性研究课程比较普遍的是从"分散"向"集中"发展,即从分散在各个人文社会科学及某些自然科学学科的女性研究课程,向比较专门的、独立的女性研究课程转化,逐步开出了相对独立的女性学课程。同时,已有的分散在各学科的女性研究课程和独立的女性学课程互为依托,互相促进,共同发展。

第二,从各高校开设的课程类别看,大致可以分为三类:一是全校通选课,二是专业选修课,三是专业必修课。如:首都师范大学等院校,在本科生中开设"女性学"通选

① 孙晓梅:《中国女性学学科与课程建设研究综述》,《妇女研究论丛》1999 年第 4 期。
② 孙晓梅:《中国女性学学科与课程建设研究综述》,《妇女研究论丛》1999 年第 4 期。
③ 《高校开设女性学/妇女研究课程一览》,参见魏国英、王春梅主编《女性学理论与方法》。
④ 资料来源:2005 年 11 月 5~6 日在厦门召开的"高校女性学学科建设经验交流座谈会"材料之一:《推动农村妇女研究进入社科研究和学科建设主流高层——福建农林大学性别与发展研究中心》。

课，主要讲授女性学的基本知识、概念与理论，提高学生的性别意识和平等理念；中央民族大学民族学与社会学系为本系学生开设了"女性人类学"、"社会性别研究"等专业必修或选修课程（民族学专业必修，博物馆学专业选修）；北京大学、东北师范大学、武汉大学、云南民族大学为女性学专业硕士生开出了"女性学研究"等系列专业必修课程。

第三，从开设课程的内容看，基本上是各个学校根据各自的校情和各自学科特点、课程特点自行设计规划的，即或是同一名称的课程，内容也是大有差异的。从"女性学导论"课的内容来看，有的学校以讲授基本知识和理论为主，有的学校则以讲授女性发展中的实际问题为主，各有侧重。从开设课程的学科看，一般都与本学科女性研究的深入程度相关。因为课程的建设与发展，依赖于研究的深入与拓展。譬如，不少高校女性社会学和女性史学研究不断有新成果推出，编写出版了女性社会学等教材①和有关妇女史的论著，支持了相关课程的开设与课程的可持续发展。

第四，从课程讲授的方法看，各校普遍采取了参与式教学法，注重师生互动，注重理论联系实际，注重启发学生的学习欲望和参与热情，变学生被动的接受为主动的思索和寻求解答。许多学校重视电化教学，组织学生观看录像，实地访谈，专题讨论，让学生成为课堂的主角，大大增强了学生的学习积极性和课堂效果。

女性学学科建设的本土经验

近二十年来，我国女性学学科在中国的土地上生长发展，形成了自身独有的一些特色，归纳起来，大致有以下几点：

第一，女性学学科建设与各既有学科女性研究相互促进，共同发展。

可以说，我国的女性学学科建设是建立在既有学科的女性分支研究不断深入与拓展的基础之上的。正是各学科女性研究的丰硕成果和有效方法，为女性学提供了充分和必要的理论材料和实证数据；女性学也正是在整合、转化和提升这些理论元素中存在和发展的。女性学既不能取代各学科的女性研究，也离不开它们的支撑。要建设科学的女性学，建设好各既有学科的女性研究是其必要条件；也只有在各学科的女性分支学科研究不断创新的基础上，女性学才能永葆活力。

近年来，高校众多学科的女性研究成果颇丰。北京大学中古史研究中心兼女性研究中心的邓小南教授主编的《唐宋女性与社会》（上下册）论著，成为北京大学"985工程"重大项目"盛唐研究工程"第一阶段的重要成果。武汉大学妇女研究中心罗萍教授主持的国家社科基金项目"市场经济条件下发挥妇女作用的特殊问题研究"，发表了系列成果，取得了良好的效果。吉林大学妇女研究会承担了国家社科基金特别委托项目子课题"社会主义社会男女不平等的性质、特点和原因分析"，该课题组在国内外公开发表与妇女和性别研究相关的学术论文50余篇、会议论文100余篇。

各学科女性研究的日益丰富和深入，适应了人文社会学科不断交叉融会的趋势，吸引了众多学者关注和投入女性问题研究。据不完全统计，2002～2004年间，以女性为主题的博士硕士学位论文已有290余篇。一批优秀的博士论文出版，获得好评。如政治学领域

---

① 王金玲主编：《女性社会学》，高等教育出版社2005年版。

的《社会性别视角下的国际政治》（北京大学李英桃，2004），经济学领域《基于社会性别的家庭时间配置研究》（北京大学许艳丽，2004），《武汉市下岗女工择业意愿与再就业关系研究》（武汉大学李宏伟），《武汉地区女大学生个体特征与择业意愿关系研究》（武汉大学苏娜等），就是妇女理论研究推动下的直接或间接成果，同时也为我国女性学的发展提供了理论因子和方法借鉴。

第二，准确把握借鉴与创新的关系，建设适合中国国情的女性学。

毋庸置疑，我国女性学学科近二十年的发展，中西方女性理论的交流与碰撞是不可或缺的加速器。值得庆幸的是，三十多年来蓬勃发展的西方女性主义和女性学的观念、理论与方法以及累积的学术成果，为我们的女性学研究提供了多方位的参照视角、分析工具和运作策略。学习、借鉴、吸纳和转化西方女性主义的理论与方法，为我国的女性学研究减少了许多起步的艰难与困惑。但是，我国的女性学学者清楚，吸收他人的优长，目的是开创符合本国国情的女性学学科。我们不但要搞清楚别人在做什么，怎么做，为什么做，把别人的"经验"拿来；更要清楚我们自己要做什么，怎么做，为什么做，拿出我们的"经验"和见解，因此，我国的女性学，已基本走出了自己的建设发展之路。概括起来就是：

如果说，西方的女性主义理论与女性学更多的带有女权运动的色彩，对当代学术具有很强的批判力度的话，那么，我国建设和发展的女性学，则带有更多的构建男女和谐发展的意愿，既符合国情，又对学科的繁荣与进步具有很强的建设性。

如果说，西方的女性学与女性主义是"从一向多"发展，即从白人中产阶级女性研究向多种族、多阶级、多地域、多民族的女性研究发展，从女性主义理论向多学科女性研究发展的话，那么，我国的女性学则是"从多向一"发展，即从多学科的女性研究到独立的女性学学科建设，从具体的分布在各地域、各阶层、各民族的女性研究逐步进入对一般的整体的女性的研究。

第三，国家政策的有力支持，形成女性学学科发展的良好环境。

我国女性学学科建设得益于国家政策的有力支持，这是与某些国家女性研究的发展环境有所不同的。

1994 年 2 月公布的《中华人民共和国执行〈到 2000 年提高妇女地位内罗毕前瞻性战略〉国家报告》中明确指出："2000 年前逐步在大学开设妇女学选修课。"

2001 年国务院颁布的《中国妇女发展纲要（2001～2010 年）》也明确提出："要在课程、教学内容和教育方法改革中，把社会性别意识纳入教师培训课程之中，在高等教育相关专业中开设妇女学、马克思主义妇女观、社会性别与发展等课程，增强教育者和受教育者的社会性别意识"。

我国妇女工作决策层也将女性学学科建设视为妇女研究的重要组成部分。1999 年，全国人大副委员长、全国妇联主席彭珮云在"中国妇女 50 年理论研讨会"的讲话中指出："近年来，在哲学、史学、文学、人类学、人口学等学科领域中，一些专家学者开始从妇女的角度来审视传统学科，试图补充、发展和完善人文学科，产生了一批研究成果；一些学校开始了妇女学的学科建设。尽管对妇女学的对象、内容、认识还很不一致，但它的出现推动了妇女研究的深入发展。一种成熟完善的学科，需要经过长时间的社会实践、学术争鸣和理论探讨才能形成，妇女学学科建设也是如此。我们应该以积极的、科学的态度对待妇女学学科建设，使妇女研究得到全面发展，这将有利于有中国特色社会主义妇女解放理论的建设。"

国家和地方教育行政部门在教育规划和社科基金资助中逐步加大了对女性学和女性研究的支持力度。北京市教育科学规划办公室在"九五"教育科研中设立了"高校妇女学学科建设"课题，鼓励专门研究和论证高等院校建立女性学学科的必要性。① 教育部"十五"哲学社会科学研究规划及课题指南中，历史学设立了"妇女史研究"，民族学设立了"国外性别问题理论"和"中国性别问题研究"，社会学设立了重点研究项目"妇女参与社会发展与妇女社会支持网络"。② 据统计，近五年国家哲学社会科学基金资助项目中与妇女相关研究课题立项有 28 项，占 0.5%，共涉及 9 个学科领域，相比上一个五年实现了零的突破。2006 年度国家社会科学基金课题指南中，在 22 个学科领域中有 10 个学科明确列入了 12 个直接与妇女/性别研究相关的选题方向。

国家政策与领导层的支持，使女性学学科建设赢得了良好的生长与发展环境。女性学以及既有学科中的妇女研究的兴起与蓬勃发展，适应了人文社会科学发展的趋势，正在成为新兴学术的一个增长点。

第四，开放的研究机制，百家争鸣的学术氛围，跨学科的研究队伍，为女性学多视阈的探索提供了便利。

我国女性学学科具有开放性的研究机制，可以随时吸收来自各领域对女性研究有兴趣的研究者和他们的研究成果，形成宽松、活跃、吸纳、包容的学术氛围。因为大多数高校女性研究中心都不是实体，在人员编制上没有限制，也没有刻板的"进入"门槛，许多学者是因为对女性学的研究有兴趣而聚集在一起的，因此形成了一个研究领域广泛的学术群体，并造就了女性学学科具有开放性和包容性的特点。

女性学学者的专业背景是多样化的，他们来自包括哲学、政治学、经济学、社会学、人类学、历史学、心理学、文学、法学、人口学、教育学等多个学科领域。这些学者将各自专业的最新理论信息和研究方法带入女性学的研究，加上女性学学科建设对不同学科背景研究者的渴求与吸纳，使得该学科有可能吸纳所有对女性研究有所帮助的人力和智力资源并加以集中与融会，从而形成了跨学科的研究队伍和知识储备。

各高校的女性研究依托本校学术资源，凭借所在学校的学科优势和学术传统来展开自身的研究，也是一个特点。从已有高校的女性学研究来看，大致可归为两种类型：一类以"专"见长，即擅长于某一领域的女性研究，如中央民族大学以少数民族妇女研究见长，中国传媒大学则侧重于媒体与女性的研究。另一类以"全"见优，即致力于跨学科多领域地研究女性问题。如北京大学、武汉大学、复旦大学、中国人民大学等校的女性研究，就是依靠所在大学的综合实力，在广泛的学科领域中展开，为女性学学科的建设提供了多视阈的探索。

不断地进行理论梳理、争鸣与反思，努力形成良好的平等对话、交流、研讨的学术氛围，促进了中国本土女性研究理论的成长与成熟。譬如，科学对待社会性别理论是一个学界普遍关注的课题。社会性别理论是近年来西方女性主义理论中备受注目的热点，90 年

---

① 孙晓梅：《中国女性学学科与课程建设研究综述》，《妇女研究论丛》1999 年第 4 期。
② 孙晓梅：《中国女性学学科与课程建设研究综述》，《妇女研究论丛》1999 年第 4 期。

代以来在我国流行较广,对妇女研究有着较大的影响。经过十余年的深入探讨,学界逐步形成了比较一致的看法。总体说来,我国学者普遍主张社会性别分析范畴要与其他分析范畴结合起来使用,要尽量避免从单一的女性角度来考察性别问题,而应从两性角度来思考女性发展与两性和谐问题。这既有助于中国女性研究克服对西方女性理论的盲从,又有利于切实回答中国妇女发展的实际问题。

有学者肯定了社会性别理论在中国流行的积极意义,即"学术理论多元化","观察多视角",以及揭示了"当今世界把男人塑造成男人把女人塑造成女人的社会文化有许多不合理之处"。同时,也提出社会性别理论的适用范围问题,提倡合理运用社会性别理论,克服其"忽视社会文化的合理成分而夸大其不合理性"的偏颇。① 有学者指出,"社会性别结构分析方法尽管填补了传统学术中性别批评话语的缺失,但现行的研究有一种将社会性别理论作用夸大化的倾向,研究中必称社会性别,以为任何一种社会关系都是性别视角缺失造成的,可能会导致妇女学研究与学科化的僵化"②。

毋庸置疑,我国高校的女性学教学研究仍在建设发展之中,学科基本理论尚缺乏研究的深度和广度,课程建设还处于初级阶段,内容原创性不够,教材与教学也不够规范。由于各校研究队伍的理论准备和素质差异,教学质量参差不齐;由于各校在建制和编制上普遍的滞后与薄弱,课程的开设存在某种随意性,科研与教学队伍不稳定,力量严重不足。

因此,我国高校女性学学科建设还任重道远。我们愿借此次机会,向兄弟院校学习,与同志们一起推动我国女性研究与学科建设迈上新台阶。

本文作者:魏国英,北京大学中外妇女研究中心教授。

---

① 潘锦棠:《我看"社会性别理论"及其流行》,《中国妇女报》2002年12月2日第3版。

② 魏开琼:《从女性主义视角反思本土妇女学的建立》,《四川大学学报(哲学社会科学版)》2004年第2期。

女性学进入高校教育主流

女性学教育包括马克思主义妇女观教育、社会性别意识教育、女性学基本原理教育以及性别意识渗透各专业教学与教材改革。马克思主义妇女观是马克思主义意识形态的一个组成部分，它应纳入高校政治思想教育体系。大学生处于世界观形成的关键时期，向他们灌输马克思主义妇女观和性别平等意识以及引导女大学生树立自立自强意识，尤为必要。

一、女性学迎来发展的好时机

21世纪迎来了女性学发展的诸多有利条件，21世纪是女性学发展的好时机。

1. 性别教育写进两个发展纲要。《中国妇女发展纲要（2001~2010年）》明确规定，"在课程、教育内容和教学方法改革中，把社会性别纳入到教师培训课程，在高等教育相关专业中开设妇女学、马克思主义妇女观、社会性别与发展等课程，增加教育者和被教育者的社会性别意识"。《中国儿童发展纲要（2001~2010年）》中重申："将性别平等意识纳入教育内容"，义务教育语文课程标准实验教科书（1~9年级）编制中，将有利于儿童发展的性别平等意识纳入到母语教育中，以便在语文教学中培养学生性别平等意识。两个纲要明确告诉我们，社会性别要纳入教师培训课程；高校相关专业要开设妇女学、马克思主义妇女观等课程；提高教育者和被教育者的社会性别意识；中小学要"将性别平等意识纳入教育内容"。这种形势和时机对于女性学理论建设，对于敦促女性学纳入高校教育体系十分有利。

2. 社科系统开始重视女性研究。2006年度国家社会科学基金课题指南中已有9个学科领域明确列入12个直接与妇女/性别研究相关的选题方向。2005年，教育部社会科学研究重大课题攻关项目招标指南中已明确列入"性别视角下的中国文学与文化"；中国社科院院长委托项目在该院妇女研究中心设立了四个妇女/性别研究课题。这一切无不说明将妇女/性别研究纳入中国社会科学研究主流已经开始或已成一种趋势。其研究成果不仅为女性学理论建构做出积极贡献，同时又会有力敦促高校课程改革做出回应。

3. 全国妇联积极推动。全国妇联正在加强与教育部和各高校的合作，成立专门机构，编写系列教材，整合学科资源，促进全国社科系统、党校系统、高校系统、妇联系统"四位一体"的妇女与性别研究网络的形成，争取将妇女学纳入高校教育主流。中国妇女研究会主办的"妇女/性别研究与培训基地"将从机制上推动妇女/性别研究、教学、学科建设及人才培养，首批基地在北京大学、武汉大学、中央党校、中国社科院等21所高校、党校、社科院、妇联建立。这将成为女性学发展的新一轮推动力。

4. 高校妇女研究中心是女性学进入高校教育主流的生力军。全国已有50多所高校成立了妇女研究中心，她们开展女性学研究，开设女性学选修课；北大、首都师大出版了女性学教材；1998 年，北京大学中外妇女研究中心率先在社会学硕士点下设置了女性学方向并开始招生，推动了女性学学科建设步伐；1997 年武汉大学社会学硕士点开出了妇女社会学必修课；2005 年 10 月中华女子学院正式向教育部提出申请女性学专业，2006 年 3月，女性学成为经教育部备案和审批设置的高校新增 25 种专业之一，这意味着女性学正式进入我国高等教育之列。一批批女性研究与教学人才在各高校妇女研究中心旗帜下聚集与发展，这是高校女性学建设的主力军。我们欣喜地看到，女性学进入高校教育主流的天时地利人和皆已具备，前途光明。我们迎来了女性学发展的好时机。

二、大学生需要性别平等意识教育

1. 性别平等教育伴随大学生人生社会化过程。人是社会化的动物，人的社会化过程就是人通过文化和教育的灌输不断剥离动物界兽性的一面，建立起团结、友善、帮助、公平、正义、平等等观念和行为的过程。人类进化到今天，在整个人类社会，在全世界已将公平、正义、平等观念惠及不同肤色、不同阶层、不同民族、不同年龄、不同地域的人，虽然在某些领域仍有不平等现象存在，但从观念上人们都已承认必须平等。唯独不同性别的人没有公正、平等地对待，在一切不公平中，持续时间最长、跨越领域最广、涉及人数最多的是性别不公正和不平等，它贯穿到至今所有阶层、所有地域、所有行业、所有群体的社会、团体、家庭生活的方方面面。这种文化影响对青少年社会化过程十分不利，这种文化的改变需要一个相当长的过程，我们不能等这个过程结束后再让大学生社会化，人的社会化过程不能等待，不会停止，一代又一代的人必然在这个文化改变的相当长的过程中实现社会化，大学生也不例外。大学生要树立公平、正义、平等观念只能通过教育灌输，性别平等教育对成长中的大学生十分必要。因此，性别平等教育应该伴随大学生整个社会化过程。

2. 性别教育唤起女大学生自立自强意识。传统观念影响，女人总被视为弱者、依赖者角色。莎士比亚曾说过，女人，你的名字叫弱者。这句古老的名言是传统观念浓缩的经典，是对女性的严重束缚。女大学生不是一般的女人，它是女性中的佼佼者，他们应带头打破弱者形象，做自立自强的典范。这就需要我们的学校将帮助女大学生树立自尊自信自立自强意识纳入教育内容。作为时代的骄子，如果我们的女大学生都不能自立自强，那底层妇女何谈不依赖、不做附庸呢？一半人依赖另一半人，一个性别依赖另一个性别的社会不算正常社会，也不会有快速发展。对占高校半数的女大学生进行性别意识教育，帮助她们树立自尊、自信、自立、自强的"四自"意识，是对女大学生性别教育的新内容，也是高校女性学教育的又一重点。

3. 性别平等意识应成为大学生思想素质。大学生是有知识、有文化、有教养的人，尊重人，尊重女性是最基本的做人要求。现实生活中不少有知识的人在社会生活中歧视妇女，在家里打老婆，看轻女孩。大学生不是一般的人，应该有礼貌、有风度、尊老爱幼、尊重妇女。同时，今天的大学生就是明天国家的决策者，这就要求当代大学生具有性别平等意识，自觉地将两性利益同等看待。因此，我们要把性别平等教育纳入到当代大学生素质教育的总体要求，将性别平等意识作为当代大学生应该具有的基本素质之一。

4. 性别平等意识是对大学生"德"的基本要求。大学生的"德"，不仅是爱党爱国家爱人民和尊老爱幼，还包括大学生应具有公平、正义、平等观念，没有公平、正义、平等观念不能算一个全面发展的人。一个全面发展的人不仅能够正确处理与党、与国家、与人民的关系和老幼关系，还要能正确处理两性关系，因为性别关系是一个最普遍最广泛的人际关系。我们培养的大学生不仅能尊老爱幼，而且应该公正、平等地处理性别关系。性别平等意识是一个人"德"的基本表现。大学生要树立性别平等意识只能通过教育灌输。平等地对待另一性别是大学生应有的"德"，大学生应是一个具有社会公德，家庭美德与职业道德的优秀公民。具有性别平等意识是对大学生"德"的基本要求。一个人没有平等的性别观念，公平、正义、平等将大打折扣。因此，高校德育教育中有必要纳入性别平等意识教育。

三、女性学进入高校教育主流

我们试图为女性学进入高校教育主流作一些设想和提出一些可操作性的东西。

1. 马克思主义妇女观纳入公共政治课教育。到目前为止普通高校开设的女性学课程一般列入公共选修课，让学生自由选修。自选课存在两个问题，一是只有少量学生选修；二是自选课一般都不是主要课程。在高校，外语、政治、思想品德、军事等是全校各专业的公共政治课，学生不能不修。马克思主义妇女观是"马克思主义理论"的一个部分，它应成为思想政治教育的内容，应纳入公共政治课教育。能不能平等地待人，有没有平等意识是一个人的思想品质，应该纳入思想品德教育。这样，女性学就进入了高校公共政治课教育体系，也就是进入了高校教育主流。

2. 性别意识渗透各专业教学与教材改革。各专业特别是人文科学和社会科学教学都应有性别意识，从性别视角审视专业讲授内容。在现有的教材和讲授中，基本上没有性别意识。教材的编写需要一个过程，这就要求讲授者从性别视角增加内容。目前的人类史基本上是男人的历史，在历史上看不到女人的作用，有也是抹杀、歪曲，甚至丑化。女人在历史上的功绩被淡化，史学领域还往往流露出"女祸论"的影响。四大册《中华人民共和国历史长编》除附录里人大代表名单中有"女"字，很少有性别信息。正史中女性缺席，只在野史和文学作品中从婚恋角度进入浪漫故事，但又往往视女人为赏心悦目品。以性别视角来看史学，在历史上活动的是两个性别，女性的活动以及女性在历史上的作用应该进入历史教科书，史学的改革是一个非常艰巨的任务，如果我们今天能带着性别意识讲授历史，那就是这门课程改革的开始。

在法学领域往往将人视为抽象的"人"，就是以男人代替"人"，立法中以男人代替"人"，女人的利益往往就被男性"一体化"了。从性别视角看《物权法》草案，"工伤"通常就是以工伤的人来赔偿，但一个怀孕妇女的工伤就复杂多了。它应该包括妇女本人受伤和因胎儿受影响生出一个有问题的婴儿，在这里，若以男人为假设人或以男人代替人的立法就会出现问题。立法中应有性别视角，但这是一个过程，一个不断认识的过程，一个逐渐消解立法中性别盲区的过程。而目前大量现有的法律法规仍然存在性别盲区，这就需要我们增加性别视角的分析，引导学生用性别意识眼光看当前的法律法规及其修改。

在社会学领域讲授人的社会化，传统地讲授就是分男人和女人的社会化，社会化的结果就是将女孩培养成未来的贤妻良母，将男孩培养成挣钱养家的男子汉。因此，分性别的儿童游戏被视为社会化的典型形式，向未成年人灌输性别定型观念成为社会化常态。在一定意义上可以这样说，学校所宣传的社会化就是培养传统的性别角色。美国流行对儿童进行"双性化教育"，这对大学生性别教育也不无借鉴意义。社会角色、社会结构是社会学研究的重要概念，我们抽象地谈论社会角色，一接触到性别就是传统的性别角色，男子汉和柔弱女子；我们抽象地谈论社会结构，不触及占据社会主体结构人的性别，掩盖着社会结构的失衡和不合理，掩盖着女性的边缘化。我们应以性别视角引导学生进行分析，男人女人的性别角色与社会角色，分析社会结构的主体结构和边缘结构的性别差异与不合理以及如何实现社会性别主流化。在各专业特别是人文科学和社会科学各专业，除上述史学、法学、社会学外，文学、新闻学、伦理学、心理学、管理学、经济学等学科从性别视角审视修改和增加女性学内容，是教材改革的重点之一。

3. 女性学教育需要行政推力。女性学要主流化，必须取得行政合法性、社会合法性和学理合法性。行政合法性和社会合法性是通过学科建制建立起来的；学理合法性是通过学科制度建立起来的。因此，我们要进行三个层面的工作，这就是女性学的行政设置、社会认可和理论体系的独立与完善。而学科行政合法化和社会合法化是更重要更迫切的事情，因为在我国学科设置基本上是一种行政行为①。我们不会忘记，1979年法学、政治学、社会学的恢复虽然有实践的需要，但与邓小平发了批示不无关系。三个一级学科，三个学科专业随着批示立马建立起来，我们今天争取的是建一门女性学课程，应该说容易许多。因此，在这种情况下，我们可以争取走行政合法化这条路径，但这并不是降低我们在学理建设方面的努力。恩格斯指出，社会一旦有技术上的需求，就能比十所大学更可能把科学推向前进需要。这无疑是对的，一门学科的设立是由社会发展需要来决定的，而不是由某些人来肯定或否定的。学科建制当然要有社会需要，但社会需要不大的却建了学科，而社会需要大的却不能及时建学科的特例也不鲜见。社会认可了，才能行政认可，这是就一般而言。但没有社会认可的，却得到行政认可并非完全不可能。有了行政认可，就有了发展资源。在当前社会的主流文化氛围下，要争取女性学首先得到社会认可，没有一定程度男女平等文化氛围的准备会是件十分艰难的事情。如果我们能合理地运用行政力量推进女性学进入高校教育主流，这对于我们要达到的目的是不无益处的。

四、高校女性学教育与女性学进入高校教育主流

1. 高校女性学教育。我们理解的高校女性学教育，一是包括女性学基本原理教育、马克思主义妇女观教育、性别平等教育以及社会性别意识渗透到各专业教学与教材改革。二是女性学学科建设，包括女性学学理建设，即包括基本概念、基本原理的理论体系建构；女性学学科建制，即专业设置。我们开展女性学教育的目的旨在培养大学生树立正确的世界观和人生观，树立科学的性别意识，有良好的基本素质和道德基础，而不是大学生都去学女性学的基本原理，更不是都去学女性学专业。我们认为：在所有高校（包括普通高校和农、林、医、军、航天、地质、科技等）开展马克思主义妇女观教育与社会性别意识教育；在人文科学和社会科学各专业将性别意识渗透到专业教学与教材改革中；在

---

① 王君：《学科制度视角下的"妇女学"》，《妇女研究论丛》2005年增刊，第101～104页。

社会工作等相关文科专业开设女性学基本原理课程，这就是我们理解和倡导的高校女性学教育。

马克思主义妇女观既是女性学的理论基础，又是中国女性学的重要组成部分。马克思主义妇女观是争取妇女解放的理论，又是实现性别平等的理论基础。江泽民阐述的马克思主义妇女观是以辩证唯物主义与历史唯物主义理论分析妇女问题得出的五条基本原理：（1）妇女受压迫是人类历史发展的一定阶段上的社会现象；（2）妇女在私有制下处于受压迫的地位实质是阶级压迫的一种特殊表现形式；（3）参加社会劳动是妇女解放的一个重要先决条件；（4）妇女解放是一个长期的历史任务；（5）妇女在创造人类文明、推动社会发展中具有伟大的作用。① 这五条基本原理分别指出了：妇女受压迫的暂时性，妇女受压迫的性质，妇女争取解放的正确途径，妇女解放的长期性以及妇女在两个文明建设中的伟大贡献。这就是马克思主义妇女观的核心内容。学习马克思主义妇女观就要认真领会这五条基本原理，并用这五条基本原理分析社会生活，认识妇女问题，并探求解决妇女问题的方法和途径，开发妇女人力资源，促进社会和谐发展。

社会性别是女性学的基本概念和基本理论。社会性别是指社会文化中形成的属于男性或女性的群体特征和行为方式，以及基于此种划分的社会性别分工、价值判断和权利结构。它是后天形成的、可改变的。社会性别理论认为男女不平等的原因不在于先天决定的生理性别，而是由后天形成的社会性别，社会性别是由社会政治、经济即社会文化建构的。社会性别理论把生物学意义上的性别同由社会文化建构的性别区分开来，揭示了男女不平等产生的根源。社会性别视角既是一种科学方法，又是一种观察视角，运用这种理论和视角，我们就能够在人们认为是正常的、历来如此的社会现象中，识别出两性关系上所存在的不平等现象。这个理论还告诉我们，男女关系上所存在的不平等现象，并不是由于男女生理性别的差异形成的，而是后天社会文化环境所塑造的，它可以随着社会文化等环境的变化而变化。

我们讲的性别教育，一是要将生物性别与社会性别区分开来；二是要"使社会性别主流化"。20 世纪 80 年代以来，社会性别纳入联合国决策、纳入国家公共政策，这就是联合国开发署提出的"使社会性别主流化"口号。社会性别主流化是指将男女平等具体化到立法和制定政策以及一切社会活动中的行动。就是说，在解决问题和制定政策时，要将男女两性的利益放在同等重要的地位来考虑，将男女两性都作为社会主体看待，从而最终实现社会性别平等，实现社会和谐。社会性别主流化必须通过将社会性别纳入决策、纳入政策，而将社会性别纳入教育主流是纳入决策、纳入政策的保证。只有性别教育主流化了，培养的下一代才会具有性别观念，才会具有性别平等意识。由具有性别平等意识的人来制定政策，做出决策，其决策才会将两性的利益放在同等重要地位。因此，社会性别教育主流化是实现决策主流化的保证和基础。

2. 女性学进入高校教育主流。女性学进入高校教育主流，就是女性学教育与其他学科教育具有同等地位，同样的学术价值，它的教学和研究成果在职称考核和评定中，在提倡和奖励方面具有同等的分量。马克思主义妇女观在全校公共政治课的马克思主义理论中

---

① 江泽民 1990 年 3 月 7 日《迎接国际"三·八"妇女节讲话》，《中国妇女报》1990 年 3 月 7 日第 1 版。

作为一个部分开课；性别平等教育纳入思想品德课；人文科学、社会科学各专业融入或渗透性别意识，以性别视角进行教材改革；女性学基本原理在社会工作等相关专业开课。这就是女性学进入了高校教育主流。

为女性学进入高校教育主流我们努力着，期盼着！

本文作者：罗萍，武汉大学社会学系教授。

中国（大陆）高校女性主义教学①

（一）

　　近年，中国（大陆）女性学教学在高校有了快速发展，不少高校已将女性学设立为本科的通选课程，各个学科开设与女性学和性别研究有关课程的积极性也持续高涨。这些课程大都受到学生欢迎，担任这些课程的几乎全为女教师，修课的女生也较多。

　　高校的领导层和管理层大都对女性主义课程采取接纳和准许的态度。特别是最近，教育部已将"女性学"列入了2006年本科新设专业，这可视为中国（大陆）的女性学已在一定意义上进入了大学教育的主流。

　　但是，目前因教育部门及各高校从教学管理的角度，还未对各层次、各专业的女性学、性别研究课程的目标、内容、教材、教学方法、教学评估等方面有明确的规定与要求。所以，各高校的女性学教学实际存在较大差别，或曰各具特色，在很大程度上还取决于各校担任该课程教师的意愿、风格、专业特长及偏好。与现有的高校其他主流课程相比较，可认为女性学教学在一定程度上仍然处于自发、自生的状态，缺乏教学的保障性机制。

　　以下，以华南师大为例，大致描绘高校女性学与性别研究课程开设的情况：

　　首先，是作为全校的文、理本科通选课程的《女性学导论》（也有名为《社会性别研究》）。该课程需经过与其他通选课程一样的申请、审批过程，且每学期选修该课程的学生必须达到一定数量（一般为30人以上），即可获准列入校教务处的正式课程，且列入学校的教学计划，一般修完可获取2学分。

　　其次，是与各专业本科教学有关的女性学、性别研究课程。在各院系，作为本科（特别是文学、政治、行政、教育、外文等院系）专业课的女性学和性别研究课程，因大都涉及到对现有专业培养计划、课程规定的修定，在尚未有变动之前，往往只能采取专业选修课程（一般为2学分）来开设。

　　第三，是与各专业硕士和博士研究生学位课程有关的女性学和性别研究课程。在这类课程的设置中，要增添女性学、性别研究课程，则需有关导师提出、经专业指导组讨论决定，若获同意，就可将课程列入该专业的课程规划，作为获取学位的必修课或选修课，并计算学分。

　　女性学和性别研究教学在中国高校实际存在三个不同的层次：

---

① 出于对中国大陆高校女性学教学实际状况的考虑，对女性学课程、女性主义课程、女权主义课程、妇女研究课程这几种不同说法，本文暂不作区分。

一是普及性层面：向大学文理各系、各专业本科大学生开设的"女性学导论"选修课程，教学对象大致为本科 2～3 年级各科系学生，一般为 34～36 学时，每周 2 学时，通过考试（一般为一次期中作业及期末提交一篇与课程相关的论文）获取选修课学分。类似课程还有："社会性别研究"、"女性主义电影"、"中（外）妇女史"等本科通选课。有的是一位教师独自开设讲授，也有的是由多位不同专业、不同院系的教师共同合作开设。后一种方式体现了"女性学"教学与研究的跨学科性质，也是联合推进中国高校女性学教学与研究的有效方式。

二是本科专业层面：在某些院系的专业开设与女性学、性别研究相关的本科课程。如中文系的"女性主义文学"、"女性主义文学批评"、法律系的"妇女权益的法律保障"、社会学系的"性别与社会发展"等，课程亦分为选修和必修，一般选修授课时间和所获学分为必修的一半。目前，进入社会学、历史学、文学等学科本科专业课程的女性主义、性别研究课程较多。相比较之下，在哲学、经济学、政治学、心理学等学科专业课程中开设的课程较少，或者根本未有开设。

三是研究生培养层面：在硕士或博士学位课程中开设的女性学、性别研究课程。如伦理学专业硕士学位选修课程"生态女性主义"、"关怀伦理学"；外国史专业的"西方妇女史"，中国近代史专业的"近代中国妇女史"；马克思主义理论与思想政治教育专业博士的"后现代主义与女性主义"等。课程也分为必修和选修。由教育部规定的高校文科博士生公共政治课（为博士学位必修课程）"马克思主义与当代西方社会思潮"，其中应当包括对西方女权主义思潮的讲授，但是否讲授及课程课时的多少，以及从什么角度来讲授，都是由各院校及授课教师自行掌握的，教育行政部门目前并无具体的规定和要求。目前虽还未有全面统计，但据对部分高校情况的了解看，文科博士生公共政治课"马克思主义与当代西方社会思潮"的教学中，涉及女性主义的内容大约只占该课程的 1/10，有相当一部分高校因为师资等原因，甚至未将女性主义思潮的讲授纳入该课程的教学之中。对于"马克思主义与当代西方社会思潮"这门博士学位必修课程来说，既存在不够完全的地方，也意味着女性学、性别研究有相当大的教学推进空间。

（二）

在目前中国（大陆）大学各类评估风潮越刮越劲的情况下，对女性主义课程的开设及教学状况关注相对非常之少、甚至根本就未曾进入评估者、评估体系的视野。教育行政部门和多数院校并未将此课程纳入到正式的评估规范体系之中，大都认为对于学校发展可有可无、无足轻重，更难以说得上获得什么大力支持和推进。其后果，一方面可使高校女性学、性别研究课程在发展中能够保留较大的自由空间，防止课程遭到过多的行政干预及可能造成整齐划一的死板局面，对于形成和保持课程与教学的差异性和多样性，无疑是有利的。但与此同时，也可能使女性学、性别研究课程在较长时间仍处于大学教育的边缘，自生、自长、自灭。当其面对主流课程与教学的强势时，遭受挤压的困窘将日渐明显。这些必定带来了一些不利影响：

其一是不利于该课程的重要性及学术地位在高校中被更广泛地接受、认同；其二是不利于获得教育行政管理部门和校方更多的重视、肯定及支持；其三是不利于课程与教学在理念、目标、内容、方式、水平、评估等方面的规范化、学科化,可能流于自生自发状态,交流提高少,整体水平参差不齐。

对此,一个相当突出的表现是在女性学、性别研究课程的教学理念和目标上不够明晰。在已开设女性学、性别研究课程的院校及担任教学的教师中,教学理念和目标各行其道,如有的提出:学了这门课可"让女人更像女人,让男人更了解女人",还有的提倡大学生"男女朋友手拉手来听课"。一些普通高校的女子学院、女子职业技术院校更有将女性学、性别研究课程与"女性的礼貌与礼仪"、"女性的着装与化妆"、"女性人生与形象设计"、"女大学生的择业、就业技巧"、"女大学生如何正确对待婚恋问题"、"如何展示女性魅力"等课程与讲座或挂在一起、或混为一谈,以至女性学被理解定位为一门如何使女性和女大学生"活得更美丽、更精彩"的"实用型"、"应用型"课程。相比之下,女性学和性别研究的基本理论则有被忽视、甚至被认为无用的倾向,这也是致使女性学、性别研究课程难以提升、难以为学术界接受和认同的一个原因。

此外,因受传统学科中父权制文化的制约,一些体现男权中心主义、男尊女卑、歧视女性的所谓"学术观点",也带入了女性学、性别研究课程的教学。有教师在女性学课程讲授"女性的生理与心理"时,仍沿用传统的、男权中心主义的理论与理念,如认为女性心理上不如男性健全、健康,女性的心理特点是缺乏理智,自信心不足,并且脆弱,感情用事,依赖性强,等等;还有的讲授女性因生理原因,天生不太善于抽象思维和逻辑推导,因而"学习兴趣常倾向于文科"。① 课堂上还出现结合目前流行的一些心理学通俗读物,如《男人来自火星,女人来自金星》② 一书,体现的往往是基于"本质主义"的对"性别身份"的理解。如其中有:"男人遇到压力沉默寡言,女人遇到压力滔滔不绝"的描述。还有的课程把女性主义与"小女人"的感悟、自艾自怜联系在一起,并不同程度渗入到女性学、性别研究课程的教学之中。凡此种种,既使这一课程显得五彩斑斓,但的确也存在其理论精髓和批判核心可能被稀释、被模糊、被曲解的危险。这也可看作是影响、制约女性学教学发展的内在原因。

同时,因大学长期都是男权中心主义把持的领域,女性学、性别研究课程也难免遭遇种种偏见、陋习的影响。有人持轻蔑态度,对女性学课程不屑一顾,将女性学课程的性质简单概括为"实用"、"偏激"、"片面",认为这一课程缺乏传统的学术背景与深厚的渊源,谈不上遵循什么严格、系统的学术规范,与"正规"学科专业课程所包含的知识性、科学性、系统性不可同日而语。还有的站在父权制封建主义文化背景上,认为女性主义实质上是西方社会"性解放"的产物,是腐朽、不健康的,与中国传统文化和道德不合,也不利于当前中国的道德建设,云云。有人则认为,中国现有的女性主义课程大都是在西方、特别是在欧美女权主义影响下发展起来的,具有一定的文化殖民色彩,所以没有必要介绍和汲取西方女权主义的理论精华,更无须了解参考国外大学女性学、性别研究的教学。当然,在正规场合,这些不良看法都不太可能直接被听闻,但在非正式场合,却不乏表达者和传播者,体现了某些人对女性学、性别研究教学与研究所持的鄙视态度。这可看作是影响、制约女性学教学发展的外在原因。

---

① 林聚任主编:《社会性别的多角度透视》,羊城晚报出版社 2003 年版,第 102 页。
② [美] 格雷:《男人来自火星　女人来自金星》,吉林文史出版社 2005 年版。

此外，中国的各级社科院系统、妇联系统、与女性研究相关的各类非政府组织等，也大都对高校的女性学、性别研究课程开设有所关注，且因所处立场不同，评价亦不一。对这一课程批评最多的是指其"联系实际不够"，"行动做得太少"等。鉴于目前中国高校本科、研究生已经连续六年扩招，教师担负的教学工作量已十分沉重，根本不可能像非学历教育部门要求的，由教师带领学生到校外长时间"做行动"，而且这样也与学校方面对课程教学要求有所抵牾。相比之下，在某些专业，如社会学、民族学、人类学等，课程及师生"做行动"的可能性较大，相反在政治学、哲学、经济学等专业，更多的是侧重于理论教学与研究。这一情况，也形成了前一类专业更易获得来自"体制外"（主要是外国基金会）行动项目的资助，成为所谓女性学、性别研究的"优势学科"。而后面那些传统的基础理论学科，往往不可能得到这类项目，而成为所谓"非优势学科"。这些学科的教师要进行研究，大部分唯有走申请"体制内"项目的路子。在客观上，也造成这些基础理论学科与女性学、性别研究的结合和推进较为迟缓，父权制的影响较大、较深。

以上种种影响及可能造成的结果是，在女性主义课程之中不可避免地掺杂进了一些与其主旨相抵牾的、甚至与其初衷相反的内容，也预示了女性学课程在成长、发展中绝不会齐头并进、一帆风顺。若这些不能及时予以改善，不良影响也不能及时清除，就有可能在女性学、性别研究课程的教学中，造成理论上、思想上的含混不清，也将对女性主义课程的发展提升造成阻碍。

（三）

鉴于以上女性学课程的开设状况，可认为目前中国（大陆）女性学、性别研究课程教学中机遇与困境并存，这表现为三大主要矛盾：

一是国（海）外女性主义与本土化女性主义之间的矛盾。

在某些高校开设的女性学课程中，确有较注重于介绍国（海）外女性主义流派的各种理论，而针对中国女性生存、生活实际的"本土化女性主义"就涉及较少，特别是在中国社会、历史、文化背景上产生并发展起来的男女平等思想、理论等介绍、了解得就更少，以至学生以为女性学就等同于"舶来品"。或者认为，只有根据国（海）外女性主义理论来诠释、评价中国的实际，来衡量现有女性学课程，才是合乎学术规范的。这些，较易使选课的学生产生误解：女性主义的源头是在国（海）外，女性主义是来自西方国家的理论。一部分教师也反映，虽然近年中国女性主义本土化有所推进，但真正具有中国本土特色和原创性理论的学术成果似乎显得不足，或在高校中并未得到广泛的认同、传播与接纳。在本土化研究之中，对于当前中国女性实际状况、问题的研究占据了很大比例，也已产生了一批有影响的研究成果。在社会学、历史学、文学等专业中，女性主义课程及研究的情况可谓蔚然可观。然而，学科发展不平衡的情况还相当严重，特别是在哲学、经济学、政治学、心理学等学科中，由于传统学理背景的深重及女性专业教师人数相对较少，女性主义研究及课程的开设难度高，教学要上升难度更高。而且，因社会学等学科在女性主义研究与教学上具有学科发展较快的优势，有的社会学学者片面地认为，根本就没有什么女性主义哲学和女性主义认识论；即使退一步有这两者的话，女性主义哲学和女性主义认识论充其量也只是社会学的方法论。这一看法，似指要研究女性主义哲学和认识论就必须转向社会学，那么哲学、认识论、伦理学等学科的女性主义研究是否还有自己相应的独立地位和价值呢？凡此种种，反映了女性学、性别研究课程开设中存在的内在矛盾，也是参与该课程教学的高校不同学科专业教师们不得不经常面对与思考的问题。

二是某些实用性女性课程与女性学、性别研究课程政治主旨之间的矛盾。

在一些院校（特别是女大学生人数较多的师范院校、女子职业技术院校等），近年都有开设诸如"女性的礼貌与礼仪"、"女性形象自我设计"等与女性就业、个人行为规范训练有关的应用性课程。此类课程无疑对女大学生具有一定的实用价值，也是学生们希望掌握的。但在关于性别角色的观念上，这类课程无疑仍较传统，基本上不批判、不反思社会性别方面的不平等状况，更无视父权制文化对女性强制性塑造、限制与控制，基本不涉及对性别平等权利的争取。反之，这类课程的一个主要目标，是引导女生迎合现有的以父权制文化为中心的不平等性别秩序，强调突出、展示"女人味"，依照刻板的"男女有别"的社会性别角色，塑造、扮演、规范自己的行为举止。在一定意义上，这些课程虽也将有助于现阶段女大学生适应社会与劳动就业，并且其中也不乏女性长久以来积淀的生存智慧与策略，但却容易使教师和学生因此而被误导，以为只要是关于女性的、只要是以女性为教学内容的，就是女性主义课程，从而淡化了女性主义对于性别平等权利的政治、社会、法律诉求，模糊了这门课程内在的强烈的政治指向性和批判性。

三是女性主义教学中理论与行动之间的矛盾。

本来，行动主义（在中国大陆也称之为"做行动"）应是女性主义一个不可或缺的方面，也是大学教育联系实际，提高教学效果的一个重要手段。对此，有两种不同的看法：

一是认为，高校开设女性主义课程、从事女性主义教学本身就是实践的一种形式，是将女性主义的思想、观念、理论传播给大学生、研究生的"行动"。这一"行动"的意义非常深远，不仅意味着性别平等思想、性别人权平等理念的推进，更需要看到的是，这是对由父权制、男权中心主义长期占据的教育领域及知识体系的一个冲击、反思及改变。没有这一点，父权制在文化、教育、知识领域的控制是不会自动退下去的。遗憾的是，这恰恰被一些部门和人员所忽视，他们短视地认为，大学生已是社会精英层，无须把推进性别平等的工作放在大学，而应当将力量放到农村、边疆、少数民族、贫困地区。所以，另一种看法认为，大学开设女性学课程本身并不是"行动"，只有去农村或社会的某个实际方面对妇女进行宣传、培训，才是真正在"做行动"，否则就算是开设了课程，也没有什么实际的价值。当然，笔者可以理解后一看法对农村和社会其他方面妇女问题的关注，但不赞同将女性学教学排除在女性主义"行动"之外。

同时，还要看到，目前在大学开设女性学课程实际需要任课教师付出很大代价，或者说需要有教师相当的牺牲精神。囿于女性主义课程、特别是作为大学本科通选课的《女性学导论》，课程学时少，学生人数多（80～100 人在大课堂上课），又来自不同院系、专业，教学常常只能以教师个人的课堂讲授为主，虽也组织一些学生参与课堂，开展讨论，但与社会实际有关的行动就很难组织，致使女性主义课程在教学中缺少行动主义色彩。而部分任课教师，因为缺乏参与必要的女性主义教学论的培训机会，对女性主义教学论思想不了解或了解极少，往往更习惯于运用传统课堂由教师个人单一讲授的方法。在这方面，因不同学科与社会实际的联系紧密有所区别，在贯穿行动主义上也有所区别。社会学专业目前是行动做得较多、较好的，其他的如政治学、经济学、哲学学科等就有相当差距。当然，这里也产生了另一个问题，即在这些不同于社会学的其他学科中，到底该怎样引导学生去联系实际、怎样去行动？假如这些学科的行动是不同于社会学的，那么又是怎样的呢？例如在女性主义哲学的教学中，行动如果不应像社会学专业的学生那样去做，又应该怎样去做？

最后有一个问题是与女性学、性别研究课程开设相关的必要条件、师资等处于无保障状态与课程持续发展、提升的矛盾。目前大部分中国（大陆）高校的本科女性学导论通选课程，是一批来自不同专业女教师自愿组合申报开设的，具有跨学科、跨院系的性质，大都是教师们出于个人自愿，在无专门编制、无课酬资金的情况下开展起来的，必要的教学保障条件与机制一直未得到解决，除非是申请获得"体制外"（国外基金会）的支持。长期下去，若某组织者缺位及课酬等无法解决，就有可能影响该课程开设及持续发展。而且，因近年中国大陆高校连年扩招，博士点和硕士点不断增加，大部分教师工作劳累，不堪重负，女性主义课程的开设无疑会使他们的劳动负担更沉重，并且与现行教师工作业绩考核体系也不完全相对应，这也有可能制约女性主义课程下一步的推进速度。

虽然本文集中讨论的是女性主义课程与教学中的矛盾与问题，但绝不意味着作者对这门课程的悲观与失望。相反，希望在回顾与检视之中寻找出路，共同探讨女性主义教学中问题解决的有效途径。

本文作者：王宏维，华中师范大学教授。

中国女性学学科建设、学术规范与社会建制

一、关于女性学的争论

从知识发展的角度看，"女性学有无必要成为一门专业"，是一个不需要讨论的问题。人类现有的所有学科专业都经历着一个从无到有、从少到多、从感性到理性的逐渐积累、增长和不断完善的过程。科学知识由于人类社会实践的需要不断分化又不断综合，不断综合又不断分化，在漫长的历史长河中，逐渐形成了如今呈现在我们面前的学科边界相对清晰和相对完整的知识大厦。

纵观中国古代科技史，要把天文学和数学区别开来是一件很困难的事情。在古希腊时期，物理学（20世纪对人类影响最大的学科）还包含在哲学之中；到了中世纪，化学还相当于炼金术，且化学和物理知识常常相互包含；直到19世纪，生物学与化学也还没有清楚的分界；19世纪末20世纪初，与源远流长的哲学、历史学和文学相比，社会学、政治学等新兴学科还只有一个雏形，具有明显的"非学科性"。20世纪以来，自然科学、社会科学学科门类同时出现了前所未有的繁荣，一方面，比较完善的基础学科数、理、化、天、地、生和文、哲、史继续开疆扩域，另一方面，各门学科研究对象部分交错重叠、研究方法相互借鉴和相互渗透，衍生出许多交叉学科（80年代后期，据周谷城、姜振寰等人在中国内地出版的几本交叉科学和边缘学科辞典的初步统计，交叉科学学科就有数千门）。因此，自20世纪70年代以来，人们对于在自然科学和社会科学领域里的知识创新现象早已习以为常，对于新兴的学科、专业，研究人员很少讨论有没有必要建立，更多地是研究如何建立和完善。

人们之所以不太关注有无必要建立一门专业之类的问题，是因为学科发展史昭示了这样的事实：一门专业的建立与否是由社会发展的需要来决定的，而不是由某些人来肯定或否定的。正是人类社会实践的需要，创造了人类的精神财富，产生和推动了文明、文化的发展。如今ICT革命的发展势头，正是恩格斯所描述的这种状况。不仅仅是自然科学技术发展有这样的特点，社会科学领域也是如此。以中国为例，20多年的改革开放，以前所未有的力度推动了中国社会科学迅速分化。众所周知，20世纪70年代末，中国的社会科学学科和专业门类十分单调，高校本科专业招生目录上的专业门类屈指可数，文、哲、史、政、经等一级学科的发育程度很低；如今随处可见的专业、学科，诸如人力资源管理、经济管理学、社会工作、金融学等，当时还没出现；法学的状况也比较幼稚，而今随处可见的法律系，当时全国还不到5个。在20多年的时间里，一大批新兴的学科、专业在中国土地上如雨后春笋般苗壮成长。

中国的女性学应中国社会发展进步之需而产生和成长。20世纪80年代中后期，改革

开放带来了经济增长和社会发展，也带来了新的妇女问题。在就业、婚姻家庭、参政、教育等方面，女性的生存和发展出现了明显障碍，女性面临的问题（又简称为妇女问题）吸引了社会有关部门和大批专家、学者的注意力。在中国，讨论和分析这些问题、探讨解决这些问题的途径和策略，来自各个学科的学术活动和相关部门的探索性实践逐渐形成了一股妇女研究热潮。正值此时，现代西方学术思想（包括女性主义）涌入中国，中西方妇女研究开始在中国大地上相遇、碰撞而形成"对流"，女性学开始成长。90 年代中期，第四次世界妇女大会在北京召开，把全球的女性学资源带到中国，新的观念和思想，新的视野和社会机制，多元文化的交汇，推动中国女性学大步前进。

经过二十年的努力，女性学取得了许多研究成果，在现有的人文社会科学学科分支中，几乎处处可见女性学的论文、著述。这些研究成果镶嵌于各个学科锦绣之中，大大丰富了人文社会科学的内容。与此同时，女性学研究成果在一定程度上满足了解决妇女问题、促进妇女发展、推动性别平等的社会发展的需求。事实说明，中国女性学研究成果不仅充分显示了女性学存在的必要性，而且为女性学在中国作为一门学科、一个专业而自立于学术之林，提供了可能性和现实性。

二、学科性与跨学科性

如同许多产生于当代人文社会科学不断分化和不断综合的背景下的新兴专业一样，女性学必然打上这个时代的印痕，即，较少地具有画地为牢的标志，更多地表现为学科领域的相对性、研究理论和研究方法的交叉性，这就是所谓的跨学科特征。正是女性学的跨学科性引来了人们对其学科性的质疑：首先，某一专业领域的跨学科性与其自身学科性的存在这两者是相互依存的。在某种意义上讲，跨学科是以有学科性为前提的，没有学科性何谈跨学科？于是有人问：女性学是先有学科性、后有跨学科性呢？还是正好相反？这对于女性学，似乎是一个先有蛋还是先有鸡的问题。还有，假如女性学的学科性或专业性是存在的，那么当女性学的跨学科探索模式一旦被确认，这是否有可能削弱它的专业性？它的专业性何在？这个问题似乎在说，跨学科性与专业性难以相容。对此，我们将通过回顾和反思中国女性学研究对象、理论和方法的发育历程，来理解这个问题。

（一）研究对象

对女性学专业的名称至今还没有达成完全一致的见解，不少研究者称其为女性学、妇女学（Women's Studies），也有一些人称之为性别学（Gender Studies），还有一些人将两者合起来，称女性/性别学。这个现象反映出女性学研究范围正在不断扩展。即使是对原初的"女性学"，人们的界定亦有不同意见，大致可以划分为三类：一种观点认为妇女学是以妇女和妇女问题为研究对象，属于人类学，研究的内容包括妇女的生理属性和社会属性。另一种观点认为，女性学是以妇女问题为研究对象，隶属于社会科学，研究的内容主要是妇女的各种社会属性。还有一种观点认为女性学是以现实中的女人为研究对象，其核心是研究女人作为人的所有的属性和自身特征，女性学是"人学"。女性学的研究对象正如一位学者所言，是一个不断扩大的同心圆，它由"女性"这一圆心出发，逐渐扩展开来，包括女性以及女性的生存与发展现象及其规律①。具体地说，一方面，女性学研究女性的过去、现状以及未来，包括女性生存和发展过程中的种种生理、心理和社会现象，以及这些现象的变化；另一方面，女性学特别关注与女性有关的各类论题，着重探讨各门学科中忽视女性的现象以及产生这一现象的各种各样的原因。正因为如此，女性学的探索触角延伸到人文、社会科学甚至自然科学。

将女性和女性的生存及发展现象作为研究对象，是女性学区别于其他学科专业的主要标志之一，也是女性学成长壮大的合理性所在。在既有的各门学科中，在女性学出现之前，女性及其生存发展现象并没有被纳入学术研究之列，尽管在时间上女性生存发展的历史与男性同样长，尽管在地球上女人同男人的数量一样多，但是在以往的学术视野中，除了现代妇产科学之外，难觅女性的踪影，如同在现实生活中，人们通常用"男人"这个词泛指一般的人那样，女性群体被隐匿起来。长期以来，学术界对于女性的忽视，造成了有关女性知识和认识的匮乏，造成了人类知识系统中女性以及女性话语的缺失。直到如今，学术界部分学者仍然难以正视这一缺憾，仍然难以超越历史的局限。在这种意义上讲，女性学以女性为研究的核心，探讨女性生存、发展现象及其规律，其研究对象本身已经跨越了原有的学科分界，它是在一个不同的平台上开辟人类学术探索的新领域，扩展人类的认识视野。

（二）研究方法

与研究对象相应的，女性学研究方法既具有独特性又具有跨学科性。

首先，女性学具有独特的研究方法：性别分析方法是女性学的基本分析方法。

社会性别范畴是西方女权主义理论中的一部分，更是一种研究方法。社会性别一词的使用，表明人们把研究性别差异的注意力转向了社会领域，转向注重社会组织和社会文化对两性差异地位的影响，在分析中开始重视男女两性社会关系及其形成的原因。不仅如此，社会性别分析也为研究其他社会问题开辟了一个新的领域和视角，使不同学科的研究者能在更广阔的视野中，对许多问题进行重新审视和更全面的探讨。因此，社会性别方法因其独特性而使女性学获得了"学科性"。

其次，女性学具有多视角的研究格局。

除了社会性别分析这一独特的视角之外，女性学同时采用多种方法。从研究者的研究方式与思维方式这一角度，我们至少可以把女性学研究方法划分为定性—思辨方法、定量—实证方法两大类。

女性学研究方法，均在社会性别方法与上述两类方法之列，即：既有其独特的方法，又有多视角的研究格局。然而在相当长的一段时间内，学术界认为"女性学没有方法"，一方面认为女性学研究方法没有什么是自身独创的，几乎全是其他学科的舶来品；另一方面认为"女性主义只是一个分析问题的视野，一旦提升到理论的高度，女性主义科学底气不足的缺陷就会比较明显地表露出来。其中最为致命的是它的单一性别取向，犯了与它

① 魏国英：《女性学学科定位及理论发展》，《妇女研究论丛》2002 年第 3 期。

立志要解构或颠覆的'男性主义'一样的不能性别中立的错误"①。如果把这种批评理解为不赞同社会性别分析，那么恪守性别中立的立场当然会认为女性学没有任何学术性，因而没有必要存在或难以发展，这种观点属于价值判断问题。值得一提的是：如果因为女性学大量借用其他学科的方法就认为其丧失了独创性，则是对学科性包括对女性学学科性的一种误解。

每一社会科学领域里的研究者从事科研工作时采用非常不同的方法，从定量到定性，从文献研究到参与观察等，在研究实践中，那些来自不同学科但采用同类方法（如定量—实证方法）的学者，往往在研究方式上有一些共同点，这些共同点可能比他们与本学科的采用不同方法（如定性—思辨方法）的学者之间更多。恰恰是这些共同点有利于不同学科学术研究的扩展和深化。同一类方法运用于许多不同学科，正是当代自然科学和社会科学具有的跨学科的特征。事实上，当同一种方法运用在不同领域的现象越来越普遍时，我们所看到的不是各个领域学科性的减弱，相反是学科性日益增强的情景。例如，当今的文学研究越来越多地采用基于哲学、历史学、社会学、传媒研究、立法研究、经济学、语言学、心理学及诸如伦理研究、后殖民研究、文化研究、同性恋研究、妇女研究等一些跨学科领域的方法论和知识基础。理所当然的，女性学研究也可以采用其他领域的方法和知识。

（三）女性学成果

由于研究对象的开放性和研究方法的多样性，女性学与诸多学术研究领域交叉，它可以萌芽和生长于每一门学科中。知识是人创造和建构的，是靠一代又一代人基于人类的生活和生产实践经验逐渐积累和不断完善的，这些成果在一定程度上弥补了各门知识中女性话语缺失的遗憾，体现了在建构人类知识体系的过程中，将女性的经验、感受与现有的知识融合在一起的努力，表现了女性建构知识的主体性，它们本身是对人类知识的一种补充，也是对于昔日学术界无视、忽视甚至歧视女性现象的一种批判，因而比起其他学科面临更多的挑战。

女性学面临的挑战不仅来自外部更来自内部，还在于其内在的成长性。如此众多的研究成果归集在女性学之下，并不等于女性学理论系统就可以自然生成。中国女性学缺乏基本理论是一个不争的事实，是学术界一直难以接纳女性学的主要原因之一，也是女性学学科建设的一个难点。

西方女性主义理论在其发展中发生了各种形式的演变，几十年来一批批学人前赴后继地致力于女性主义理论、女性主义方法论研究，创造了色彩斑斓、流派众多的女性主义理论。正是西方女性主义理论为性别与发展、妇女与人权、妇女与人口、妇女与教育、妇女与健康、妇女参政等领域提供了适合于当地政治、经济和文化氛围的批判的武器，并且这些理论与日俱进，在理论上支撑着社会生活各个领域里女性主义者的探索和实践。与此相比，中国的情况较逊色。20多年来，我们在社会实践层面上的研究硕果累累，对于许多具体的妇女问题探讨达到相当的深度，但在纯理论方面的研究却寥寥无几，为数甚少的纯

---

① 叶文振：《是情绪化的性别遐想，还是规范化的学科建构》，《中华女子学院学报》2005年第1期。

理论研究多数还处在对西方女性主义理论评介的阶段。女性学是一门实践性很强的专业，不同的国情、不同的历史、不同的文化、不同的社会发展程度决定女性学内容的不同，也决定了女性学理论的不同。只有经过中西文化融合后在本土上生长出来的女性学理论，才能为研究中国女性、中国女性生存和发展提供足够的学科基础。因此，中国女性学急需开展学科意义上的理论梳理、总结，急需对实证研究、对各领域成果进行抽象，创造出本土化的女性学理论，从而为中国女性学各类探索和实践提供理论支持。

三、走向主流的社会建制

社会建制是学科发展的重要内容，也是学科形成的重要标志。在女性学学科建设道路上，向学科化努力，或者说要进入国家研究和教育体制的中心，是近十年来女性学发展和建设的一个主要目标。推进女性学知识的系统化、规范化和向主流学科迈进，这一点在我国研究机构和高校系统中尤为重要，它不仅涉及学科本身的认同程度，同时也涉及到资源分配等一系列问题。① 追求学术上的严谨、规范与谋求更多的制度上和资金上的支持，这两者对于女性学的生存发展同样重要，然而却常常难以同时达到，这是女性学学科建设的又一个难题。

(一) 组织机构与专业队伍

目前女性学组织机构大致有三类。第一类是以各级妇女组织为依托的妇女 NGO，第二类是独立的民间 NGO，第三类是设在科研机构和大专院校内的妇女研究中心和院系。目前，从事女性学研究和教学力量最强大、思想最活跃、成果最多的是第三类机构，这支队伍发展较快，国家和省级社科院已经有 9 个妇女研究中心，50 余所高校成立了妇女研究中心。当然，数量并不能代表质量。多数高等院校和研究机构对妇女/性别研究中心支持力度不够，大多数妇女研究中心处于"三无"状态：人员无编制，活动无房子，研究无经费，例如，中心活动主要靠负责人的课题项目费。其次是第一类机构，各级妇女组织和以此为依托的 NGO，这是一支不可忽视的力量，队伍最庞大，它不仅是女性学的社会支持力量，而且是促进女性学研究尤其是实证研究的队伍，第一类机构在倡导和推动性别平等的社会实践中作出了重要贡献。第二类组织也有一定的影响力，只是在中国为数甚少。

目前，女性学教学科研人员之间初步形成相互支持关系，各类女性学机构之间或以研究课题和项目为纽带形成的专门网络，或者以课程结成教学网络，如高等学校女性学教学网络、性别与发展网络等，但与女性学学科建设的需要相比，机构之间、专业人员之间的合作和交流仍然较少，例如，课程教学是需要经常交流的，许多学校都开设女性学导论课程，教师们却很少聚集在一起讨论教材、课程和教学方法。

(二) 专业学会

女性学的专业学会有中国妇女研究会，以及全国 30 个省、市、自治区先后成立的各

───────────────────

① 张李玺：《女性学学科规范化的悖论》，《中华女子学院学报》2005 年第 1 期。

种形式的妇女研究会。中国妇女研究会 1999 年成立。团体会员共有 109 个，在中国妇女研究会的理事中，具有高级职称的学者占 81%，其中，有 20 多位博士生导师。① 中国妇女研究会结集了中国内地所有机构的女性学研究和教学力量：妇女教育专业委员会。

目前，女性学已初步形成了全国性的研究组织网络，纵向联系方便快捷，不足之处是学会分领域的程度较低，中国妇女研究会仅下设一个二级学会——女性教育专业学会。笔者认为，妇女研究会应该拥有多个专业学会来具体组织和协调不同领域（如女性就业、女性参政、基本理论、课程教学等）的学术活动，既可以为中国妇女研究会减负，也将更有效地动员和整合人力资源，推动学科建设。

（三）专业出版物

专业出版物是学科孵化器，具有培养研究人才、形成研究规范和建构学术共同体的重要功能。女性学专业出版物包括有关女性学的图书、报纸、期刊、音像制品和电子出版物等。自 20 世纪 90 年代中期以来，每年各地出版社均出版大量的专业图书。与专业图书相比，女性学学术期刊相对较少，纯粹的女性学学术期刊仅有《妇女研究论丛》，其次是《中华女子学院学报》，除此之外还有为数不多的几所大学学报开辟的女性研究专栏。音像制品和电子出版物应各地各校各部门女性学研究和教学需要也有一些产品，但从总体上看，女性学专业的音像制品和电子出版物比较少，远远不能满足当前研究、教学的需求。

（四）经费来源

女性学研究和教学需要大量资金支持，专业学会的活动开展和专业出版物的发行也是如此，但女性学机构和组织长期以来缺乏研究和活动经费，致使学科建设和队伍建设均受到限制。

最明显的表现有以下两个方面。首先，来自国家级教育部门的资助甚少。在教育系统，女性学本科招生 2006 年刚进入专业计划之列，普通高等院校开设的女性学课程绝大多数是选修课，且数量不多。在研究生层次，除了北大社会学系招收女性学方向，武汉大学社会学系硕士研究生中开设"妇女社会学专题研究"课程，其他学校相应学科中的女性学方向的教学，均缺乏应有的经费支持。10 年来，部分院校在推进女性学课程和教学方面做的一些研究、交流和宣传推广的工作，其研究和活动经费大多来自福特基金会等国际机构，从国内教育机构获得的资助很少，上行下效，各学校对女性学教学的资助也很少。这种情况限制了普通高校女性学课程的发展和师资队伍的壮大。

其次，在研究方面，国家社会科学基金委是资助人文社会科学研究的权威机构，每年的资助指向即是全国人文社会科学研究的指南。下图为国家社会科学基金 1999～2005 年对于妇女/性别研究的计划资助和实际资助的情况。从图中可以看出，无论是计划资助还是实际资助，图中所表明的女性/性别研究项目占全部项目的比例均很低，最高为千分之一，且两者均在小范围内波动。从计划资助比与实际资助比两者的关系看，1999～2001 年间，前者高于后者；2002～2004 年，实际资助的比例明显上升，后者高于前者，2004 年虽然项目指南中没有列出妇女/性别研究专题，但实际资助比达到近些年的最高值，约

① 谭琳、吴菁、李亚妮：《关于将妇女/性别研究进一步纳入国家哲学社会科学规划的建议》。

千分之一；由此可见，即便项目指南在计划中对于女性学的资助比例很低，研究者的申请依然执着。令人欣慰的是，2006 年国家社会科学基金项目指南中女性/性别研究的比例比上一年增长了 4.75 倍，① 由此可见，2006 年实际资助的女性/性别研究项目的比例将大幅增长。这将是一个了不起的进步，是中国女性学在社会建制方面迈向主流的新突破。

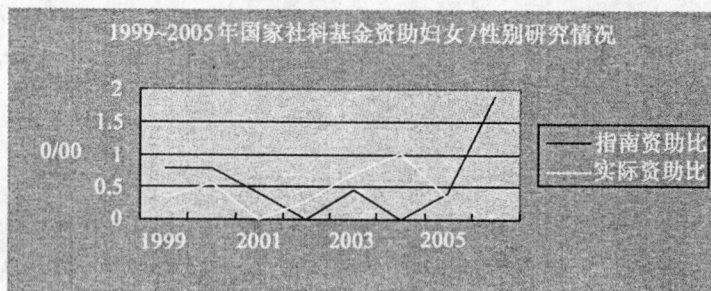

数据来源：全国哲学社会科学规划办网站

　　最后，资金不仅影响了女性学的整体发展，也在一定程度上决定了女性学内部各个领域发展的速度和程度。应该说，与过去相比，自 1995 年世妇会以来，流动于中国女性学领域的资金尤其来自国际社会的援助增加了许多，只是这些资金资助项目大部分限于妇女发展领域。相对而言，以推动性别平等为宗旨的从事实践活动的各种妇女 NGO 可以申请的资金相对宽裕，而她们申请的这部分资金，除了极少数来自财政拨款，绝大多数来自国际国内的各类组织和机构。以陕西省妇女理论婚姻家庭研究会为例，在 1994～2004 年间，该研究会先后争取到十多家国际组织和机构的资助，承担国际合作项目八十多项，内容涵盖妇女健康、妇女教育、女性参政、法律援助、妇女 NGO 能力建设，农村妇女发展、婚姻家庭诸多领域，该会使用国际资金，有力推动了本省妇女研究和妇女发展。

　　从资金流向的分析中，可以看出女性学学科建设的强项和弱项的成因。在一个发展中国家，在一个研究资金不充裕的社会中，在一个没有多少富人从事女性学学术研究的历史阶段，资金的流向即是学科建设的指挥棒，它流到哪个领域，哪个领域就有更丰硕的成果。显然，目前中国女性学成果分布不均：发展（实践）领域相对发达，实证研究硕果累累，纯理论和方法研究方面相对苍白，这种局面与大资金的厚此薄彼的资助不无关系。

本文作者：陈方，中华女子学院女性学系教授。

---

① 经妇联领导人、中国妇女研究会和学者们多方努力，2006 年教育部、国家哲学社会科学基金资助项目分别明显加大了对女性学研究课题的计划资助的力度。

民国前期的女子高等教育

民国前期是我国女子高等教育发展历史中一个极具特色的时期，在我国女子高等教育发展的历史上占有极其重要的地位。它为我国的女子高等教育打下了一定的基础，在当时乃至于后来的社会发展中都做出了贡献。对民国前期女子高等教育情况的研究，有助于加深我们对现实生活中女子高等教育的认识，可以启发我们对当今女子高等教育一些问题的思考，对我国现代女子高等教育的发展有着非常重要的借鉴意义。

一、教会学校首开女子高等教育先河

中国古代女子被拒斥于正规教育之外，女子的身心和价值受到长期的压抑和扭曲。1911 年辛亥革命的胜利以及带有资产阶级性质的中华民国的建立，开创了我国正规女子教育，尤其是女子高等教育的新纪元，而近代的女子高等教育却是发端于教会学校。

鸦片战争后，随着传教士入华，教会学校纷纷出现，女学堂在各通商口岸及其他城市陆续开办，出现了"教会所至，女塾接轨"的局面[1]。至 19 世纪末 20 世纪初，教会女中已有相当发展，其毕业生苦于无升学机会，各女中也深感缺乏受过高等教育的女子充任教员，教会女子学校的创办人便有开办教会女子大学的提议。教会女子教育在社会呼吁下，由初中等学堂向高等教育发展，中国教会女子教育自此进入第三阶段——教会女子大学在中国产生。当时的女子教会大学有两种形式：一种是单独设立的女子大学，一种是男女同校的教会大学。主要的学校有：华北协和女子大学、福州华南女子学院、南京金陵女子大学等大学。除专门的女子高校外，教会大学也开始实行男女同校。广州岭南大学1905 年起招收插班女生，1918 年正式招收女生，随后的几年里，上海浸礼学院、东吴大学、燕京大学、山东基督教大学等教会大学也纷纷招收女生。[2]

传教士最初为中国女子开办教育，是想借助于学校宣传福音，使她们皈依宗教，日后成为虔诚的教徒或教会工作人员。教会女子大学和其他教会学校一样，自始至终贯穿了为宗教服务的教育职能。随着中国社会环境的变化和传教士教育工作的进展，传教士们认识到，教会学校的毕业生仅仅成为一般的教徒还不够，还必须成为"胜过中国的旧式士大夫"的精英人物，从而打入中国的上层社会。这一点，在后来的教会女子高等教育中有着明显的表现。这种教育就是要不断加强科学知识的传授，努力给予学生"完整的教育"，使之具有良好的文化素质，日后成为教员、医生、工程师、社会活动家等高级专业人才，从而在社会上占有更高的地位、发挥更广泛的影响。因此教会学校在教学内容上越

---

① 梁启超：《饮冰室合集》第 1 卷，中华书局 1989 年版，第 20 页。

② 杨慧：《近代中国教会女子教育与妇女解放》，《北方论丛》，2002 年第 6 期。

来越多地反映了近代资本主义科学与文化的发展成果。较系统、全面地向学生传授近代西方科学知识与技能。而在教学方式上，教会女子高等教育引用近代西方的教育方法，重视学生主动性的发挥，避免了中国传统教育"读死书、死读书、读书死"的弊病，强调发挥学生的主观能动性，鼓励学生提问、讨论，实验由学生自己操作。这对提高学生的自主意识，特别是培养女性人格的独立，发挥了良好作用。学生通过学习浅近的自然科学和社会科学知识，接受西方生活方式的熏陶，了解西方近代文化，从而形成新的知识体系，改变自己的知识结构和传统观念。从一定意义上讲，教会女子高校在中国女子教育近代化历史进程中起着开路先锋的作用，奏响了女子教育与妇女生活大变革的前奏曲。

教会女子高等教育的产生，直接催生了中国近代的第一批女子学校，为中国近代教育提供了多层面的借鉴。传教士宣扬的男女平等、尊重女权的观念，在中国历史长期禁锢的封建社会里不啻是"开千年风气"的空谷足音。教会女子大学为中国近代女性打开了一扇窗口：从这里，她们开始重新审视自我；从这里，她们开始了解西方社会；从这里，她们开始掌握先进的自然和社会科学知识；还是从这里，她们开始有了自信，进而走上了中国妇女自立自强之路。教会女子大学在新知识女性培养方面的贡献是巨大的：20世纪上半期受过高等教育的中国女性，将近三分之一是出自于教会大学；而同时期的女子出洋留学生中，出身于教会大学的人数更是超过半数。中国教会女子高等教育在教育目的、内容及教学方法、教育管理等方面都为我们留下了有益经验，值得我们在今天的女子高等教育中加以参考。教会女子学校客观上起到了传播新知识的作用，从一定意义上讲，它在中国女子教育近代化历史进程中起着开路先锋的作用，奏响了女子教育与妇女生活大变革的前奏曲。

二、女子高等教育在学制上的确立

教会女子学校的创办引起了国人中一些有识之士的思想震动，同时，门户开放使之有了可比的参照系。面对清政府的腐败，他们一方面从教会开办女学的事实中意识到女子教育的问题，另一方面在学习西方的过程中开始对"女子无才便是德"的封建思想进行反思，初步提出"参仿西法"，"增设女塾"的主张。1907年3月，清政府颁布《学部奏定女子小学堂章程》和《学部奏定女子师范学堂章程》，承认民办女学合法，并正式开办官立女学堂。至此，中国女子教育有了合法的位置。

1911年辛亥革命爆发，清政府覆灭，民国建立。革命派极为重视女子教育问题，认为要实现男女平权，需从女子教育入手。1912年1月19日，《普通教育暂行办法》及《普通教育暂行课程标准》颁发，做出了改革封建教育和进一步贯彻男女教育平等的指示。1913年民国政府颁布《壬子癸丑学制》。《壬子癸丑学制》规定，普通学校教育系统分为初等教育、中等教育、高等教育三段；在初等教育阶段中的初等小学四年，实行男女同校，高等小学三年，男女分校；中等教育阶段，专为女子设立女子中等学校；另外，学制规定设立女子师范和女子实业学校等旁系学校体系。《壬子癸丑学制》基本确立了女子在初等教育、中等教育及职业学校、师范学校中的地位，规定了女子职业学校、女子师范学校和女子高等师范学校的目的，在思想上明确了男女享受平等教育的权利。

辛亥革命以后制定的《壬子癸丑学制》施行不久，暴露了不少弊端，遭到了教育界的批评。在这种背景下，随着西方教育思想在中国的传播，特别是杜威实用主义教育思潮的盛行，要求改革旧学制的呼声日益强烈。至五四时期，妇女受教育的机会一直保持在初等小学可以男女同校，女子可以接受普通和专门中等教育的水平。因为根据北洋政府"贤妻良母"的女子教育方针，政府不设女子大学，普通和专门教育采取男女分设的教育双轨制形式，这就等于一次要建立两所同样的学校，花费双倍的资金、聘任双倍的教职员。政府财力有限，又不重视女子教育，必然会阻碍女子教育的发展。于是，近代教育史上又一个非常重要的学制问世了，这就是《壬戌学制》，它是五四运动以后教育改革的一项重要成果，是在民间教育组织全国教育联合会的不断推动下制定出来的。

1919 年 10 月，第五届全国教育会联合会向教育部首次提出了"改革女学制度案"，提出，"男女教育，理论上实际上均不应为严格之区别。况共和国家，男女皆有受平等教育之权利，教育者不宜歧视之"①。该议案被呈报教育部采择。1921 年 10 月，该会又在广州召开第七届年会，以讨论"学制系统案"为中心议题，并提出了"学制系统草案"，后经 1922 年召开的学制会议及全国教育会联合会第八届年会的讨论、修改，于 1922 年 11 月 1 日，以大总统令向全国颁布，即《壬戌学制》，亦称"新学制"。

1922 年 11 月 1 日颁布的《壬戌学制》是中国近代教育史上实施时间最长，影响最大的学制。这个学制集中反映了辛亥革命后关于女子教育的全部成果，是我国第一个不分性别的单轨学制，它彻底改变了《壬子癸丑学制》还带有的两性双轨制的色彩，完全确立了男女平等教育权的原则。从此，中国近代的女子教育在教育权利上被完全制度化，学制中再也没有男女之差别，使女子教育的发展有了制度上的保证。至此，发展女子教育，倡导女子教育已经完全合法化，这是无数进步男女为实现男女教育平等长期奋斗的结晶，在女子教育发展史上具有特殊的意义。它意味着不再以性别划分受教育者，女子可以和男子一样就读于专门学校及大学。

五四时期政府法规对女子高等教育权和男女同校的认可，标志着男女平等在教育制度上获得初步确立。它否定了长期占据统治地位的贤妻良母教育思想和男女有别的封建观念，为妇女教育的快速发展和妇女彻底解放创造了重要条件。

1929 年 4 月 26 日，中华民国政府公布《中华民国教育宗旨及实施其方针》，规定男女教育机会平等，这是政府对男女教育机会平等第一次从法律条文上的明确肯定。我国女子教育至此步入正轨，女子高等教育得以牢固确立。

三、大学开放女禁促进了女子高等教育的发展

自古以来，"男女七岁不同席"、"男女授受不亲"是不可逾越的礼教规范。反映到近代教育方面，即小学可以男女同校（实际上男女同校的女生很少），中学以上则一律禁止。② 学校开放女禁，实行男女同学，这是女子争得与男子平等教育权的标志。辛亥革命以后，南京临时政府制定了新教育法，规定初等小学男女可以同校，这是男女合校的开始。新文化运动对发展女子教育最大的影响莫过于促使男女同校之风的兴起，要求男女同

① 璩鑫圭，唐良炎：《中国近代教育史资料汇编》，上海教育出版社 1991 年版，第 845 页。
② 刘志琴：《近代中国社会文化变迁录》第 3 卷，浙江人民出版社 1998 年版，第 647 页。

学和妇女享受高等教育是争取男女教育平等的进一步需求。早在1918年初，就有进步志士，提出大学男女同校的问题，五四运动后，胡适、康白情等又利用《少年中国》杂志刊发《妇女号》，继续发表大学宜开女禁的文章。随后，越来越多的知识界人士参加了进来，在《新青年》、《女界钟》、《妇女杂志》等报刊上发表大量关于应否男女同校的文章，展开热烈的讨论。北京大学教授胡适先生不但赞成大学开女禁的主张，而且还提出了大学开女禁的步骤：第一步，大学当延聘有学问的女教授，不论是中国女子还是外国女子；第二步，大学当收女子旁听生；第三步，女学界的人应该研究现行的女子学制，把课程大加改革，总得使女子中学的课程与大学预科的入学课程相衔接。①

甘肃省循化县邓春兰是第一个请求大学开放女禁的女性。她在北大学习的丈夫和父亲影响下，渴望深造，又苦于无女子大学可入。便于1919年4月给北大校长蔡元培写了一封信，请求"增女生席"，"实行男女同班"。时值五四运动爆发，蔡校长离职而无结果。邓春兰并不灰心，又于1919年7月赴京。她先在报上发表《告全国女子中小学毕业生书》，"拟组织大学接触女禁请愿团于北京"，征求女子入会，并表示"用种种方法，至百折不回之运动，务达我目的而后己"，这封呼吁书及上蔡校长的信被京沪许多报纸发表，立即引起社会的重视。新文化运动的许多健将，李大钊、胡适、蔡元培、陶孟和等都积极支持大学开放女禁。胡适还曾拟定大学开放女禁的具体步骤，蔡元培则在五四前就谈到男女同校问题。

同年12月，又有一位名叫谢楚桢的女子上书蔡元培，声言代言全国女界请求北大开放女禁。蔡元培当即复信予以赞同。随后，江苏籍女学生王兰首先向北大教务长陶孟和提出到哲学系听课的请求，得到允许。陆续又有女生要求旁听，至当年寒假开学，北大一次招收9名旁听女生。这一举动被称为"中国教育史上值得大书的一件事"②。北大开放女禁，这是中国教育史上的一个新纪元，在全国反响颇大。1920年秋，北京高等师范学校和南京高等师范等一些学校也相继开始招收女生。至1922年，全国大学生计34880人，其中女性881人，占2.54%，人数虽少，在中国女子教育史上却是个重点突破。③

大学女禁开放之后，实行男女同校的中学日益增加，初小和高校也开始实行男女同学。至此，自小学、中学至大学，男女同校同班的声浪以决堤之势汹涌而起。在这种形势下，1922年教育部实行学制改革，公布《学校系统改革案》，确立了男女同校的单轨教育，从根本上废除了男女分学的双轨制教育。这样，从小学到高等学校再到中学，男女同校、同学渐成风气，为世人所接受，女子高等教育向前跨出了一大步，成为女子教育发展史上有着重要意义的里程碑。

民国前期，女子高等教育从无到有，从单一形式到男女合校，走向多元化发展，走过的是一条漫长而艰辛的道路。而政治的动荡，国家的羸弱，各种传统势力的攻击和阻挠更让民国前期的国人女子高等教育发展极其不平坦。但是即使在重重困难之中，女子高等教育也在缓慢发展着，并具有自己的特色。女性们正是一步步通过高等教育的途径，获得了更多的参与社会活动的机会，并在社会文化和经济生活中发挥日益重要的作用。民国前期

---

① 杜学元：《中国女子教育通史》，贵州教育出版社1995年版，第270页。
② 舒新城：《近代中国教育思想史》，中华书局1928年版，第247页。
③ 陈悦悦：《"五四"女子教育平权运动价值意义述略》，《哈尔滨学院学报》2001年第4期。

的女子高等教育在我国妇女解放史上具有划时代的历史意义。

四、几点启示

1. 社会的发展和女子高等教育的发展互相促进

教育的发展离不开社会的发展，教育的发展要受社会的政治、经济、文化和人口的影响和制约。一般而言，社会政局稳定，经济繁荣昌盛，文化自由，人口兴旺之时，教育就会出现发展的巅峰，反之，教育的发展就会走向低谷。女子教育的发展是与社会的发展同步而行的。经济发展是教育进步的根本动力，同时女子教育的发展对社会的进步又能带来巨大的社会效益和经济效益。大力发展经济，能够为政府加大教育投资力度提供资金保障和物质储备，扩大教育规模，增加女性接受教育的机会。解决我国女性高等教育存在问题的根本出路就在于依靠不断的发展来实现我国经济与其他诸多社会发展指标的整体性提升。

在当前，我国应敏锐把握和主动顺应世界知识经济发展的趋势，推动我国经济在量的增长基础上实现质的提高，从而为突破和弥合男女性别差异，促使女性主体意识和主体能力的蒙发和回归以及实现女性高等教育的拓展提供现实条件。

2. 开放办学为女子高等教育注入活力

民国前期女子高等教育是在洋人的坚船利炮撞开了中国古老封建大门的情况下建立起来的。自教会女子教育在中国起步后逐渐为国人所认同，其办学经验和成就为中国女学的创办提供了借鉴。中国教育要发展，教育必须要面向世界。一些国家的女子高等教育历史较久，学科和专业水平较高，值得我国的女子高等教育借鉴。

国际化是世界高等教育的发展趋势，也是我国未来女子高等教育的必然走向。面对经济全球化、教育国际化的发展趋势，我国女子高等教育要在现有的国际交流合作的基础上，进一步树立国际教育意识，适应国际市场的需要，合理选择国际化策略，进一步谋求有利于国际交流合作的项目，开设国际水平课程，增设有国际内容的专业，引进国外优秀人才加强女性学科方面的国际学术交流合作，培养具有国际意识和相关知识技能的国际化女性人才。

3. 拓宽办学渠道、采用多种办学模式推动我国高等教育系统多样化

民国前期的女子高等教育其学校类型、层次多种多样，适合不同情况家庭的学生。这种办学模式至今仍对我国办教育有借鉴之处。高等教育系统的多样化不仅是适应高速变动的复杂环境的保证，而且可以满足差异性需求，为消解女性高等教育内外冲突提供多种选择途径。因此，要通过加快我国民办高校的发展以优化我国高等教育系统的类型结构，改变公立高校一统天下的格局，分担其所肩负的高等教育大众化之重任，并为我国女性接受高等教育开辟广阔天地。同时，大力发展我国的高等职业技术教育，充分发挥其灵活多样的特性，实现人才培养层次结构多样性，使高等教育向广大女性敞开方便之门。

4. 女子高等教育的发展需要社会全方位协作

从中国民国前期女子高等教育的历史回顾中，我们可以看到女子高等教育的发展与政府的政策、法令的支持以及社会各方面的协作有着密切关系。第一，转变和重构传统观念，培育和塑造成熟、理性的现代文化，创设有利于男女平等接受高等教育和公平获得就业、发展机遇的良好生态环境。第二，树立以法治教的观念，充分发挥法规的保障作用，各地要广泛利用各种新闻宣传媒介，提倡妇女教育，转变"重男轻女"的世俗观念，从本地区的实际出发，建立检查、监督和奖惩制度，保证政府、社会、家庭认真履行义务。第三，制定特殊政策，实行政策倾斜、国家和各地政府要从实际出发，因地制宜制定政策、措施，用以促进女童和妇女教育，保证女性公平获得接受高等教育的机会。第四，要解决女性就业难问题，保证女性接受教育后有就业的机会，营造一个有利于女子教育发展的环境和氛围，使我国的女子教育赶上世界女子教育发展的新水平。

女子高等教育问题早已引起全世界的重视，我国也十分重视女子高等教育，并且取得了一定的成就，但也还存在一些问题。总之，女子高等教育是一项复杂的社会工程，它需要更多人认识、支持和投入，我们相信，随着时代的发展，我国的女子高等教育将得到更大的发展，男女真正意义上的平等最终会实现。

本文作者：冯惠敏，武汉大学副教授、博士；
　　　　　覃兰燕，武汉大学硕士研究生。

贫困的女性化与性别教育的主流化

两性关系是人类最基本的社会关系，社会性别意识是当代大学生必须具备的现代意识，社会性别意识作为以人为本的现代意识，其强弱与深浅程度直接影响着当代大学生的成长和成才。由于历史和现实的种种原因，女性的发展总是滞后于男性，在社会化的过程中和市场化的作用下，甚至出现了女性的边缘化现象。如何看待当代社会女性的贫困化和贫困的女性化现象？如何正视经济现代化过程中的社会性别盲点？当务之急是要贯彻男女平等基本国策，弘扬先进的社会性别文化，着力加强社会性别意识教育。对于高校而言，就是要将社会性别意识进课堂、进教材、进头脑，纳入高等教育主流，将社会性别意识渗透到高校人才培养的全过程，消除两性成长中的文化壁垒和性别障碍，这对于实现人的全面发展不仅必要而且可行。

一、贫困的女性化与性别平等意识

在当代社会，贫困的女性化和女性的贫困化现象已成为一个全球关注的焦点问题。世界上 70% 的贫困人口为女性，文盲中 2/3 是女性，1.3 亿辍学儿童中 2/3 是女童，因此在1995 年联合国《人类发展报告》中就指出，"贫困有一张女性的脸"。在我国社会转型、经济转轨和结构调整的过程中，性别公正与社会全面发展的问题，往往被经济发展所遮蔽，人们在关注经济发展的短期效益的同时，两性共同发展对经济社会发展的长期效益被忽视。由此，各种社会利益主体之间的矛盾和发展不平衡的问题日益彰显，在地区差距、城乡差距、行业差距中集中反映了贫富差距，而贫富差距中又包含着性别差距。女性沦为弱势群体中的弱者，妇女贫困人数日增的现象已经成为一个重要的社会问题。20 世纪以来，尽管社会经济在不断发展，妇女就业率不断上升，但是用社会性别理论来分析，我们既可以看到用工中的重男轻女现象，也会发现职业中的性别隔离事实，还可以看到男女在劳动报酬上的差异。根据全国妇联第二次妇女地位调查资料显示：我国男女两性就业收入在 1990～2000 年出现扩大趋势，在城市，男女收入差距扩大了 7.4 个百分点；在农村，男女收入差距扩大了 19.7 个百分点。另一项由国家发展和改革委员会产业发展研究所专家组所作的报告显示：中国女性就业呈现出边缘化趋势，非正规就业将成为中国女性的主要就业方式，而在非正规就业行业中女性的各种权益难以得到确实的保障。从当前的失业现象来看，不仅具有经济结构特征，而且具有年龄结构特征和性别结构特征，女性成为社会转型、制度变迁代价的主要承担者。从观念层面来看，越是贫穷落后的地方，男女两性的社会性别观念也越落后。这表明，中国女性群体数千年在传统经济条件下形成的"积弱"状态，在今天现代市场经济条件下依然有着强大的惯性，同时表明单纯的经济增长和发展模式并不必然有利于女性的发展。

现代化的一个重要指标是性别平等，关注性别平等的社会性别意识作为和人口意识、环境意识、人权意识并列的现代意识，是在促进性别平等的过程中所形成的。"社会性别"是在当代妇女运动发展的过程中，特别是西方第二次女权主义浪潮中出现的一个分析范畴和研究领域，该理论在生理性别（Sex）和社会性别（Gender）之间做出了区分，认为生理性别是指男女之间的生理差异，而社会性别则是指男女之间的心理、社会和文化的差异。社会性别意识是一种从性别角度观察和认识社会经济、政治、文化和环境并对其进行性别分析和性别规划，以实现社会性别公平的观念和方法，它以肯定男女两性的生物学差异为基础，以强调男女两性的社会差异为主要内容，以社会文化对于性别差异的影响为关注的重点。从学术研究视角来看，社会性别意识是一个具有深厚历史文化内涵和深度学理分析的范畴。产生于 20 世纪 70 年代的社会性别意识是妇女理论研究的重要成果，已被国际学术界所普遍接受和采纳。社会性别意识作为一个重要的分析范畴，为人文社会科学的学术研究开辟了新的视野和新的研究维度，即在已有的经济、政治、文化、心理和社会的坐标之外，又确立了性别维度，并且成为评价和完善各个学科的重要工具。从实践操作层面来看，1993 年，西方社会性别意识被介绍到中国，1995 年在北京召开的联合国第四次世界妇女大会有力地推动了社会性别意识在中国的传播。作为一种外来理论之所以被选择与被接受，是因为它顺应了变革中的我国社会的理论需要和现实诉求。社会性别意识在全球已经成为一种主流意识形态和国际社会公认的价值观，成为衡量一个国家基本人权状况和社会发展程度的重要指标，成为当今世界观察、思考、分析和评价社会现象的一个极其重要的新视角。社会性别意识已经纳入联合国的人类发展计划指标，纳入国际社会发展规划，纳入许多国家的公共政策和立法之中，极大地促进了当代妇女发展的政策和实践。

社会性别意识是一种先进的性别文化，是一种既关怀女性也关怀男性的注重人本的现代意识。社会性别中的"性别"所指涉的对象，包括了女性和男性这两个性别。根据社会性别理论，男女不平等的根本原因不是由两性之间的生理差异决定的，而是由两性之间的社会性别差异造成的，即男女各自不同的性别角色和评价标准不是与生俱来的，而是在社会文化中形成的。地位上的男尊女卑，评价上的男优女劣，社会关系中的男主女从等权力与权利关系，只能用社会性别理论才能得到合理的解释。传统社会中的男性中心文化不仅对女性造成了极大的禁锢和压抑，同样对男性也是一种误导和扭曲，对男女两性都造成了共同的伤害。因此女性要正确认识自己的社会性别，男性也要正确认识自己的社会性别。

社会的全面发展关键在于人的全面发展，构建和谐社会的基础是性别和谐。和谐社会是把公平和正义作为核心价值取向的社会，社会公正如果没有性别公正就不是彻底的和真正意义上的公正。历史和现实都告诉我们：经济的发展并不能简单地等同于妇女的发展，小康社会也并不必然地带来性别平等。科学发展观的实质与核心在于坚持以人为本，促进经济社会和人的全面发展。科学发展观是马克思主义发展观与当代中国发展实际相结合的产物，是我们党对社会主义市场经济条件下经济社会发展规律认识的重要升华，也是我们党执政理念的一个新飞跃。一个全面、协调和可持续发展的社会，必然是一个注重男女平等和性别协调发展的社会。为解决妇女发展与社会发展的同步问题，实现全面建设小康社会的重要目标，需要性别平等意识的关照。

二、社会性别主流化是构建和谐社会的基础

党的十六届三中全会提出了科学发展观，十六届四中全会提出了建设社会主义和谐社会的宏伟目标，十六届五中全会进一步对构建和谐社会作出全面部署和规划，构建和谐社会成为党的执政能力的重要体现。构建和谐社会有着深层次的时代内容和深刻的理论意蕴，"和谐社会"的提出，表明中国特色社会主义事业的总体布局由社会主义经济建设、政治建设和文化建设的"三位一体"，发展为社会主义经济建设、政治建设、文化建设和社会建设的"四位一体"。"社会建设"的提出，彰显着我们党和政府更加关注民生，而在"社会建设"中，我们需要妥善地处理好强弱关系和利益关系，特别是性别利益关系。因为性别和谐是社会和谐的基础，建设和谐社会必须统筹性别利益。为此，构建和谐社会必须使社会性别主流化，将国家、社会和集体的根本利益与妇女群众的特殊利益有机地结合起来。

所谓"社会性别主流化"是指将男女平等具体化到法律、政策、制度、机制以及一切社会活动之中。通俗地说，社会性别主流化就是指在思考问题和制定政策时，将男女两性的利益放在同等重要的地位来考虑，将男女两性都视为社会发展的主体的观念和行动，从而最终实现社会性别平等。当前，社会性别主流化的路径必须从以下几个方面着手实施：

1. 将社会性别意识纳入决策主流。要把社会性别意识纳入各级党委和政府的决策之中，提高决策者对社会政策的性别敏感度，避免决策中的性别缺失。在制定总体规划时，政府应有完善的决策和实施方式，要将妇女事业纳入经济社会发展总体规划之中。长期以来，由于实施非均衡发展战略，使一些明显的性别不公正现象在非均衡发展战略的名义下被严重忽略了。人们在关注城乡、工农、区域发展不平衡问题的同时，往往容易忽视两性发展的不平衡，而两性发展的不平衡实质上又反过来加剧了上述的不平衡。由于在社会发展的综合评价指标体系中缺乏性别视角和性别统计，女性的现状和发展往往被淹没在"人均"指标之中，使得两性之间的发展差距难以显现。1995年在北京召开的第四次世界妇女大会上，我国政府庄严地向世界承诺要将社会性别意识纳入决策主流，即社会性别主流化，它表明社会性别意识已被政府所接受并且应用于妇女发展和社会改革实践之中。今后，在政府的决策中不应该是无性化、中性化或单一性别化，而是社会性别公平化，将妇女发展综合评估指标纳入社会经济发展指标框架体系之中，使妇女真正成为经济和社会发展的决策者、参与者和受益者。

2. 将社会性别意识纳入政策主流。要使男女平等基本国策具体化为经济、政治、文化和社会等各个领域的性别平等政策。公共政策体现为对社会资源进行权威性的分配，在现代社会，公共政策对于社会公共利益的协调起着重要的作用，一般是政府为解决现实和潜在的社会问题所做出的决定和措施。公共政策体现社会性别意识是政府义不容辞的责任，改变妇女的边缘状况需要政府的政策支持。在国家和社会政策的制定和执行中，应当充分地考虑社会性别的因素，尽量避免公共政策中的性别缺失。应把社会性别作为社会发展的变量，在分析社会公共政策对女性和男性的不同影响，尤其是可能给女性带来的负面影响时，注重修改社会公共政策中不利于女性发展的内容，以期消除男女之间的实际不平

等。如"三农"问题是构建和谐社会带有全局性和根本性的问题：随着农村男性青壮年劳动力向非农产业的转移，"男工女耕"格局的出现，妇女成为农业劳动的主力军，农业女性化现象已经成为客观事实。关注农村、关心农业、关爱农民，就必须关注女性，调动农村女性劳动力参与生产致富的积极性。当前农村劳动力转移在性别上也存在差异：农业转移出来的女性劳动力在总量上低于男性；转移出来的女性劳动力在就业层次上低于男性，主要集中在家庭保姆、纺织服装等技术构成低的劳动密集型行业；整体转移速度上女性慢于男性，且女性逆向转回率大于男性。因此，我们要通过政策引导农村妇女转变思想观念，通过培训提高农村妇女素质，通过社会组织帮助农村妇女开拓市场，通过政府规划促进农村妇女富余劳动力转移就业。把扩大城乡妇女就业作为构建和谐社会的重要调控目标，鼓励广大妇女用创业促进就业。

3. 将社会性别意识纳入制度主流。再分配制度直接体现政府的责任和社会公正，改变女性地位的从属性和边缘性，必须有效调节分配关系，缩小两性发展差距。如在第一次效率优先的分配中（即劳动者参加劳动直接获得的报酬），为妇女争取平等的机会；在第二次兼顾公平的分配中（即社会和政府通过财政支配进行的分配），合理补偿妇女承担家务劳动和生育的付出；在以人文主义和利他主义为特征的第三次分配中（即慈善事业），通过慈善、捐助等社会公益行动调节贫富差距、救助弱势妇女。当前，"社会保障"成为一个正在升温的公共话题，它饱含了各级政府的艰辛努力和凝结着广大百姓的殷切期待。在构建和谐社会的社会保障体系中，必须具有社会性别视角：我们在帮助、扶助女性下岗失业人员的社会保障和再就业安排中，更应偏重社会保障；在相应的带有社会救助性质的社会保障和市场化运作的社会保险中，更应偏重社会救助性质的社会保障。在社会保障制度中采取倾向于女性的积极差别对待政策，这不仅是应对妇女群体的实际需求，改善其生存境遇和有利于社会稳定的政策措施，更是关系到社会公正的根本性问题。

4. 将社会性别意识纳入传媒主流。整个社会的性别观念和文明程度是与媒体的宣传导向密切相关的，作为文化的先导，传媒在两性观念和行为的文化建构及传播中承担着重要作用。在我国，男性的主导与女性的依附常常被作为性别关系的基本形式，以一种司空见惯和习以为常的方式潜移默化地影响着人们的性别观念。传统观念中人们对男性和女性所持有的不同性别规范和性别期待，严重干扰并阻碍着性别平等的真正实现。为此，各级政府要制定具有社会性别意识的文化和传媒政策，要加大男女平等基本国策的宣传力度，逐步消除对妇女的偏见、歧视以及贬抑妇女的传统社会观念。男女平等基本国策的有效实施有赖于正确舆论的引导，要大力宣传马克思主义妇女观和先进的社会性别文化，营造一个有利于两性协调发展的良好社会氛围。

5. 将社会性别意识纳入发展主流。要将女性问题边缘化转变为将性别平等纳入发展主流。由于女性承担着养育子女、照料家庭和参加生产等多重角色，限制她们发展的因素所造成的消极影响因而也是多重的。联合国《人类发展报告》指出："推进妇女与社会的协调发展，决不仅仅是妇女的事情，而是政府的责任，政府的认识应当上升到这一高度：争取男女平等的重要性不亚于废除奴隶制和殖民主义的消亡。"从文化人类学的角度来看，人类发展是针对所有社会成员并扩大其选择的过程，而不是只针对社会的某部分群体。如果绝大多数妇女的发展被排挤在发展之外，不能共享发展的成果，那么这个发展过程显然就是不公正的和畸形的。当前，我们需要不断探索在市场经济条件下有效保护妇女就业权益和促进妇女发展的机制，加大源头维权、社会化维权、实事化维权和个案维权的力度。在扶贫政策的制定、执行和评估的全过程中要贯穿社会性别意识，正确反映和表达处于弱势的妇女群体的合理诉求。增强全社会的社会性别意识，为女性发展创造良好的社会环境，应当成为今后我们各级政府推进社会和谐与可持续发展的新思维。

三、性别教育主流化是社会性别主流化的关键

社会性别主流化需要通过教育来实现，加强社会性别平等教育是贯彻和落实科学发展观的体现。高等教育应该在消除社会性别不平等的问题上发挥主导作用。在高等教育中贯穿社会性别意识，可以为我们重新认识高等教育中的性别差异、促进教育中的性别平等提供分析原则和方法论的指导。就高等教育自身而言，高等教育中的教育机会性别偏斜以及学科和专业中的性别偏差是十分明显的，人们关于某些学科和专业的"性别适宜度"的刻板印象，导致男学生大多集中在理工科专业，女学生则大多集中于人文类专业。教师中的性别刻板印象和他们在教学以及与学生的接触中自觉或不自觉地表现出的性别偏见，也不利于当代大学生形成正确的社会性别意识。

为实现社会性别主流化，社会性别理论应全面进入教育领域，通过社会性别意识的教育，促使人们社会性别意识的觉醒，使教育者和受教育者形成正确的社会性别观念。目前在我国大部分高校的主流教育中，社会性别教育还处在空白阶段。"社会性别意识"、"社会性别主流化"在高校中对于学校领导和广大师生而言还是一个陌生的新名词。从高等教育的现状来看，在教学体系中，从现行的高校教学计划、课程设置、教学大纲及教材内容来看，基本上没有性别平等的内容。在高等院校主流课程的设置和教材的编写方面，基本上是无性别视角的。就与社会性别主流化关系最为密切的思想政治理论课而言，我国现有的思想政治理论课的教学内容和教材内容均没有涉及到社会性别意识，而且对当代大学生面临的社会性别问题均采取了回避态度，更谈不上"因性施教"。在教育研究中，缺少质疑和反思高等教育中的"性别无意识"或"男性中心意识"的教育研究，缺少从社会性别的视角审视现有的高等教育理念和实践，揭示"无性别教育"对性别偏见的掩饰。这种高等教育理论和实践中的"性别无意识"或"男性中心意识"对大学生的成长和发展是极为不利的。由于我国的社会性别意识教育已经严重落后于世界先进国家的社会性别意识教育，因而导致了高校大学生知识结构中的一大缺失，即社会性别意识的缺失，因此在高等教育中将社会性别意识主流化已经成为当务之急。

将社会性别意识纳入高等教育主流是时代赋予21世纪教育工作者的使命和责任。我国政府于2001年颁布实施了《中国妇女发展纲要》（2001～2010年），其中明确规定，"在课程、教育内容和教学方法改革中，把社会性别纳入到教师培训课程，在高等教育相关专业中开设妇女学、马克思主义妇女观、社会性别与发展等课程，增加教育者和被教育者的社会性别意识"。上述规定预示着高等教育改革的前沿性和前瞻性，每位教育工作者都应该有刻不容缓的紧迫感和责任感。在当前条件下，应首先在各自的学科领域中渗透社会性别意识教育，特别是对于当代大学生思想道德教育而言，更应该在社会性别意识教育方面有所作为，在高等教育领域，创设高等教育环境的公平、高等教育资源分配的公平、男女两性在高等教育中获得自身发展的条件和机会的公平。

人的全面发展需要全面的教育，不重视社会性别意识的教育是不完整的教育。树立先进的社会性别意识是当代大学生自身成长和成才的需要。大学生的性别观念和行为，是构成大学生素质的有机组成部分。科学的性别知识和性别平等意识是不可能自然生成的，必须通过教育。我们要把社会性别教育纳入素质教育的整体规划之中，将社会性别平等意识作为现代社会成员所应该具备的基本素质要求，体现在各级各类学校的课程之中。社会性别理论研究的重点对象是女性，但是，社会性别理论反对孤立地研究女性和女性问题，同时也反对把男性视为女性的对立面。社会性别理论教育的对象也并不仅仅是限于女性，更包括男性，社会性别理论要求把女性问题与男性问题结合起来研究，视女性与男性为共同发展的平等的伙伴关系。社会性别理论的现代性就在于它既关怀女性也关怀男性，它认为在对现实社会的性别文化、性别制度和性别结构的分析过程中，我们既可以观察到男女两性之间不平等的权力与权利关系，同时也可以看到男女两性所受到的不同程度的限制和制约。传统的社会性别观念不仅束缚了女性的发展，也给男性带来了负面影响，因为对男性性别本质的种种规范，同样使男性遭受到很大的压力。社会性别理论主张男女两性共同反思传统性别规范对于自身发展的束缚，从传统性别的僵化角色的规范中解放出来，从而有助于男女两性汇集成反对传统性别文化的合力，以期实现两性共同发展。

发展是人类进步的永恒主体，由于女性承担着人类自身生产和社会生产的双重任务，在人类再生产过程中承担着重要责任和发挥着不可替代的作用，其自身的发展与男性相比，有着更为重要的意义。可以说没有妇女的发展，也就没有可持续的经济社会发展，妇女在经济可持续发展、社会可持续发展和生态环境可持续发展中都具有重要作用。实现男女平等是社会公平的终极体现，而当前缩小性别差距则是一项社会系统工程，需要政府、社会、学校、家庭和女性自身的共同努力。在构建和谐社会的进程中，我们要把妇女人力资源开发提到重要议事日程，把巨大的妇女人力资源转化为强大的妇女人才资源，促进妇女与经济社会同步发展，男女两性协调发展和妇女自身的跨越式发展，而高等教育在促进上述发展中的重要任务就是将社会性别教育主流化的工作进行到底。

总之，社会性别意识主流化对当代高等教育改革与发展既是新挑战，又是新亮点，进行社会性别意识教育是高等教育所应承担的社会责任和对学生应履行的义务。我们必须从战略性和前瞻性的高度，提升将社会性别意识融入教育的自觉意识，真正使高校成为吸收全人类一切优秀文明成果的重要窗口、建设有中国特色社会主义文化的前沿阵地和造就高素质的社会主义事业建设者和接班人的摇篮。

本文作者：李　霞，江汉大学教授。

中国女性学发展

中国女性学是在女性研究的基础上发展起来的，并在女性研究进入大学，研究成果进入课堂后有了长足的发展。"95"世妇会为中国女性研究、女性学发展提供了新的契机。10年来的实践充分证明发展女性学不仅具有重要的教育意义，而且具有重大学术价值，女性学教育应该在大学普遍开展，已成为不争的事实。然而中国女性学发展的现状并不令人十分乐观。作者曾以"发展女性学是高等教育发展的必然选择"为题目撰写过一篇文章（载《妇女研究论丛》2005年第2期），在此基础上，本文又从女性学现状、学科特点和影响中国女性学发展的主要因素等三个方面进行了较深入地分析。

一、女性学发展现状

女性学教育价值：一是通过女性学教育提高大学生特别是女大学生的性别意识，有助于解决目前大学生特别是女大学生存在的种种与性别观念、性别意识有关的问题；二是在多元文化、多种价值观念冲突的社会环境下，女性学教育可以帮助女大学生树立"四自"精神，增强自信心，提高社会适应性和自我生存能力；三是大学是培养未来建设者、管理者、教师和领导者接班人的基地，增强大学生的性别意识有利于社会文明进步，关系国家未来；四是女性学教育以变革不合理的性别关系、性别规则为己任，以实现男女平等、两性自由和谐发展为终极目标，体现了对弱势群体的关注，对女性发展的重视，对女性人力资源的发掘，这是对人类文明的推进，是建设和谐社会之必需。

女性学学术价值：

第一，发展女性学是对人文社会科学知识的重要补充和丰富。以往的学科从来没有关注和研究过女性，以往的知识和历史也是常常忽略和遗忘了女性。从这个意义上说，女性研究、女性学、女性学教育填补了已有知识中的空白，补写了历史中的空缺，纠正被扭曲的两性关系，是对人类科学的重要补充和丰富。

第二，发展女性学有助于对人文精神的张扬。批判性、实践性和创新性是女性学的主要学科精神。提倡平等、民主、参与、互动的女性学教育方法体现了我国一贯倡导的学术精神，那就是推陈出新、学术民主和百花齐放、百家争鸣的"双百方针"。开展女性学教育、发展女性学，倡导女性学学科精神无疑是有助于对人文学科的改造、对人文精神的张扬。

第三，发展女性学有利于促进高等院校的国际交流与合作。在西方和东方一些国家，女性学已经成为一个蓬勃发展中的学术领域，而且在制度和组织上已发展成为一个正规的学科分支，或者说已经学科化，进入了学科主流。加强女性学教育，发展女性学既是顺应高等教育国际化的大趋势，也成为高校在学术领域进一步与国际接轨，拓展国际间的学术交流与合作的客观要求和重要渠道。

第四，发展女性学是国际妇女研究的客观要求，也是高等院校的历史责任。中国女性占世界女性人口的五分之一，中国政府为提高妇女地位，促进女性发展做出了不懈地努力，取得了令世界人民瞩目的成就。中国理应对世界女性研究、女性学教育、女性学发展做出自己的贡献。高等院校具有人才资源的优势，学科相对齐全、研究经验丰富的优势，也具有信息资源丰富、学术交流广泛的优势，在发展中国女性学中担负着不可替代和无法推卸的责任，理应为尽快建立中国特色妇女理论和女性学学科体系做出贡献，正如彭佩云同志为东北师范大学题词所写的，"发挥高校资源优势，加强妇女理论研究"，这是高等院校义不容辞的历史使命和责任。

20 世纪 90 年代中期，也就是"95"世妇会之后，中国妇女研究有了快速发展，并进入女性学学科建设发展阶段，至今 10 年来无论是女性学学科自身还是其社会地位与影响都取得了许多喜人的成绩，然而目前女性学的发展状况仍存在一些不容忽视的问题。我认为主要表现在以下几个方面：

1. 数量少，且发展不平衡

我国现有各类大学 2200 多所（含成人教育），其中普通高校 1700 多所，目前只有 50 余所高校设立了女性/性别研究中心，开出各类课程不足百门。美国 4000 多所高校，已有 700 多所高校设立妇女研究项目或女性学系，占 17.5%。20 世纪 80 年代初开始每年开出 3 万多门课程。无论是从自身看还是与美国相比，都可谓少矣。50 多所大学中的女性/性别研究中心，北京大学的女性研究、女性学教育发展情况最好。1990 年北京大学中外妇女问题研究中心成立，1998 年开始设立并招收女性学方向硕士研究生，开出系列研究生课程，出版了有质量的教材，2005 年末女性学成为二级学科，现在正在进行博士点的申报工作。她们的发展速度和取得的成绩令西方学者吃惊。而其余多数女性/性别研究中心仍处于"五少"（成员少、经费少、信息少、项目少、活动少），或"四无"（无编制、无经费、无设施、无项目）状态。

2. 组织松散，自发少助

研究中心大多是自发组织起来的，没有进入学校的学术机构，不少学校的女性/性别研究中心主任由工会女主席或妇委会主任兼任。除少数重点高校或较早成立的中心外，大多仍是"五少"或"三无"（无编制、无经费、无设施）单位，"四无"现象更是普遍存在。

3. 初级探索未成体系

主要表现在设课、开课情况、讲座内容等均由各个学校因地因人而异自主决定，能够独立开课的教师很少，成熟的课程不多，成熟的教材更少。女性学的基本理论体系、课程体系尚未形成。

4. 发展迟缓、步履艰难

除北京大学等极少数高校外，从整体上看，我国女性学的发展速度比较缓慢，从事女性学教育的师资队伍尚未形成，缺乏行之有效的制度、机制保证，缺乏必要的经费支撑。我国20世纪80年代女性研究有了较大发展，90年代进入跨学科研究，90年代中期开始学科建设，至今也只有少数几所高校招收女性学硕士研究生。开出各类课程不足百门。

郑州大学1987年成立妇女研究中心，是中国内地第一个成立妇女研究中心的大学，后来的发展不理想。

相比之下，美国的情况大不一样。圣地亚哥大学是美国第一个建立妇女学系的大学。1969年开始设立了女性研究项目，1970年建立女性学系，当时只有5个班级，1名妇女研究指导教师，5名兼职指导老师。70年代该系设立了12个班级，2名全职教授和4名指导老师。到了20世纪80年，即10年后，有了6名全职教员。1995年开设了妇女硕士研究课程，形成了包括10名全职，4名兼职，12名讲师的教师队伍，同时开展了国际间教学交流及学术交往活动。2000年，系里设置了12个学位课程。美国自1969年在圣地亚哥大学成立第一个妇女研究中心之后，到70年代底已开出110多门相关课程，10年后，也就是80年代初达到3万多门。我们经过近20年，开出的课程不足百门。在美国大学中现已有超过700多个妇女研究项目以及女性学系，30多个妇女研究的硕士点，10个博士点。

二、女性学的学科特点

女性学作为一个学科，它既有本学科的特殊性，又应该具有一般学科的共性。

1. 学科的一般特征即学科共性包括：确定的研究对象；专用的科学概念；自己的研究方法；完善的理论体系。

2. 女性学的学科特点：实践性（行动性），理论研究与实际研究密切结合，研究成果用于实践，服务于实践；时代性，联系实际为现实服务；本土性，女性学的产生发展过程及其在学术界、社会中的存在方式具有地域（区域）特色；在我国，女性学的重要本土特征之一就是对中国妇女解放与发展的实践经验总结和理论升华。中国女性占世界女性人口的五分之一，中国政府为提高妇女地位，促进女性发展做出了不懈的努力，取得了令世界人民瞩目的成就。总结历史、提炼思想、丰富理论、指导实践、促进发展，创建中国特色妇女理论，发展马克思主义妇女理论，是中国女性学研究的题中应有之意，是中国对世界女性研究、女性学学科建设、女性学教育应做出的贡献。也是中国女性学的最重要的本土特色。

中国与美国的女性研究、女性学学科建设在学术环境、研究重点、研究对象、经费来源的主渠道等方面存在着一定的差异，我们应该从差异中吸取有益的经验，做出自己的特色，才是中国女性学发展的正确道路。

批判性，"批判性"源于希腊文"kritikos"，意思是洞察力、辨别力、判断力，还有敏锐、精明的意思。而"kritikos"又源于"krinein"，意思是指做出决断。因此，批判性虽然提倡的是怀疑精神，是质疑，但并不是只有发现错误、查找缺点的否定性含义，它同时还具有关注优点和长处等肯定性含义，因为它关注的焦点是做出明智的决断。可见，批判是一种洞察力、辨别力和判断力。女性学的批判性是指在坚持学术理论的客观性同时，强调为争取性别平等、实现两性和谐自由地发展，必须改变（变革）不合理的性别关系、制度、机制；质疑传统知识的性别缺失、性别偏见。不能单纯从否定性含义去理解女性学的批判性，片面强调它的批判性就是质疑、颠覆和否定。

开放性，女性学的开放性主要表现在以下几个方面：一是女性学一直处在发展之中，尚没有形成固定的形态；二是女性学研究的多样化，不同国家的女性学研究有不同的特点；三是从女性学中产生一些新的研究方向已经发展为一些专门的领域，比如妇女史、性别史、女性心理学、女性文学、女性教育学、性别社会学等；四是女性学与其他学科相互渗透、交叉，还产生出一些边界模糊的领域，如女性与法学、女性与政治、女性与环境等，其结果必将发展出女性学很多新的领域。

政治性，女性学的政治性我认为主要表现在女性问题的政治性上：列宁曾从不同的角度给政治下过定义，但他认为，国家问题"是全部政治的基本问题，根本问题"。妇女的解放与发展是与国家的解放与发展紧密联系在一起的。按照孙中山的定义"政治"就是"众人之事"。妇女的事自然是众人之事；另一方面，在中国今天社会转型时期，"众人"也发生很大的分化，其利益和观念出现重大的不一致，使经济问题具有了政治含义，一些妇女问题具有明显的政治色彩，如贫困妇女化问题。再者，我理解"权力"就是政治。由于妇女权力贫乏，才造成妇女地位低下、利益受损，遭受性别歧视。可见，妇女问题具有明显的政治性是毋庸置疑的。

此外还有创新性等特点。

3. 女性学的学科特点与其学科化、主流化的关系。

学科化：是指其知识的系统化、科学化、体系化、规范化。女性学作为一门学科，无论具有怎样的特殊性，它的知识都必然走向系统化、科学化、体系化、规范化，即学科化。学科化与女性学本身的学科特点不矛盾。

主流化：是使女性学取得与其他学科平等的学术地位，其学科的主体地位、独立性合法化，让女性学无条件地进入公众的学术范畴、社会机制的视野。

进入学科主流的重要标志，我认为至少应有以下几点：能够正常开课（通选课、选修课、必修课）并有学分；有条件的可以招收研究生；进入社会科学研究项目目录；女性/性别研究中心列入正式社会科学研究机构，享受相应的级别待遇。

"不守规矩的女性学"，我的理解主要是指女性学的批判性、行动性、开放性特点，这种学科特点并不影响女性学的学科化、主流化。

处理好妇女学的学科本身特点与学科化、主流化的关系，在完善女性学的知识体系、理论体系、教学体系、课程体系，推进女性学主流化过程中，坚持它的批判性、行动性和开放性的特点，是不可忽视的学科原则。但是，如果只注意其特殊性而忽视它的学科共性，女性学就难以进行综合创新，实现学科化、主流化。

三、关于影响女性学发展的主要因素

1. 性别偏见

来自社会的性别偏见主要指大众传媒、社会观念、民众舆论、家庭分工中的性别偏见，这种性别偏见具有广泛性和公开性；来自领导层、管理部门的性别偏见一般来说是比较隐蔽的，但却是强大的、难以改变的；来自女性自身的性别偏见往往是深层次的，自卑多于歧视，这种自卑和来自于性别内的歧视往往容易被忽视或漠视。

2. 学科偏见以及学科自身的不成熟、不完善

来自其他学科的偏见，主要表现为学术上的歧视和排斥。例如：不承认或不愿承认女性学是一门独立的学科；认为女性研究成果水平低，没有什么学术价值，有的甚至认为女性研究是"性别偏见"的发泄；来自女性学自身的偏见，主要表现在学科建设过程中往往过分的注重或强调女性学的特殊性，而忽视它的学科共性，不重视学理性方面的建设与论证，成为影响学科建设的主观因素之一。

3. 研究环境和条件的限制

未进入主流所造成的两少一无：项目少、经费少、无编制；学科内"自言自语"，圈内人（女性、女性学研究者）自己说，缺乏与男性、与其他学科间的沟通和交流，影响"共识"的形成进程；成果发表范围极有限，其对外界的影响和辐射作用受限。

4. 西方女性研究理念的影响

主要表现在"批判性、颠覆性"研究理念产生的排他性影响和"不守规矩的女性学"概念误解学科化要求。

5. 后现代主义思潮影响

我这里说的后现代主义思潮对女性学研究的影响，并不一定是女性学者在系统研究后现代主义思潮基础上有意识的自觉行为，而是一些女性学研究观点和表现客观地或反映或呼应或体现了后现代主义思潮的某些思想观点。主要表现在三个方面：一是对基础理论、基本原理的态度；二是个体性与普遍性、个体经验与社会整体的关系；三是关于女性学的科学性问题。

从方法论上看，后现代主义更多地是批判、解构与破坏，反理性主义、取消真理，消解我们的理论可以说是它的主要特征。我们知道马克思主义理论、观点、方法对社会科学研究的主导地位和指导作用是不能动摇的，女性学研究当然不例外。那种否认或贬低或忽视马克思主义对女性、女性学研究的指导作用，漠视马克思主义妇女理论研究的观点和态度，从某种意义上说自觉不自觉地呼应了后现代主义的某些思想观点。

在研究对象和重点上，后现代史学把研究的焦点主要定位在日常生活史、微观史、新文化史上。它感兴趣的是细枝末节的、平常百姓家历史的描叙与考究。关注的是基层民众，强调不同地域的差异。通过具体区域的田野调查，发现不同于传统文献资料所记载的史实。后现代史学在解构历史客观性的同时拓展了史学研究者的文献视野，给予史学研究以新的视角、方法，这是值得肯定的。女性史学研究吸纳其田野调查、访谈等微观研究方法，是它合理的一面，补缺的一面。但是，不能以偏概全，而否定"主流论"、"精英论"，忽视、漠视或轻视、歧视对一般的宏观女性群体社会，上层女性精英社会的关注和研究。

后现代主义反对主客二元论，取消二元模式中主体的中心地位，从根本上取消二元思维模式。后现代主义高扬事物变化的多样性、差异性、零散性、特殊性和多元性，反对基本理论，主张用知识形式的多样性去超越和统一现代哲学，无需寻求整个社会历史的规律性和一致性。女性学作为一门科学，它有自己的一套知识体系，有自己的基本理论，女性的生存发展也有一定的规律性，女性学则是揭示研究对象，即女性发展的内在规律。女性学研究的任务就是要揭示各民族女性生存发展道路的丰富多样性，并从各民族女性生存发展道路的比较中认识社会历史的发展和女性的发展的因果必然性规律，从而指导女性理性地发展和创造新的历史篇章。

后现代主义不仅具有摧毁、解构和否定性的一面，还蕴涵着鼓励多元思维等建设性功能。我们在肯定它的批判态度时，不能遮蔽它的偏见，既不能盲目追随，也不能简单否定，应在深入研究的基础上，吸收其精华，弃其糟粕。重新建立对马克思主义哲学的坚定信念，确立马克思主义妇女理论在女性研究、女性学教学与学科建设及先进的性别文化建设中的主导地位。

本文作者：张明芸，东北师范大学教授。

二、女性学教育的实践探索

文化转型的人性尺度
——明清至清末解放女性思想简论

    法国空想社会主义思想家傅立叶对于妇女解放与人类社会进步的关系，曾经有过精辟的论述。他认为："某一时代的社会进步和变迁是同妇女走向自由的程度相适应的，而社会秩序的衰落是同妇女自由减少的程度相适应的。"他还给出一个基本的公式："妇女权利的扩大是一切社会进步的基本原则。"① 对于傅立叶这一思想成果，恩格斯曾经给予了高度的评价，认为他"巧妙地批判了两性关系的资产阶级形式和妇女在资产阶级社会中的地位"，而且"他第一个表述了这样的思想：在任何社会中，妇女解放的程度是衡量普遍解放的天然尺度"。② 恩格斯在《家庭、私有制和国家的起源》一书中，对于妇女如何获得解放的问题作了进一步的论述，认为"妇女的解放，只有在妇女可以大量地、社会规模地参加生产，而家务劳动只占她们极少的工夫的时候，才有可能"③。在讨论中国文化转型的问题时，我们可以提出各种不同而且具有内在相互支撑关系的标尺，而人性的标尺则是不可或缺的尺度之一。晚明以降，在秦汉以后逐渐形成的男权中心社会里，出现了一些为女性争取普遍的做人权利的新思想。这些新思想成为晚明以后中国文化转型过程中不可或缺的新因素，并与 20 世纪以后人性解放的思想汇合，共同构成了现代新女性思想的有机成分。本文选择了晚明以降同情女性，并为女性争取普遍做人权利的几位思想家的新思想，并将其看作是明清文化转型的人性标尺，以此揭示晚明以后中国传统文化向近、现代转型的根本特质。

一、"识有长短，非关男女"
——李贽的男女平等观及其对男女价值的重估

    男女的不平等构成了传统的男尊女卑观念的基本内容，而且也是传统社会中诸多不平等的现象之一。建立在自然经济基础之上的君主专制社会在政治、法权和意识形态诸方面都努力地强化这一不平等的价值观念。在君主专制社会早期的自然哲学中，以"天尊地卑"来论证"男尊女卑"的合理性。在汉代以后，"三纲五常"观念的不断强化，使得男

---

① 恩格斯著：《社会主义从空想到科学的发展》注 330，《马克思恩格斯选集》第 3 卷，中共中央马克思、恩格斯、列宁、斯大林著作编译局编，人民出版社 1995 年版，第 846 页。

② 恩格斯著：《社会主义从空想到科学的发展》，《马克思恩格斯选集》第 3 卷，中共中央马克思、恩格斯、列宁、斯大林著作编译局编，人民出版社 1995 年版，第 727 页。

③ 《马克思恩格斯选集》第 4 卷，中共中央马克思、恩格斯、列宁、斯大林著作编译局编，人民出版社 1995 年版，第 162 页。

女不平等被法典化、合法化。尽管在漫长的君主专制社会里也有关于"女子才德不亚于男子"的点滴"异端"思想，但终未从理论上加以论证，而且也被淹灭在"男尊女卑"观念的汪洋大海里。在晚明社会里，伴随着对人的基本价值评价标准的变化和对人的基本物质需求的肯定，在社会哲学领域里出现了一系列新的观念。男女平等的观念便是其中的变化之一。

首先从理论上提倡男女价值平等思想的是明末进步思想家李贽。他有选择地吸取传统儒家经典《易传》的说法，将夫妇看作是人伦之始，并进而将夫妇平等的新思想奠定在古老的自然哲学基础上，从传统中开出了新思想。在《初潭集》《夫妇篇总论》一文中（后在《焚书》中又收入《夫妇论》一文），李贽说道："夫妇，人之始也。有夫妇然后有父子，有父子然后有兄弟，有兄弟然后有上下。夫妇正，然后万事万物无不出于正矣。"他反对为君主专制政治、伦理提供理论根据的"理一本说"，认为万物皆生于两："天地，一夫妇也，是故有天地然后有万物。然则天下万物皆生于两，不生于一明矣。而又谓'一能生二，理能生气，太极能生两仪'，不亦惑欤！夫厥初生人，惟是阴阳二气，男女二命耳。初无所谓一与理也，而何太极之有？"所以，从社会哲学的层面看，李贽认为："故吾究物始，而但见夫妇之为造端也。是故但言夫妇二者而已，更不言一，亦不言理。"可以这样说，在传统哲学的范围内，论证男女价值平等的思想基本上没有超过李贽的理论水平。即使是 20 世纪初期的中国妇女解放运动，其哲学的理论水平亦未达到李贽所能达到的高度。

李贽不仅在自然哲学的理论高度论证了男女价值平等的道理，而且在历史的经验事实层面为男女价值平等找到了无可怀疑的证据。在《初潭集》卷 2 "才识"条下，他列举了 25 位才智过人的夫人，并大加称赞道："此二十五位夫人，才知过人，识见绝甚，中间信有可为干城腹心之托者，其政事何如也。若赵娥以一孤弱无援女儿，报父之仇，影响不见，尤为超卓。李温陵长者叹曰：'是真男子！是真男子！'已而又叹曰：'男子不如也。'"

《初潭集》在体例上将夫妇列为首 3 卷，然后再论父子、君臣，可以看出李贽通过对三纲秩序的颠倒而将历史上的是非价值秩序重新颠倒过来，在这种价值颠覆的过程中，李贽为被压迫的妇女翻案。这些都是他卸任之后初到龙潭时的思想。在后来的《焚书》中，他再一次明确地批驳了当时人否定女性有抽象理智能力的观点，写下了《答以女人学道为见短书》的战斗檄文。在该篇文章中，李贽先从知识与经验的关系入手，批评了那个不合理的社会将妇人局限在狭小的天地，从而造成了女性认识视野的狭隘的罪过。他说："夫妇人不出闺域，而男子则桑弧蓬矢以射四方，见有长短，不待言也。"从知识与经验的关系角度说，男子见识比女人长也是应当的，因为妇女被局限在狭小的天地里，而男人征战四方，见多识广，理所应当。但李贽又笔锋一转，思辨地论说了何为见长，何为见短的标准问题："但所谓短见者，所谓见不出于闺阁之间；而远见者则深察乎昭旷之原也。短见者只见得百年之内，或近而子孙，又近而一身而已；远见则超于形骸之外，出乎生死之表，极于百千万劫不可算数譬喻之域是已；短见者祇听得街谈巷议，市井小儿之语；而远见则能深畏乎大人，不敢侮圣言，理乐惑于流俗憎爱之口也。余窃谓欲论见之长短者当如此，不可止以妇人之见为短也。"接下来，他又从形式逻辑外延的周延性来分析女子见短观点的荒谬性："故谓人有男女则可，谓见有男女岂可乎？谓见有长短则可，谓男子之见尽长，女子之见尽短，又岂可乎？"这一简单的逻辑分析与反问，使得"女子学道则见短"的观点不攻自破。最后，李贽又引用历史上的邑姜、文母这些杰出的女性，以证明女子见识完全有超乎平庸男子之上的可能性。"邑姜以一妇人而足九人之数，不妨其与周召、太公之流并列为十乱；文母以一圣女而正《二南》之风，不嫌其与散宜生、太颠之辈并称为四友。"李贽的如此论述，有力地批驳了世俗社会轻视女性智力的历史偏见。

像李贽这样在思想领域为千古的才女鸣不平的价值重估活动，也深深地影响了同时代的一些进步的作家。如冯梦龙在《闺智部总叙》中对"女子无才便是德"的传统教条进行了批驳，说道："成周圣善，首推邑姜，孔子称其才与九臣埒，不闻以才贬德也。夫才者智而已矣，不智则憒。无才而可以为德，则天下之憒妇人毋乃皆德类也乎？"又，其在《醒世恒言·苏小妹三难新郎》一篇中极力歌颂了苏小妹的诗文才学，并肯定她以"才"为标准，自己择婿的行为。小说对于女子不能有同等的参政机会鸣不平："聪明男子做公卿，女子聪明不出身，若许裙钗应科举，女儿哪见逊公身？"这已经发后来李汝珍《镜花缘》为女子参政呐喊之先声。在《二拍·李公佐巧解梦中言，谢小娥智擒船上盗》篇，肯定了"士或帼国，女或弁冕"的可能性，历数前代奇才尚德之女子，称赞如谢小娥这样的奇女；他们多能"以权济变，善藏其用，窜身仕宦，既不被人识破，又能自保其身"的超凡的能力。有些小说如《满少卿饥附饱飏》中，作者为历代妇女在婚姻中的非人遭遇鸣不平：

"天下事有好多不平的所在！假如男人死后，女人再嫁，便道是失节，玷了名，污了身子，是个行不得的事，万口訾议；及至男人丧了妻子，却又凭他续弦再娶，置妾买婢，做出若干勾当，把死的丢在脑后，不想起了，并没有人道他薄幸负心，做一场话说。就是生前房室之中，女人小有外情，便是老大的丑事，人世羞言；及至男人家撇了妻子，贪淫好色，宿娼养妓，无所不为，纵有议论不是的，不十分大害。所以女子愈加可怜，男子愈加放肆。这些也是伏不得女娘们心里的所在。"

小说的作者对于传统宗法社会中二元的婚姻道德标准，提出了大胆的异议，替被压迫的女性说话，表现出为女子争取与男子同等的婚姻自由权的价值理想。这一理想，在具体的文学情节中得以展现的还有：如《蒋兴哥巧会珍珠衫》篇，对于蒋兴哥的媳妇几番改嫁及其失身于徽商陈大郎的事件，并未从道德风化的角度大加挞伐，反而对她在丈夫外出行商，久久未回，独处闺中的感伤情怀寄予了莫大的同情。小说正是基于这种新型的人道理想原谅了王三巧因为性的压抑而与陈大郎有了私情的行为。当王三巧陷入虔婆巧设的诱奸计之后，因为空虚的闺中日子忽然有了填补而不自觉地顺着人的自然本能一再地将计就计后，作家则以自然的笔触刻画了王三巧对于陈大郎的真情。最后，蒋兴哥回来后知道妻子有外遇之后，也是十分冷静地处理了离婚事件，王三巧因为陈大郎死了而又被一位新科状元娶回为小妾。后来蒋兴哥因在外经商不慎吃了一起人命官司，幸亏碰到三巧的夫君为县令而比较妥善地处理了这起人命案。最后他们又破镜重圆。小说的新意不仅在于故事的离奇，更重要的是在于作者对于王三巧几度嫁人的事件没有从道德的角度加以严厉的批判，而是以十分同情的笔触描写了王三巧的不幸人生。在婚姻观方面超越了贞节、风化的陈旧道德标准，而以世俗的真情和道德的宽恕等新人道理想作为婚姻的标准，表现了一种新的价值取向。在小说《金瓶梅》中，作者对商人女孟玉楼的几番改嫁亦未加以道德的批判，反而称赞她有眼力，在西门庆死后又选了一个好郎君。这种价值取向当然反映了市民阶层的势利的价值观念，但在女性还没有获得独立的经济能力养活自己的时候，作家能够不受旧的道德束缚而以人自然的生命为第一性的价值，肯定作品中的女性顺从自然人性的行为，显然体现了作家向"饿死事小，失节事大"的旧伦理观挑战的思想倾向。

另外，像冯梦龙这样的作家在现实中也贯彻了他同情女性的思想。他在寿宁县为官时，曾专门以官方文告的形式禁止福建地区溺杀女婴之事。告示云："寿宁县正堂冯为严禁淹女以惩薄俗事。访得寿民生女多不肯留养，即时淹死，或抛弃路途。不知是何缘故，是何心肠。一般十月怀胎，吃尽辛苦，不论男女，总是骨血，何忍淹弃？……今后各乡各堡，但有生女不肯留养欲行淹杀或抛弃者，许两邻举首本县，拿来男子重责三十，枷号一月，首人赏银五钱。如容不报，他人举发，两邻同罪。或有他故必不能留，该图呈明，许托另家有奶者抱养，本县量给赏钱三钱，以旌其善；仍给照，养大之后，不许本生父母来认。每月朔望，乡头结状中并入'本乡并无淹女'等语。事关风俗，毋视泛常，须至示者。"① 由此，我们似乎可以这样地推论：在君主专制社会末世，女性的被歧视与被践踏已经到了令人无法忍受的地步，从而激起了部分有识之士来关怀女性的生命及其社会地位问题。

二、"三代以上，妇人改嫁不以为非"
——袁枚对传统贞节观的批评

清代诗人袁枚对于女性也寄予了极大的同情。他从自己的三妹素文和自己的女儿成姑的悲惨命运中，深切地体味了礼教中的"贞节观"对于女性的危害性。他在《祭妹文》中，对素文从小"爱听古人节义事"，到长大后躬身实践，最后不幸早逝的人生结局，表示了否定。他哀叹道："呜呼，使汝不识《诗》、《书》，或未必艰贞如是。"在《随园随笔》卷13"改嫁"条说道："三代以上，妇人改嫁不以为非。"并列举了历史上大量改嫁的例子，如子思之母、韩愈之女、范仲淹之儿媳等均改嫁。唐王朝的公主有20位再嫁的，都"书之史册，不以为耻。"② 从而为妇女改嫁的合法性进行论证，批评宋儒以后逐渐强化的贞节观。

在有关选诗标准的问题上，袁枚通过对以纲常名教为选诗标准的批评，曲折地表达了自己对女子贞节观的否定态度。他认为当时选诗之人有七种弊病，其中第四种即以纲常名教为准。对此他提出了自己的反驳意见，并进而对宋儒指责蔡文姬的做法，提出了自己的反批评。他说道："动称纲常名教，箴刺褒讥，以为非有关系者不录；不知赠芍采兰，有何关系？而圣人不删。宋儒责蔡文姬不应登《列女传》；然则'十七史'列传，尽皆龙逢、比干乎？学究条规，令人呕吐：四病也。"③ 在《再与沈大宗伯书》一信中，又重申了这一观念："选诗之道，与作史同。一代人才，其应传者皆宜列传，无庸拘见而狭取之。宋人谓蔡琰失节，范史不当置《列女》中，此陋说也。夫《列女》者，犹云女之列

① 冯梦龙：《楚溺女告示》，载《冯梦龙诗文》第186～187页。
② 王英志主编：《袁枚全集》（五），江苏古籍出版社1993年版，第228页。
③ 王英志主编：《袁枚全集》（三）江苏古籍出版社1993年版，第450页。

传云尔，非必贞烈之谓。或贤或才，或关系国家，皆可列传，犹之传公卿，不必尽死难也。"①

在《金震方先生问律例书》中，袁枚借助其先人对有关男女关系及其法律处罚问题的讨论，曲折地表达了他带有近代人道主义气息的法律思想。既批判了传统社会贞节观对女性的误导，也批判了以维护风化而不顾法律处罚条例内在一致性，从而导致草菅人命的法律处罚的不适当性。此处仅举两条为例。在"调奸不成本妇自尽者，拟绞"条里，袁枚认为，妇女受到男子的调戏，不是女子的过错，因而根本不需要从维护贞节的高度轻意丧身，法律对于那些因受到调戏而轻身的女性也不应该表彰。理由是生命高于贞节观。袁枚引证说："女不受调，本无死法。律旌节妇，不旌烈妇，所以重民命也。调奸自尽，较殉夫之烈妇，犹有逊焉。而既予之旌，又能抵其死，不教天下女子以轻生乎？"② 在"律注内始强终和者，乃以和论"条里，袁枚一方面批评了该法律条例的不通之处，另一方面又为不幸被强暴的妇女在伦理观念上争取道义上的生存权。他引证说："夫死生亦大矣，自非孔子之所谓刚者，谁能轻死！女果清贞，偶为强暴所污，如浮云翳白日，无所为非。或上有舅姑，下有孩稚，此身甚重，先王原未尝以必死责之。"③

袁枚一生主要的文学与学术活动在清乾隆时代，这是一个文化高度专制的历史时期。他很多批评女子贞节观的文字，是通过文学形式曲折地表现出来的。在《续子不语》卷5之中，他通过两个故事，揭示了强加在妇女头上贞节观的荒唐。一个叫郭六的农妇，因婆家很穷，丈夫外出要饭，郭六只好在家赡养婆婆。最后实在无法赡养，只好卖身。后来丈夫回家，她自觉不能再与丈夫相处，就自杀身亡。县官来验尸，不让他和丈夫的墓挨在一起。郭六死不瞑目。直到婆婆说，郭六是真正的贞妇。同意与她的丈夫墓挨在一起，她才瞑目。另一位是孟村妇女，长得貌美。不幸她与她的父母被强盗掠去。强盗要奸淫她，她不从。强盗就用炮烙之刑折磨她的父母，要她屈从。她恳请强盗放了她的父母，就同意他们的要求。强盗非要先奸淫她才放她的父母。孟村女怒不可遏，冲上去搧了强盗几个耳光。最后她与她的父母都被强盗杀害了。在这两个故事中，一位妇女是因为尽孝照料婆婆而丧失了"贞节"，一位是为了贞节而刚烈的死去。袁枚本人认为这两者的做法都值得肯定。

袁枚也反对让妇女缠足。在《牍外余言》中，袁枚说道："习俗移人，始于熏染，久之遂根于天性，甚至饮食男女，亦雷同附和，而胸无独得之见，深可怪也。……女子足小有何佳处，而举世趋之若狂？吾以为戕贼儿女之手足以取妍媚，犹火化父母之骸骨以求福利也。悲夫！"

在《子不语》卷9，袁枚作《裹足作俑之报》一文，以曲折的文学笔法批判了古代令妇女裹足恶习。在该文中，他以文学的虚构手法，批评了始作俑者李后主，认为正是她首倡妇女裹足，所以最后导致中毒身亡，国破家亡的人生结局。李后主的人生结局乃是他倡导妇女裹足的报应："天帝恶后主作俑，故令其生前受宋太宗牵机药之毒，足欲前，头欲后，比女子缠足更苦，苦尽方薨。"

---

① 袁枚：《小仓山房文集》（卷十七），周本淳标校，上海古籍出版社1988年版，第1504页。
② 袁枚：《小仓山房文集》（卷十五），周本淳标校，上海古籍出版社1988年版，第1460页。
③ 袁枚：《小仓山房文集》（卷十五），周本淳标校，上海古籍出版社1988年版，第1460页。

除袁枚之外,清代小说家吴敬梓和李汝珍,也为女性的解放呼吁、呐喊。吴敬梓在《儒林外史》中,借作品中人物杜少卿之口,对男子娶妾行为提出严厉的批评,认为这是"最伤天理"的,"天下只不过这些人,一个人占了几个妇人,天下必有几个无妻之客。"① 使天下徒增了许多鳏夫。《镜花缘》中作家借笔下两面国的女强盗头子,痛打要娶妾的丈夫,直到打得他心里冒出一具"忠恕"来,否则得先为他娶一个"男妾"。而且还为女子争取接受教育,参与政治等权利,鼓励妇女走出家庭、走向社会。这些文学家以小说形式表达的妇女解放思想与哲学家戴震提出的"以情絜情"的"仁道"理想有共通之处。

三、"男子理义无涯涘,而深文以罔妇人,是无耻之论也"
——俞正燮对男性社会二重伦理标准的批判

在中国专制社会晚期,以男子为中心的社会逐渐理论上强化了二元伦理标准。男子可以多妻(一妻一妾或多妾),而女子则只能忠于一个男子,哪怕是仅有婚约而无实质婚姻的未婚女子也要坚守所谓的"烈女不嫁二夫"的贞节之道。在晚清社会里,思想家俞正燮对这 种二元伦理观提出了非常尖锐的批判,认为这些言论乃是"无耻之论"!在《节妇说》一文中,俞正燮旁征博引,对《礼记·郊特牲》所说的"一与之齐,终身不改,故夫死不嫁"的观点,进行了反复考察,认为《礼记》中的说法不可靠。在考证基础之上,他进而申论道:如果要求女子在丈夫死后不嫁人,男人也就不能再娶妻,如果一味地"苛求妇人,遂为偏义。古礼,夫妇合体同尊卑,乃或卑其妻。古言'终身不改',言身,则男女同也。七事出妻,乃七改矣。妻死再娶,乃八改矣。男子理义无涯涘,而深文以罔妇人,是无耻之论也。"②

俞正燮特别反对未婚女子为未婚夫守节的做法,他通过礼制自身逻辑一致性的分析,揭示后人提出这一要求的荒唐性。他说:"未同衾而同穴谓之无害,则又何必亲迎,何必庙见,何必为酒食以召乡党僚友,世又何必有男女之分乎?此盖贤者未思之过。"③ 在此思想原则指导下,他批评了汉代经学大家郑玄在《礼记·曾子问》注文中坚持未婚女子为未婚夫守三年丧的观点。《礼记》原文中有这样一段对话:"既纳币,有吉日,女之父母死,婿使人吊;婿之父母死,女之家亦使人吊;女死,婿齐衰而吊,既葬除之:夫死亦如之。"郑玄对此段话中"如"字作注道:"如其齐衰,而推之以斩。"俞正燮反对郑玄的注解,认为"郑玄虽大儒,其说不可用也"。而且进一步地说道"使经诚如此,非人情,虽经,亦不可用也"④。

俞正燮还引用当时福建民谣,批评了传统男性为中心的社会的恶劣之处:"闽风生女

---

① 吴敬梓:《儒林外史》,人民文学出版社1962年版,第405页。

② 俞正燮:《节妇说》,《俞正燮全集》(一),于石、马君骅、诸伟奇校,黄山书社2005年版,第629页。

③ 俞正燮:《贞女说》,《俞正燮全集》(一),于石、马君骅、诸伟奇校,黄山书社2005年版,第631页。

④ 俞正燮:《女吊婿驳义》,《俞正燮全集》(一),于石、马君骅、诸伟奇校,黄山书社2005年版,第117页。

职工半不举，长大期之作烈女。婿死无端女亦亡，鸩酒在尊绳在梁。女儿贪生奈逼迫，断肠幽怨填胸膛。族人欢笑女儿死，请旌藉以传姓氏。三丈华表朝树门，夜闻新鬼求反魂。"最后，俞正燮正面地议论道："男儿以忠义自责可耳，妇女贞烈火，岂是男子荣耀也！"①

俞正燮对妇人守节行为的复杂有较深刻的认识。他认为对于自愿守节的妇人，人们也不能以各种理由强迫她们改嫁。他引《通典》道："《通典·礼十九》云：'唐贞观元年二月，诏其庶人妻丧，达制之后，孀居服制已除，并须申以婚媾，令其好合。若守志贞洁，并任其情，无劳抑以嫁娶。'"俞正燮的观点是："其再嫁者，不当非之；不再嫁者，敬礼之斯可矣。'"② 这种通达的观点，恰恰表达了对妇女个人权利的尊重，体现了近现代的人道主义精神。

对于女人喜妒的特点，俞正燮也提出了辩护，他认为，"妒在士君子为恶德。谓女人妒为恶德者，非通论"。③ 他反对对女人运用另类的伦理标准，要求在人的共同性基础上建立适合男女两性的共通的伦理标准。他说："夫妇之道，言致一也。夫买妾而妻不妒，则是忝也，忝则家道坏矣。天地纲缊，万物化醇，男女媾精，万物化生。《易》曰：'三人行则损一人，一人行则得其友'，言致一也。是夫妇之道也，依经史正义言之，妒非女人恶德，妒而不忌，斯上德矣。"④

俞正燮通过对鞋子的考证，证明女子缠足并非古制。他反对女子缠足的理由是："古有丁男丁女，裹足则失丁女，阴弱则两仪不完。"⑤ 男人贱视女人之心理不可改的原因，是出于对古时女子大足时代，"有贵重华美之履"的无知，所以俞正燮不惮琐碎，通过鞋子的演变史以证明古代女子皆不裹足，从而为读史而又好学深思的人提供一种帮助。

俞正燮还通过对古代同情女子的文献的收集，以表达他对女性苦难命运的同情。在《癸巳存稿》卷四《女》篇里，他分别引白居易诗，庄子文，《尚书》以及《天方典礼》中所引谟罕墨特（按：即穆罕默德，引者注）等同情、关怀女性的只言片语，努力地发掘中外历史上尊重女性的思想传统，从而为女性的解放提供历史的根据，可谓用心良苦！⑥

不过，俞正燮的思想仍然无法跳出传统宗法社会在制度结构上为男女两性制造的不平等，认可制度层面服务于宗法要求的一夫多妻制。他认为《明会典刑部律例一》上面所

① 俞正燮：《贞女说》，《俞正燮全集》（一），于石、马君骅、诸伟奇校，黄山书社 2005 年版，第 631 页。

② 俞正燮：《节妇说》，《俞正燮全集》（一），于石、马君骅、诸伟奇校，黄山书社 2005 年版，第 630～631 页。

③ 俞正燮：《妒非女人恶德论》，《俞正燮全集》（一），于石、马君骅、诸伟奇校，黄山书社 2005 年版，第 632 页。

④ 俞正燮：《妒非女人恶德论》，《俞正燮全集》（一），于石、马君骅、诸伟奇校，黄山书社 2005 年版，第 634 页。

⑤ 俞正燮：《书旧唐书舆服志后》，《俞正燮全集》（一），于石、马君骅、诸伟奇校，黄山书社 2005 年版，第 643 页。

⑥ 俞正燮：《俞正燮全集》（二），于石、马君骅、诸伟奇校，黄山书社 2005 年版，第 148～149 页。

规定的一夫多妻制，可以从制度上制止妻子之妒。"《明会典刑部律例一》云：'亲王妾滕十人，一次选；世子、郡王四人。二十五岁无子，具二人，有子即止。三十无子，始具四人。长子至将军三十无子，具二人。三十五无子，具三人，中尉三十无子，娶一妾；三十五无子，具二人。庶人四十以上无子，许娶一妾。'律例四云：'民年四十以无子者，方听娶妾，违者笞四十。'此则妇女无可妒，礼法之最善者也。"① 这一思想局限乃时代大环境造成，不必苛求古人。

四、"夫妇朋友也"

——谭嗣同的男女平等思想

谭嗣同是近代中国最为激烈的反传统纲常伦理的思想家之一。他对处于社会最低层的女性及其悲惨命运给予了极大的同情。对传统专制政治体制下旧式家庭内的女性压迫的不合理性进行了深刻地揭露。在《仁学》一书中，他指出，父子之名，虽为天合，但亦仅"泥于体魄之言也，不见灵魂者也。"其实，"子为天之子，父亦为天之子，父非人所得而袭取也，平等也。且天又以元统一，人亦非天所得而陵压也，平等也"。因此，父子、天人皆平等。父子之间有体魄可据，但婆媳之间无任何理由不平等。然而，"村女里妇，见戕于姑恶，何可胜道？父母兄弟，茹终身之痛，无术以援之，而卒不闻有人焉攘臂而出，昌言以正其义。又况后母之于前子，庶妾之子嫡子，主人之于奴婢，其于体魄皆无关，而黑暗或有过此者乎？三纲之慑人，足以破其胆，而杀其灵魂，有如此矣"。

他对夫为妇纲之伦亦进行了批判，特别是对君主专制之下的夫妇之伦进行更为严厉的批判。在《仁学》中，他说："自秦垂暴法，于会稽刻石，宋儒炀之，妄为'饿死事小，失节事大'之瞽说，直于室家施申、韩、闺阃为岸狱，是何不幸而为妇人，乃为人申、韩之，岸狱之！"更为可恶者，"彼君主者，独兼三纲而据其上，父子夫妇之间，视为锥刃地耳。"然而，"中国动以伦常自矜异，而疾视外人，而为之君者，乃真无复伦常"。"尤可愤者，己则渎乱夫妇之伦，妃御多至不可计，而偏喜绝人之夫妇，如所谓割势之阉寺与幽闭之宫人，其残暴无人理，虽禽兽不逮焉。而工于献媚者，又曲为广嗣续之说，以文其恶。"

谭嗣同特别深刻地批评了政治化、世俗化了的儒家伦理，不追求精神的超越性而独于广嗣之说情有独钟，同样是《仁学》一书，他说："中国百务不讲，无以养，无以教，独于嗣续，自长老以至弱幼，自都邑以至村僻，莫不视为绝重大之事，急急以图之，何其惑也？德泥于体魄，而不知有灵魂，其愚而惑，势必至此。"这与梁启超欲救中国人"精神界之生命"的思想努力是一致的。正因为这种家庭伦理对于君主专制有利，所以，"独夫民贼，固甚乐三纲之名，一切刑律制度皆依此为率，取便己故也。"谭嗣同要冲决三纲之罗网，以"朋友之伦"取代五伦，倡平等、自由、不失自主之权的近代政治关系，伦理关系，而且企图融合孔、耶、佛三大家的思想，为开创人类未来太平之世界。所以，他大胆地提出如此惊天动地的论断："五伦中于人生最无弊而有益，无纤毫之苦，有淡水乐，

---

① 俞正燮：《妒非女人恶德论》，《俞正燮全集》（一），于石、马君骅、诸伟奇校，黄山书社2005年版，第633页。

其惟朋友乎。为什么这样说呢？因为朋友之交，"'一曰'平等，二曰'自由'；三曰'节宣惟意'。总括其义，曰不失自主之权而已矣"。由此，谭嗣同更进一步地提出了"四伦咸以朋友之道贯之，是四伦可废也"伦理学革命的主张！君臣、父子、夫妇、兄弟、悉皆以朋友之道贯之："与国人交，君臣朋友也：不独父其父、不独子其子，父子朋友也：夫妇者，嗣为兄弟，可合可离，……夫妇朋友也。"特别是他引证了基督教的人际关系，论证"夫妇朋友也"之伦，对中国的五伦关系中夫妇之伦给予最有冲击力。他说："夫妇择偶判妻，皆由两情自愿，而成婚于教室，夫妇朋友也。"

谭嗣同的结论是："夫惟朋友之伦独尊，然后彼四伦不废自废。亦惟明四伦之当废，然后朋友之权力始大。今中外皆侈谈变法，而五伦不变，则举凡至理要道，悉无从起点，又况于三纲哉！"①

与历史上同情女性，反对单方面要示求女子贞节的思想有所不同，谭嗣同还特别地批判了中国传统政治伦理中的"泛贞节观"。他认为，这种贞节观无异于用暴力强奸妇女又诬蔑被强奸者不贞。"若夫山林幽贞之士，固犹在室之处女也，而必胁之出仕，不出仕则诛，是挟兵刃搂处女而乱之也。既乱之，又诟其不贞，暴其失节，至为贰臣传以辱之；是岂惟辱其人哉，又阴以吓天下后世，使不敢背去"②。

作为近代中国最为激进的思想家之一，谭嗣同在批评专制政治伦理本身的荒谬性时，也批评了天下人，特别是"智勇材力之人"甘心为奴的内在奴性。呼唤人性的自我觉醒。如果说被暴力所强迫的弱女子无法申冤，不能不任其所为，"奈何几亿兆智勇材力之人，彼乃娼妓畜之，不第不敢微不平于心，益且诩诩然曰：'忠臣！忠臣！'古之所谓忠臣乃尔愚乎？三纲之首为君臣之纲。借助君臣之纲，父子、夫妇之纲因而得势"。所以谭嗣同说："君臣之祸亟，而父子、夫妇之伦遂各以势相制为当然矣。此皆三纲之名为害也。名之所在，不惟关其口，使不敢昌言，乃并锢其心，使不敢涉想。"这样，谭嗣同将中国历史上女性受男性压迫的政治制度根源充分地揭示出来了，体现了中国传统思想向近现代转化的逐步深化的特征。③

五、"欲至大同之世，太平之境乎，在明男女平等"
——康有为的男女平等思想

大同社会的社会基础是人权、平等、独立、无一切疆界分别之苦。而人权之始乃在于明男女人权平等，天才地猜测到了女性的解放是衡量人类解放的尺度的思想。他对传统宗法专制家庭中"童媳弱妇"，"孤子幼女"所处的悲惨地位寄予了极大的同情，提出了要破除家界、男女界之病苦的理想。他认为，男女既然都是人，则"其聪明睿哲同，其性情气质同，其德义嗜欲同，其身首手足同，其耳目口鼻同……"总而言之，"女子未有异于男子也，男子未有异于女子也"，"故以公理言之，女子当与男子一切同之。以实效征之，女子当与男子一切同之。此为天理之至公，人道之至平"。但是，"今大地之内，古

---

① 转引自《仁学》，《谭嗣同全集》卷一，三联书店 1954 年版。
② 转引自《仁学》，《谭嗣同全集》卷一，三联书店 1954 年版。
③ 转引自《仁学》，《谭嗣同全集》卷一，三联书店 1954 年版。

今以来，所以待女子者，则可惊可骇可叹可泣"。正有感于此，康有为要为女子争人权，且告诉女性不能随意让渡这种人权，让渡这种人权谓之失职。他说："人者，天所生也，有是身体即有其权利，侵权者谓之侵天权，让权者谓之失天职。男与女虽异形，其为天民而共受天权，一也。人之男身，既知天与人权所在，而求与闻国政，亦何抑女子攘其权哉？……以公共平等论，则君与民且当平，况男子之与女子乎？"①

从男女人权平等的基本点出发，康有为提出了灭九界之苦而使人类臻至大同社会的理想："故全世界人，欲去家界之累乎，在明男女平等，各有独立之权始矣，此天予人权也。全世界人，欲去私产之害乎，在明男女平等，各自独立始矣，此天予之权也。全世界人，欲去国界之争乎，在明男女平等，各自独立始矣，此天予人之权也。全世界人，欲去种界之争乎，在明男女平等，各自独立始矣，此天予人之权也。全世界人，欲至大同之世，太平之境乎，在明男女平等，各自独立始矣，此天予人之权也。"②

结束语：当代中国仍然处在传统宗法地主专制社会向现代工商业民主社会的文化转型过程之中，女性解放的程度仍然成为衡量我们文化现代转型的一个重要标尺。在现实生活中，不仅是在农业人口中存在着严重的重男轻女的现象，即使在大都市，重男轻女的心理仍然是一种潜在的社会普遍现象。大学生、研究生的就业过程中，有些单位宁愿要男性而以各种托词拒绝女性，这是不争的普遍事实。而之所以会出现这些令人不快的现象，其中有非常复杂的个别原因，但有一点应当是非常明确的，即在有些行业中女性的天然生理结构在当今社会的激烈竞争中不占有优势。虽然从五四新文化运动之后，中国的妇女解放事业取得了巨大的成就，特别是在社会政治安排方面为妇女解放提供了很多便利条件，前面五位思想家们提到的一些要求基本上已经实现了。但从全社会的整体状况来看，女性的解放、自由的程度不及男性。这与中国社会的发展程度不够高，全体女性受教育程度普遍低于男性，以及女性自身的性别文化自觉意识不够发达，男权主义思想传统的种种偏见仍然在作怪等都有关系。妇女解放离不开人的解放的整体框架，妇女解放不仅是反对男权文化的偏见。妇女解放首先要建立在人的解放的一元伦理基础之上，然后才去追求女性的性别特点。男女平等只是法权意义的人格平等，而不是要取消社会分工的差异。只要社会分工的差异不影响男女在社会经济、政治、文化，乃至于家庭生活中的人格平等，这种社会分工的差异就是合理的。

本文作者：吴根友，武汉大学哲学学院教授。

---

① ［清］康有为著，邝柏林选注：《大同书》，辽宁出版社1994年版。
② ［清］康有为著，邝柏林选注：《大同书》，辽宁出版社1994年版。

当代中国女性高等教育发展：
问题、原因与对策

女性在人类社会生存发展的长河中起着不可或缺的作用。然而长期以来，男女两性却处于不平等的状态。女性教育，尤其是女性高等教育已经成为女性参与社会，争取自身权益，得以真正同男性平等的一条重要的途径。同时，接受高等教育也是女性获得独立的基本条件，是女性自尊、自信、自立、自强的必要资本。开展我国女性高等教育的研究，不仅具有重要的理论价值，而且具有重大的现实意义。

一、当代中国女性高等教育概况及其存在的主要问题

在中国古代漫长的以男性为中心的封建社会中，女性深受宗法礼教的束缚，经济上的不独立与旧婚姻制度的压迫，使妇女被排斥于社会政治和教育之外。在近代西方文明猛烈冲击下，一部分先进的中国人开始打破封建女子教育的桎梏，推动我国近代女性学的产生和发展。1920 年，蔡元培在他主持的北京大学招收女生，首开大学"女禁"，从而带动其他高等院校招收女生的风潮。由此，中国女性高等教育从无到有，取得了显著的进步。

随着新中国的建立，妇女各方面的权益得到保障，生活状况得以改善，女性长期以来被压制的求学热情被极大激发和释放出来，中国女性高等教育无论是从数量上还是质量上都实现了飞跃发展。特别是改革开放以来，经济的发展不断推动着教育文化的前进，我国的女性高等教育在新的历史起点上阔步向前。

在我国女性高等教育迅速发展的同时，也存在着一些问题，如传统歧视女性的观念尚没根本扭转，女性所学科类分布不均衡之格局未得以根本改观等。这些问题，有些是长期存在的，有些则是随着社会、经济、文化的变化而日渐突出。其中，女性在高等教育输入端的录取率与在输出端的就业率同低现象表现得尤为突出。

1. 高等教育输入端女性录取率低，且高等教育层次越高女性所占比例越小

中国女性接受高等教育的比例虽不断增长，但较之于男性而言，则始终存在差距。以1993 年为例，男女生之比约为 2∶1。在高等教育水平上，相对于 100 名入学男生，仅有 50 名女生入学。[1] 据统计，1995 年全世界女性在高等教育所占的比例为 47%，我国 1995 年女性在校生的比例仅为 38.3%，相差大约 8 个百分点。而同西方发达国家相对照则差距愈发明显，欧洲和美国女性在高等教育中的比例在 1980 年就分别达到了 43% 和 51%。与一些发展中国家相比也存在不小的距离，如在莱索托，女生占大学生总数的 49%；在阿

---

[1]　张建奇：《我国女子高等教育的回顾和展望》，《有色金属高教研究》1996 年第 2 期。

根廷，女生占大学生总数的 46%。① 同时，在我国女性受高等教育的层次上，教育层次越高女性所占比例越低，女性所接受的高等教育多集中在较低层次。以 2000 年为例，全国共有在校研究生 30.12 万人，其中女性有 10.04 万人，仅占研究生总数的 1/3 左右。总之，无论是在世界范围的纵向对比，还是在国内横向的参照中，我国女性在高等教育的总体数量和层次分布都有待进一步提高。

2. 高等教育输出端女性就业困难，影响女性参与社会的公平竞争

相对于平等接受教育而言，在劳动力市场上实现男女平等要难得多。女性就业困难是个普遍存在的现象，这种现象已从多存在于受教育程度较低的女性中蔓延到了高等教育领域，不仅是女大学生，女硕士、女博士也面临着同样的问题，女性在人才市场的竞争中处于劣势地位，面临着越来越严峻的就业压力。在同样专业和个人素质相差无几的情况下，性别往往成为录用与否的一个重要因素，而女性最终所获得的工作岗位，往往是在实在没有更合适的男性的情况下为女性争取到。许多用人单位公然声称只要男性，女性免谈，女性连获得公平竞争的机会都得不到。女性就业难，已经成为一个不容回避、亟待解决的社会问题。

近年来，在高等教育扩招的背景下，人才市场上求职竞争日趋激烈，"妇女复归家庭"、"干得好不如嫁得好"等传统思想出现回潮，这种把改变自身的希望寄托在婚姻或男性身上的现象是一种社会发展的倒退，但同时也反映了许多女性在现实社会中寻求自身价值频频碰壁后的困惑与无奈。较高的教育成本的投入，较低的就业市场的投资回报，使得女性试图循着教育与工作的途径提升地位的过程变得异常艰辛而曲折。而这反过来又对女性接受高等教育的比率产生了负面影响。

二、中国女性高等教育现实问题的原因分析

1. 我国社会文化中"男尊女卑"的传统思想根深蒂固

对女性贬抑的传统观念在历史上不断沉积，渗入生活的各个层面，内化到人们的道德观与价值观，形成对女性的刻板印象和思维定式，进而在影响人们的价值判断和行为选择过程中不断强化。社会与家庭对女性教育的重视程度普遍不够，在家庭教育资源分配中女性所获得的比例远低于男性。在经济条件有限的情况下，首先牺牲的往往是家庭中的女性成员的受教育权益，尤其在高等教育方面，许多家长对女孩受教育的期望值偏低。此外，社会对女性家庭角色的认知发生偏离，女性被定位于只能做家务，从事一些简单工作，即使拥有高学历，受过专业训练，女性的工作、科研能力还是被许多用人单位无端怀疑。尤其是，女性面临的家庭和职业之间冲突较之于男性更为频繁和尖锐，而传统社会不能自然创设和生长出有利于消解女性外部社会压力和内部心理焦虑的环境，难以一种客观、体谅和包容的心态来看待女性的双重角色冲突，从而进一步加重了原有认识上的偏见和谬误。

---

① 顾明远，梁忠义：《世界教育大系》，《妇女教育》，吉林教育出版社 2002 年版，第 302 页。

2. 家庭经济条件也是影响我国女性接受高等教育的主要原因之一

家庭收入的高低与收入的稳定性对女性能否接受高等教育有直接影响，家庭经济条件不好的女性在接受高等教育方面明显处于不利地位。1997 年以来，我国普通高等学校全面实施教育收费"并轨"，进一步加重了人们的经济负担和心理压力，女性入学的机会再一次受到冲击，这一点在我国贫困地区和农村家庭中表现得尤为突出。此外，随着近年来城市下岗职工和无业人员的增加，城市低收入家庭中的女性因经济有限而无法接受高等教育的现象也逐渐增多。著名教育家潘懋元先生认为，城乡差别和阶层差别是性别差异的主要原因。① 尽管我国宪法和各项法律法规明确规定女性享有同男性同等的接受教育的权利，但其实际成效在严酷的社会经济现实中大打折扣。男尊女卑的性别意识形态和经济因素相结合，造成了两性接受高等教育的机会的差异。

3. 国家投资不足使我国女性接受高等教育缺乏有力的保证

我国财政性的教育投入占 GDP （国内生产总值）的比例一直偏低，对高等教育的投入不足，未达到《中国教育改革和发展纲要》中所规定的 4% 的标准，这不仅影响了高等教育的整体发展规模，更造成了女性接受高等教育的减少。不可否认，我国还是一个发展中国家，发展经济和增强综合国力是目前国家建设中的重点，将投资放在近期效益高的经济生产中可以取得最快回报。然而教育，作为一项事关国家、民族兴盛发达的基础性事业，理应得到政府的高度重视和大力的投资支持。中国承担着全球最大的女性教育的任务，有限的教育资源如何投入，需要在效率和公平二者之间合理权衡并找寻最佳结合点。

4. 保障女性权益的各种法律法规和制度机制尚不完备

以就业为例，我国现行的毕业生就业市场缺乏相应的保护女性就业权利的政策和具体措施，毕业生择业成为一种纯市场行为，用人单位拥有很大的自主权。在企业自身浅近经济效益和效率取向与社会深远的公平和正义终极价值追求的两难选择中，企业往往基于生存需要，在利益偏好的驱动下而选择前者。而在我国经济尚不甚发达的实际条件制约下，女性受自身特殊的生理、心理等因素的影响而更难以突破自然的限定。女性所面临的婚育、家庭等方面上的时间和精力的耗费和付出较之于男性而言更多更重，不能最大限度地全身心投入到工作中，致使用人单位预设性的不愿录用女性。而目前社会保障机制和相应配套措施尚不完善，用人单位往往以各种理由拒斥女性，而女性却没有得到相关的政策、法规来捍卫自己的权益。女性就业的制度性障碍和规范性缺失意味着女性就业难的现象还将在一定范围内和程度上继续存在，反映出我国保障女性权益的法制化进程任重而道远。

5. 女性在自身发展过程中存在"角色意识"过重等方面的缺陷

一方面，许多女性由于从小受到"女性角色"的教育和暗示，缺乏自主意识和能力，面对激烈的竞争，往往有依赖思想，希图依靠父母、学校想办法，缺少积极主动争取的竞争意识，从而在一定程度上影响了女性就业的成功。另一方面，女性由于受角色意识的影

---

① 潘懋元：《女子高等教育——文化变迁的寒暑表》，《集美大学学报》2001 年第 3 期。

响，在所学专业、科类的选择上过于狭窄、单一，从而导致其在知识结构和能力培养上的偏失和缺乏，在应对外部更大范围要求和更深层次挑战时心有余而力不足，这反过来又促使女性在择业时同时涌向一个狭窄的所谓"适合女性"的就业空间，恶性化地加剧了女性就业难的问题。

三、当代中国女性高等教育发展的对策

1. 培育和建构成熟、理性的社会文化

我国长期以来歧视和压抑女性的传统，不仅使女性的发展受到极大的伤害，从而也人为地迫使男性过多地承担了本应适合女性的工作和重负。在现代社会高速变动、生活节奏加快的情势下，传统观念和文化将男性和女性割裂为一方主导另一方的分离两极，所导致的两性发展双输共损局面更趋明显。因此，转变和重构传统观念，培育和塑造成熟、理性的现代文化，创设有利于男女平等接受高等教育和公平获得就业、发展机遇的良好生态环境，对于有效解决女性所面临的现实问题，确保女性和男性分工合作、全面发展以及推动整个社会和谐进步诸方面都具有重大的意义。

文化是一种历史现象，也是一种社会现象，文化特征取决于生存环境与发展阶段。社会是发展的，文化也应与时俱进。当代中国社会应打破封闭、凝固、褊狭的传统桎梏，剔除传统观念中的落后部分，养成开放、流动、理性、宽容等符合时代潮流的内在品质，充分体认女性对于社会发展的重要作用和意义，摆正对女性的观念和心态，凸显女性高等教育的价值和地位，从而不断推动女性高等教育事业的发展和壮大。

2. 加快我国经济发展

大力发展经济，不仅可以使更多的家庭获得实惠，增强其供应子女接受教育尤其是高等教育的经济实力，能够为政府加大教育投资力度提供资金保障和物质储备，扩大教育规模，增加女性接受教育的机会，而且随着经济的发展，市场的人才需求量和吸纳能力都会相应扩大，从而拓宽女性就业的渠道。发展是硬道理，解决我国女性高等教育存在问题的根本出路就在于依靠不断的发展来实现我国经济与其他诸多社会发展指标的整体性提升。

现代知识经济的涌现和高新科技的推广，为人们从繁重的体力劳动和琐碎的家庭事务中解脱出来提供了可能。在当前，我国应敏锐把握和主动顺应世界知识经济发展的趋势，推动我国经济在量的增长基础上实现质的提高，从而为突破和弥合男女性别差异，促使女性主体意识和主体能力的蒙发和回归以及实现女性高等教育的拓展提供现实条件。

3. 充分发挥政府在女性受教育权益保护中的主导作用

政府应当加大制定相关政策法规的力度，并采取相应的具体措施，保证女性公平获得接受高等教育的机会。教育是一个连续的过程，女性在高等教育中所占比例偏低，与女童教育、基础教育阶段的女性受教育比例有着高度的正相关。要提高高等教育女性的入学比例，应当充分重视基础教育中的女生入学比例。此外，建立和完善高等学校助学体系，创造更好的条件鼓励低收入家庭中的优秀女性入学。在高额学费已是既成事实的情况下，政

府应推动高校建立完善的助学体系，从"奖、贷、勤、助、免"多种途径入手，加强高校与政府、银行、企业之间的联系与协作，解除女性就学的后顾之忧。再者，出台相关措施保护女性就业的合法权益，创设女性就业保障体系，规范就业市场秩序，对于在录用工作人员时有性别歧视现象的单位应建立相应的惩处和救济机制，为男女公平竞争和互补合作构筑政策框架和搭建制度平台。

4. 推动我国高等教育系统多样化

高等教育系统的多样化不仅是适应高速变动的复杂环境的保证，而且可以减少政府投资教育的财政压力，从而为满足差异性需求，消解女性高等教育内外冲突提供多种选择。"国家级的高等教育系统越是多元化，其调和矛盾的能力就越强。"[1]首先，我们可以借鉴日本私立高等教育的发展经验，通过加快我国民办高校的发展以优化我国高等教育系统的类型结构，改变公立高校一统天下的格局，分担其所肩负的高等教育大众化之重任，并为我国女性接受高等教育开辟广阔天地。同时，大力发展我国的高等职业技术教育，充分发挥其灵活多样的特性，实现人才培养层次结构多样性，使高等教育向广大女性敞开方便之门。此外，在条件许可的情况下，采用夜间教育和远程教育等多种形式，增强高等教育的弹性化和个性化，并辅之以相应的学位制度建设，拓宽其影响面和开放度，将尽可能多的女性置身于高等教育的辐射范围之内。

5. 发掘女性自身的潜能

女性要得到社会的真正认可和接纳，增强自身素质，自立自强是必不可少的基础性前提。首先，女性要对自己的角色有一个正确的认知，要逐步克服自卑心理，摆脱依赖思想，勇敢参与竞争。其次，既学好专业知识，注重分析解决问题素质的培养，同时又提高实际操作能力，有针对性地弥补自身的不足。再次，女性要善于利用性别优势，扬长避短，发挥自己情感细腻、直觉敏锐、亲和力强等特点，合理设计自我，在与男性的全面竞争中取得主动。总之，女性只有树立"自尊、自信、自立、自强"的精神和意识，在各方面的共同努力下，平等参与社会，才能真正实现自己的知识化和社会化。

联合国《内罗毕提高妇女地位前瞻性战略》指出，"妇女的物质条件、思想觉悟和抱负的变化以及社会对她们的态度的改变，本身就是一种社会和文化的变化过程"[2]。在知识经济勃兴和终身学习思潮涌动的国际背景下，在当前我国致力于构建学习型社会和向全面建设小康社会目标迈进的进程中，注重和关爱女性高等教育事业的发展更成为我们义不容辞的历史使命。在新的机遇与挑战面前，我国女性高等教育应主动适应变革的要求，在实现自身发展的同时推进我国社会的全面进步，进而贡献于整个人类文明。

本文作者：覃兰燕，武汉大学教育科学学院 2003 级硕士研究生；

冯惠敏，武汉大学教育科学学院副教授。

---

① 伯顿·R·克拉克：《高等教育系统——学术组织的跨国研究》，王承绪等译，杭州大学出版社1994 年版，第 287 页。

② 鲁洁：《妇女地位提高与中国高等教育》，《高等教育研究》1995 年第 4 期。

"中国女性文学文化"学科的
本土策略和教学设计

20 世纪八九十年代以来，中国女性文学的创作和批评始终呈繁荣景象，为女性主义活动在中国文学与文化领域打下了广泛持久展开的基础，有关女性文学和文化的研究发展迅速，批评对象从文学到大众传媒的电影、电视、网络、广告、时尚杂志和美术，进而发展到社会政治和法律领域，对中国社会意识形态及文化建设产生了重大的影响。中国女性文学文化学科这一概念的正式提出，是 2001 年在北京中国国家图书馆举行的"首届中国女性文学与文化高级研讨班"上。作为会议的召集人，笔者事先对于国内相关课程开设进行了问卷调查，调查表明当时全国已有近 40 家各类高校开设出与妇女学或社会性别相关的课程，其中大多数是中国女性文学的选修课。按照学科成立惯例，已在高校开设课程意味着学科发展空间的存在。

2002 年，由首都师范大学、上海社会科学院、陕西师范大学，及海外中华妇女协会共同合作的"中国女性文学文化学科建设"项目获得美国福特基金支持立项。项目组开展了系列学科建设工作，包括理论问题梳理、教学科研交流、教材建设等。在上海和西安分别召开的女性文学文化学科建设工作国际学术研讨会，使来自全国各高校教学科研前线的相关专家学者和老师，有机会坐在一起探讨和交流国内外女性文学文化学科的教学经验，拓宽并丰富了国内高校女性文学文化学科发展的层次。

至 2004 年初，全国约有 50 所以上高校开设了与女性文学文化或性别相关的课程，已有近 30 所高校有相关方向研究生，且出现了研究生毕业论文选择女性文学文化课题的热门现象。2004 年春天，《中国女性主义》学术丛刊出版，旨在为全国各高校展开的女性主义学术事业提供一个中外女性主义学术对话交流的平台，每一辑专门设立了女性主义教育学栏目，以展示国内外各高校开设的不同性别课程和进行的不同学科探讨，并系统地介绍了美国高校中女性主义教育的理念、方法和经验。在文本细读栏目中，有大量来自女性文学文化学科的稿件，这表明文本细读这一研究方法已在女性文学文化学科领域具有方法论的意义。

女性主义作为人类前沿知识，生发于工业革命之后，两百多年来已在全球妇女求解放的实践中发展壮大且丰富成熟，成为了人类完整知识的不可或缺的构成。在美国和其他各发达国家及地区的高校中，女性主义是作为跨学科的显要学科而存在，高校设立专门的女性主义教学与科研机构如系或所，向各专业各年级学生提供跨学科的各种女性主义知识教育，从学士、硕士到博士的各级课程，都有女性主义的相关讲授，女性主义教育学成熟而繁荣，是最具生机的学科部门之一。

相比而言，同类的中国女性主义教育学尚处于起步阶段，要达到进行跨学科的女性主义教育，特别是各级学位教育，需要对传统学科观念和传统学科结构进行重大改革甚至革命，这需要相当艰巨的努力。但是中国的本土女性主义已发明了自己的特色学科建设和教学方法，就是在各个传统学科之树上嫁接女性主义教学的新枝，这样，不一定需要先设立跨学科的女性主义教育方案，而是通过从各个已有传统老学科再生新学科的方式，渐变学科空间，渐取教学地位，最终获得主流承认。近二十年中国高校开展的女性文学文化学科教学，可说比较典型地体现了中国女性主义教育的本土特色：几乎是在最传统的中国文学学科之树上，成功嫁接了中国女性文学文化学科。传统的中国文学学科，在教学的系列教材和课程设计上，不仅女作家数量甚少，女批评家声音甚微，更充满了男性中心话语霸权，以男性中心视角和男性中心价值从优的原则来界定文学经典和评价文学史。中国女性文学文化学科却要以教授女作家作品为中心，并充分反映女批评家的立场观点，建立女性主义评介文本和经典的价值序列，挖掘女性的文学和文化史实并为之立言。由于中国女性文学文化学科的全新视野，传统的中国文学学科被改良了，被加入了新血液，比如对于女作家的一些旧的评价标准和尺度只能放弃，对于传统的所谓经典男作家可能需要重新定位。女性主义理论对于旧的理论和分析方法的冲击，及女性文学文化学科带来的中国文学学科的新活力，为女性文学文化学科获取合法性奠定了基础。

目前中国的女性文学文化研究在教学、科研、体制方面可以说已经粗具规模，但这里的合法性和规模并非建立在女性主义教育学框架之中，而是呈现在中国文学学科的大陆架上。作为一级学科的中国文学学科，下设二级学科如古代文学、现当代文学，再设立三级学科如唐宋文学、现代文学、当代文学等，由大至小的学科归属等级很清晰。大多数高校的女性文学作为选修课程，是由现代或当代文学的教师来承担，所以基本上归属于现当代文学这个二级学科之下的三级学科。笔者在首都师范大学文学院招收女性文学方向研究生，过去几年中都是设立在现当代文学学科之下作为一个分支方向，今年这个分支方向经过论证被确认为一个学科即女性文学学科。显然这个名称也体现了沿用传统学科界定的特色。但是女性文学文化学科在发生学意义上，是跨学科的，它源于中国女性精神文化解放的实践，要求对于文学文化进行全方位价值重估和结构调整，因此，从女性主义教育学角度来说，在体制方面还需要不断地完善，才能最终达到目标。进入目前的相关的学科体制，是中国女性文学文化学科策略之一，因为如果没有体制支持，科研和教学可说难以进行。如何在传统学科体制和国外女性主义教育体制之间寻找更多可能的结合点，使得中国的女性主义学术和教学事业获得更好的生长空间，值得各领域专家学者探讨和交流。也是对于中国高等院校体制的最大挑战。

就国外女性主义学科特点来说，所设立课程和就业体制相连是最基本的。如果是研究妇女心理学方面的，毕业以后各地都有"妇女心理咨询中心"，她（他）可以到那里去就业；选修女性文学研究的很多就是留在校内，做科研、做教学。中国的情况很复杂，一方面传统学科与现实就业形式难以合拍，另一方面新的学科由于难以获得合法的归属而对于就业形式难以取得最佳互动。中国女性文学文化学科在教学设计上，基本上需要在传统学科框架对应的就业形式上进行，这样这个学科毕业的研究生才能到高校相关院系工作，而本科生需要其他就业形式，便只能以这个学科的课程为选修知识。目前全国各高校相关专家在开设女性文学文化学科课程时，一方面依赖自身研究资源与特色，另一方面与传统学科对应状态的就业形式接轨，体现了本土课程稳中求变的特色。

笔者在设计所在院系面向本科生的女性文学文化系列课程时也注意到，采用与传统学科形似的教学设计结构，更可能获得良好接受环境，能够便利女性主义教育思想和方式渗透到传统学科之中。如，将文艺理论置换为女性主义文艺理论，小说研究置换为女性小说研究，散文欣赏转换为女性散文欣赏，这样的做法可能由于方便传统学科对应的管理系统，因而便于比较快地展开实质性的教学工作。在教学中，也便于学生从传统知识结构向新的知识系统靠近。为了既在传统学科体制中成长又突破体制限制甚至进而达到对于传统学科体制的改革，系统的课程设置充分考虑现实就业形式是十分重要的，真正保证这个学科生命力的源泉是学生向社会的流动和女性主义知识向社会的流动。下面是笔者进行的课程设计与学生的分配去向对应论证：

一、课程设计：1. 女性主义理论与分析方法；2. 性别与文化；3. 女性诗歌；4. 女性散文；5. 女性小说；6. 国外女性研究；7. 中国妇女运动和女性历史研究；8. 女性与流行时尚及消费文化研究；9. 性别与工作；10. 女性经济与家政学。

二、本科生毕业分配去向：1. 考研：目前全国招收相关女性学科研究生的硕士点达30个，而国外几乎所有大学都可以招生，可以面向国外报考相关的女性学科。2. 公务员：全国各级妇联工作人员已改为公务员。3. 教师：各职业女校，各中学。4. 时尚报刊和杂志。5. 传播及网络媒体。6. 社区和文秘工作。7. 高级女性管理人才。8. 其他。

这个设计有一个背景是，笔者身在北京而且所在院系招生与分配对象多在北京。相对其他地区来说，北京文化圈更有利于女性主义知识传播，也更方便就业形式与教学接轨。然而其他各地高校如果充分注意到各地不同的就业空间发展，就可以设置不同地方特色的女性主义教学课程，从而使教学、科研、就业，在传统与新生之间，获得可持续增长和发展机会。

本文作者：荒林，首都师范大学教授。

女性学教育与女大学生科学发展

女性学教育在 20 世纪 60 年代已风靡西方世界，80 年代初在我国开始起步。女性学在部分高校一经开设就备受关注，尤其受到众多女大学生的欢迎。女性学的开设不仅填补了高校有关社会性别教育的空白，而且还在人类学、社会学、政治学、人口学等教学研究领域的百花园中增添了一朵绚丽多彩的新花。我们将通过对女性学教育与女大学生科学发展的关系的研究和探讨，论证女性学教育的重要性和必要性。一方面希望就教于从事科学发展观研究与女性学教育研究的专家、学者；另一方面，希望进一步赢得各级相关领导、教育机构、研究机构和全社会对女性学教育的认同、关注和支持。同时，也希望这门符合科学发展观的新型学科能健康快速地发展，早日跻身于高校主流课程的行列，使更多女大学生、妇女乃至全民受益。

一、女性学教育符合科学发展观

1. 女性学教育的目标与科学发展观的目标一致

科学发展观的实质和核心在于"坚持以人为本，树立全面、协调、可持续的发展观，促进经济社会和人的全面发展"。实现人的全面发展是科学发展观的最终目标。要实现人的全面发展就必须注重女性的教育与发展。因为女性是一个特殊的群体，肩负着生育、繁衍人类的重任，肩负着哺养、教育、塑造下一代的重任。女性的素质是民族素质的基础，正如列宁所指出的："如果你在家教育儿子，就是在教育公民；如果你在家教育女儿，就是在教育整个民族。"列宁的这段话深刻揭示了女性教育的重要性和特殊的意义。说明了女性教育对人类自身全面发展的深刻影响，而女性学教育是女性教育中不可缺少的重要内容。科学发展观的理论体系涵盖了政治、经济、文化、社会各个领域，也对促进女性发展、实现男女平等具有极为重要的指导意义。女性学教育的关注点就在于女性的生存、女性的解放、女性的发展、男女两性的平等与和谐以及与女性问题相关联的政治、法律、经济、文化、教育、环境问题等。总之，女性学教育是以女性全面发展为主线展开的，这与科学发展观的最终目标是完全一致的。

2. 女性学教育理念与坚持可持续发展观念一致

女性学教育的核心理念就是促进占人口半数的女性觉悟的提高，促进两性与自然、两性与社会协调发展。通过女性学教育，有利于激励高素质女性率先关注人与自然和谐发展，处理好经济建设、人口增长与资源利用、生态环境保护的关系，推动整个社会走上生产发展、生活富裕、生态良好的文明发展道路。我国人口众多，资源相对不足，特别是随着经济快速增长和人口的不断增加，生态环境的形势十分严峻。高度重视资源和生态环境问题，增强可持续发展的能力，是关系中华民族生存与长远发展的根本大计。

高等院校女大学生是中国女性中的高素质人才，她们承担着科学文化知识的吸纳与传承，同时，作为未来母亲又要承担培养教育下一代的责任。据我国国务院新闻办公室在《中国性别平等与妇女发展状况》一书中所列的数据表明，"2004 年，全国普通高等院校在校女生为 609 万人，占在校生总数的 45.7%，其中女硕士、女博士的比例分别达到44.2% 和 31.4%"。由此可见，随着高校女生的递增，在高等院校实施女性学教育十分必要，既教育了女大学生本身，又直接影响下一代的成长和发展，它是可持续发展的，这也正是女性学教育的特殊作用和魅力所在。女性学教育坚持以人为本，重在提升和拓展女性的价值和素质，培养有性别意识和社会责任感的女大学生。目前在女大学生中普遍存在着"第二性"心理、依附心理和消极心理，这对女大学生的成才和发展极为不利。因此对女大学生除了要接受与男性同等、同样内容的教育外，还应接受有利于女性发展的特殊教育，增强她们的性别意识和社会责任感，正确引导女大学生成才。彻底摒弃在女大学生中滋生的种种自我性别偏见，帮助女大学生克服竞争中的弱势心态、自卑心理，树立正确的目标定位。激励女大学生在统筹人与自然、人与社会和谐发展的进程中起主导和排头兵的作用。

二、女性学教育有利于女大学生科学发展

1. 女性学教育有利于优化女大学生自我认知

自我认知是一个人对自己的认识、评价和期望。一般而言，一个人的自我认知，是根据自己过去的经历、自己的成功或失败、他人对自己的反应、自己与环境中其他人的比较等方面形成的。通常一个人的所有行为、情感和举止，包括才能都会受自我认知的影响。自我认知源于他人对自我的评价和感觉，而这种评价与感觉反过来又约束着我们的体验、行为和对自己的判断。不当的自我认知表现为：或无限抬高自己，孤傲、清高、盲目自信；或无端贬低自己，自抑、自卑，都会影响个人的成长。

据信息时报报道，华南师范大学心理应用研究中心一份调查报告显示：目前大学生最大的压力来源于"自我认知"，其中女大学生苛求自己外貌带来的压力尤为明显。目前人们津津乐道的"脸蛋产业"、"美女经济"异军突起，通过大众传媒对女性美的标准设定和女性成功模式的宣扬引导着女性通过各种手段去打造自己的身体以适应社会的需求。自我认知走入误区，似乎只有符合社会需要和男性眼光的"美"才是有价值的，导致部分女大学生对美女经济趋之若鹜。一时间"学得好不如长得好"、"干得好不如嫁得好"、"男才女貌"等的价值标准又回到了这些知识女性心中。据《新快报》报道，最近在北京大学、南开大学及天津师范大学所作的专题调查表明，敢于参与社会竞争、大胆追求事业成功的女大学生在整个女生群体中只占极少数，很多女大学生希望能做个贤妻良母。甚至认为"找一个有车有房的老公，至少省去十年奋斗"。处于青年中期的女大学生，自我认知尚处于初步形成的时期，带有较强的主观性、片面性。女性学教育，就是要为女大学生提供一个认识自我和社会的女性视角，激励她们树立主体意识，增强自信心，转变依附观

念，强化成功意识。培养积极的人生态度，引导女大学生学会用正确的方法优化和改善自我认知，积极进取，拓展视野，使女大学生能拥有更广阔的空间，享有更丰富的人生。提升女大学生对自己的独立品质和存在价值的认知。

2. 女性学教育有利于增进女大学生对国际妇女运动的了解

女性学是基于女性所处的特殊地位、面临的特殊问题而产生的。它与妇女解放运动息息相关。例如，西方妇女研究及其学科的建立，是 20 世纪 60 年代西方第二次妇女运动直接推动的产物。无论是美国最初的女性研究与教学，还是英国最初的女性研究课程等都直接来源于妇女争取平等权利的斗争，来源于妇女运动实践的总结。荷兰的女性研究起源于以改变荷兰社会的僵化性别关系为目的的妇女运动。这一现象充分印证了马克思主义哲学辩证唯物论的观点，即：实践是理论的基础，理论反过来又为实践服务，指导实践。通过女性学教育，女大学生可以了解到国际妇女运动的辉煌历史。了解世界各国（包括中国）妇女在摆脱奴役、争取自由、平等和解放的征程上，付出了怎样的艰辛和牺牲。在国际妇女艰苦卓越的斗争中，涌现出了一大批妇女运动的先驱。例如被誉为"国际妇女运动之母"的德国妇女克拉拉·蔡特金，她把实现人类和妇女的全部解放作为自己的目标，毕生为之奋斗。中国妇女运动的杰出代表，蔡畅、向警予、邓颖超、何香凝、宋庆龄等都为妇女解放事业作出了巨大贡献。妇女运动的先驱和领袖为女大学生树立了学习的榜样和楷模，榜样的力量是无穷的。无数为中国妇女解放运动和国际妇女解放运动奉献一生的伟大女性可歌可泣的事迹，将永远激励女大学生承前启后、自强不息、勇往直前。

3. 女性学教育有利于加强女大学生的性别意识、促进两性和谐

性别意识是指人们对性别的本质、状况和价值的理解和认识，是从性别的视角观察社会现象并进行性别分析和性别规划，以实现社会性别公平，促进两性和谐。当代女大学生性别意识缺失现象较普遍，在社会性别问题上存在着一些误区。在择业、择偶标准选择上，存在明显的自我性别偏见。女大学生的性别意识，态度和性别角色的定位，不仅关系到她们自身未来的平等参与和发展，还将直接影响到未来的家庭质量和下一代人的发展。通过女性学教育，为女大学生提供正确的性别观念和知识；宣传教育性别公平的理念，提高她们的性别敏感度，改变性别刻板印象和性别偏见；学会用社会性别视角认识和分析涉及女性的问题；培养女大学生对性别议题的关注度、敏感度。通过女性学教育，让女大学生学习和掌握有关两性平等、相互尊重的知识和技能；引导女大学生积极变革不合理的性别关系和性别规则，争取男女平等，建立一种新型的男女两性和谐发展的互尊互助关系，以推进人类的共同进步和社会的和谐发展。

4. 女性学教育有利于完善女大学生的人生价值观

价值观是人的精神世界的核心，在个体价值观体系中，人生价值观处于主导地位，决定着总的价值取向。人生价值观对一个人而言，是其人生和事业中最重要的精神追求、精神支柱和动力所在，不同的人生价值观会有不同的信念和追求。青年价值观直接关系到国家未来的前途和命运，了解和引导青年树立正确的价值观极为重要，它甚至可以影响到国家是否能沿着正确轨道可持续发展。

从总体来说女大学生作为高素质女性，有知识、有才能、富有青春的朝气，有美好的憧憬，女大学生价值观的主流是好的。但在多元文化的影响下，在市场经济大潮的冲击下，也出现了一些不容忽视的问题。例如女大学生人生价值观向传统角色回归；面对各种诱惑的影响导致价值取向的错位与偏失；对价值标准的错误选择等等。女性学教育引导女大学生坚定正确的人生价值取向，提高她们的价值选择能力，培养她们学会独立理性地选择价值目标。面对多元文化的冲击，教育女大学生保持清醒的头脑，自觉抵制各种诱惑，坚持正确的、科学的价值判断。通过女性学教育，帮助女大学生调整心态，不断完善人生价值观，靠自身不懈努力最终实现自我价值。

5. 女性学教育有利于强化女大学生的"四自精神"

所谓"四自精神"指的是自尊、自信、自强、自立的精神。自尊、自信，是一种心理表现；自强、自立，是一种行为表现。一个人从心理上要增强自尊心、自信心，克服自卑感；从行动上要加强独立性，独立自主，自强不息，克服依赖性。在我国虽然男女平等已定为基本国策，虽然在受教育等方面，女性已争取到与男性平等的社会权利和待遇，能公平地跨进大学校门，但由于"男尊女卑"、"男强女弱"、"男主外女主内"等传统观念根深蒂固，传统的性别偏见使女性的发展受到严重阻碍。在专业选择、课程设置、教育方式、教育舆论环境、社会期望、求职就业等方面体现的仍是以男性为标准的模式。女大学生无论是在学习、生活还是求职就业、工作等方面，都要付出比男性更多的努力，要克服因性别歧视而造成的重重困难。因此，女大学生必须发扬自尊、自信、自强、自立的"四自精神"，培养自主意识以应对许多不平等的竞争压力、世俗压力、社会压力、心理压力和不公平的待遇。

有关四自精神的教育在目前高校中极少有专门学科涉及，而女性学教育填补了这一空白，这门学科针对女性生理和心理特点，因人施教，能达到很好的效果。对女性四自精神的教育有利于当代女大学生冲破性别偏见的束缚，一方面增强对来自传统文化与现实社会巨大压力的心理承受力；另一方面在女性自身的潜意识里树立起自强不息、独立自主的信念。通过女性学教育使女大学生学会掌握自己、开发自己、经营自己，建立独立的人格。深刻认识自己是独立自主的社会主体，并不断增强参与意识、竞争意识、成功意识、创新意识、进取意识等。

6. 女性学教育有利于提升女大学生的素质修养

在教育界和全社会都关注和强调素质教育的今天，提升女大学生的素质修养既具有重要的现实意义，又具有紧迫性。女性学是一个从女性的角度出发进行理论与实践研究相结合的跨学科领域。跨学科研究的范围涉及社会科学与人文科学的方方面面。因此，可以说女性学是一门综合性的学科，是一门多元包容的学科，这对全面提升女大学生的素质修养极为有利。跨学科女性研究的成果对女大学生非常具有启迪性、实用性。能提升女大学生的道德修养、审美修养、文学修养、礼仪修养等。对培养女大学生全面发展打下了良好的基础。

一个人素质修养的形成，除了素质方面会有某些固有的基础和特点，如在人的精神系统和感觉器官上具有某些先天特点外，主要是依赖于后天培养和教育的结果。素质内容包含了人的许多方面，如政治素质、思想素质、道德素质、生理素质、心理素质、体能素质、智力素质、文化素质等。修养则是指一个人理论、知识、文化、艺术、思想等方面的一定水平，是一个人待人处事的态度。现代社会的竞争，主要是人才的竞争；而人才竞争的关键是人才素质的竞争。对于在求职就业过程中处于弱势群体的女大学生来说，提高她们的素质修养无疑就是提高她们的竞争能力。提高她们的素质修养，就是培养她们独特的精神风貌和良好的内在气质，充分展示出女大学生的人格魅力。司马怡然先生在他编著的《形象魅力学》一书中指出："每个人都有一座魅力形象的宝库，等待开发释放。"他还说："优美的形象，充满魅力的形象，在竞争中占有绝对的优势，它是取胜的基础。"女性学教育，通过提升女大学生的素质修养，使她们能在社交、求职、职场和学习生活中尽显热情、豁达、开朗、落落大方、才华横溢、气质高雅，在社会上塑造女大学生良好的现代知识女性的完美形象。

三、女性学教育应走向社会

女性学教育不仅有利于女大学生的科学发展，同样也有利于所有女性的科学发展。开设女性研究课程对现有的教育具有丰富、充实、完善的作用，对提高占人口总数一半的女性人群的素质乃至提高全民素质具有深远的意义。但目前在全国 1731 所高校中只有为数不多的数十所高校开设了女性学课程，妇女研究中心仅有 50 余个。女性学学科和课程建设尚处于边缘和非主流地位。在这方面与发达国家女性教育相比，我们明显地存在着很大差距。如在美国，已有妇女与社会性别研究所 250 家，1 000 多所大学有 700 来个妇女学研究中心，开出了 3 万门妇女学课程，培养大量的妇女学科方向的硕士生、博士生。中国女性学学科到目前为止在高校学科目录中还没有被确立为独立学科，女性学科尚处于初创阶段，没有其应有的社会地位。女性研究的边缘地位使其难以进入学科主流，难以进入学术研究主流。

教育要面向世界，面向未来。女性学研究的意义一方面体现了与世界女性教育接轨；另一方面是要改变传统学科中的性别歧视和传统的社会性别观念。女性学教育已经引起了教育部门领导的关注和支持，我们迫切希望女性学及女性研究课程能尽快从边缘进入主流课程。女性学教育不仅应在各高等院校普及，还应走向社会，在社会上广泛宣传普及。推广女性学教育不仅仅是教育工作者的职责，也是妇女工作者的职责。实际上，各级妇联组织和广大妇女干部非常渴望获取系统的女性学的知识，希望通过学习充实和掌握相关知识，提升妇女工作水平和能力。她们也希望通过自身的学习和提高，再向广大妇女作宣传，为促进女性科学发展，为提高全民族素质，为男女两性和谐发展，为构建和谐社会作出应有的贡献。

女性学教育意义重大，迫在眉睫，时不我待！

本文作者：冯兰，华中农业大学教授；
　　　　　　刘庆，华中农业大学研究生。

一个女子学院的女性与性别教育

一、大连大学女性/性别教育的独特性

1. 学校机构设置的独特性

大连大学女性/性别教育的对象是全校学生（也包括男生）。共同担负这一教育教学任务的除了女子学院外，还有一个学术研究机构——大连妇女研究所，一个特殊的组织——大连大学性别研究中心。

大连大学女子学院于1996年3月经大连市政府批准成立。它的全称是大连市妇联大连大学女子学院。该院是在大连市妇联与大连大学联合举办的女子实验班的基础上成立的。它以培养既有专业知识、又具有中华民族优秀美德和"四自"精神的管理人才和专业技术人才为目标，按照"专业教育为主，体现女性特色"的原则，融传授知识、培养能力与提高素质为一体，挖掘女性特长，发挥女性优势，使女性能够依靠自身素质在市场经济的激烈竞争中，在未来的生活和工作中进步、成长。

大连妇女研究所是大连大学与大连市妇女联合会联合创办的一个学术性组织。它是一个集学术性、实践性、服务性和地方性为一体的妇女研究机构。研究所从建所至今拥有着一支专兼职相结合（以兼职为主）的理论研究队伍。该组织的宗旨和任务是，通过各种形式、疏通各条渠道，内联外引、实虚相济。在校内以性别研究中心为依托，在校外以各级妇联组织、各高校的妇女研究所（研究中心）、与大连市总工会女职工委员会为主要信息源，紧密结合国家的经济建设和发展，结合大连市在改革开放和发展市场经济过程中所面临的现实理论和现实问题进行研究，以研究方法的科学性和研究结果的实用性为特色。

大连大学性别研究中心的成立，可称之为我校领导班子做出的一项具有重大历史意义的决策。经过几年的准备、酝酿和情感沟通，2001年大连大学终于将我国妇女学科奠基人、著名妇女问题研究专家李小江教授引进大连大学，并成立了大连大学性别研究中心。性别研究中心的成立和李小江教授的到来，将性别的视角和性别分析的方法正式引入到了大学的校园。

至此，我校形成了一个在全国独一无二的女性/性别教育体系，从机构上，设置了"三套车"：女子学院、大连妇女研究所和性别研究中心；从人员上，有全国顶级的学科带头人——特聘教授李小江；从力量上，形成了女子学院、大连妇女研究所和性别研究中心共同担负女性/性别教育的多股力量；从支持上，是全国少有的几家"三有"的高校之一。

2. 女子学院的独特性

设在大连大学内的女子学院采取的是一种"虚体"形式,即不设置独立的专业,不独立招生,只在校内设一个专职的办学机构。所属的学生按招生时的专业分布在相应的各专业学院内,学生的专业教育和日常管理都由所在的学院负责。

女子学院的这种特殊体制,在全国现存的女子学院中是独树一帜的,所以我们所做的一切都是在创新。

女子学院从成立到发展至今,从根本上体现着我校领导的高瞻远瞩,是校领导集体具有超前的现代性别意识,深刻理解和认识现代教育思想的结果。经过对国内外同名近名学校的了解和研究,我校女子学院存在和发展的基础与机制可概括为:第一,"双、兼、专"的独特模式。女子学院目前是我国高校中唯一的、学生采用"双身份"、教师采用"兼职式"、管理采用"专职式"的女大学生特色教育和素质培养模式。第二,"三有"的管理体制。学校对女子学校采用"三有制",即有固定人员、有固定办公地点、有固定办公经费。第三,背靠综合性大学的优势。在大连大学开办女子学院,就是基于大连大学的地方性和多学科性。正是有着这一优势,我们才能与大连市妇联联合、与大连市总工会女工部合作、与大连其他女性教育与培训机构联盟;正是利用了这种优势,在没有专职教师的情况下,广泛地调动各方面力量,开出了十多门女性特色课程,完成了近万人次的女职工培训任务。

二、大连大学女子学院女性/性别教育的回眸

大连大学女子学院建院十年来,其女性/性别教育走过了四个发展阶段:

1. 女性特色教育课程的设计与实施阶段 (1996~1998 年)

在女子学院成立之初,我们认为,对女子学院所属学生我们应该着重从两个方面进行教育和管理:第一,负责组织安排学生的女性特色课程的教学和管理;第二,结合学生的专业特长、知识结构和女性特点,组织学生通过群团和社团组织开展丰富多彩的各种活动,以提高学生的综合能力,培养学生的全面素质。

为此,在学院开办之初,我们将主要力量放在了课程开设上。在广泛听取校内外专家学者意见和建议的基础上,主要针对女大学生的生理和心理特点,同时兼顾到学生的兴趣和爱好,再结合教师授课的现实性和可行性,提出了逐步开设出一套女性特色课程的设想,计划在两年的时间内完成这套课程的开设,这套课程主要包括:中国妇运史、马克思主义妇女观、女性形象学、妇女保健学、人际礼仪、妇女儿童权益保障法、女子形体学等。

两年后这些课程全部如期地开设了一遍,在此基础上我们进行了第一次认真的反思。反思的过程主要是通过学生的访谈、问卷调查和与任课教师的座谈等,总结授课经验,反馈授课效果。通过反馈和反思我们认为这套已开设过的课程主要存在以下问题:

第一,有的课程名称不太合适。如"妇女儿童权益保障法"从名称来看,只包括维护女性权益的单一法律,而没有将所有相关法律、法规的内容都涵盖在内。我们设计这门

课程的内容是要涵盖所有女性法律、法规的，虽然是以《妇女儿童权利保障法》为主，但绝不是开设单一法。因此，将该课程的名称改为妇女权益保障。同理，女子形体学的课程名称本身理论的内涵比较强，学生和教师都难以从课程名称上弄清楚，这到底是不是一门实践性和操作性的课程，所以直接将其改名为女子健美。

第二，有的课程内容尚需扩展。如"人际礼仪"从内容到形式上都比较注重女性自身的、内在的、被动的与人沟通能力的培养，面不太宽泛；总体思想上缺乏与人交往、沟通中的主动性的论述；注重一般人际交往中的礼仪，缺乏女性在职业公关中的礼仪内容。因此，在对内容进行扩展的基础上，将课程名称改为女子公关礼仪。

第三，有的课程尚需进行方法改革。如中国妇运史和马克思主义妇女观这两门课是整套课程体系的思想和灵魂，也是这套课程中的基础性课程，我们十分注重它们的授课效果。但从学生和教师反馈的结果来看，通过课堂讲授这种方式向学生们传授相关理论、知识和思想，并不十分受学生的欢迎，教师上课时的难度也比较大。根据这一实际情况，为了更好地凸显这两门课程的重要性，我们决定将其由讲授形式改为讲座形式，聘请多年来讲马哲、讲历史类课程的优秀教师，以独立讲座的形式，而不是以课程的形式纳入到体系中。

第四，尚需增加一些课程。应学生的要求，需增设一些反映中国传统文化的课程，如艺术插花和中国茶道等；开设这类课程的主要目的，一是弘扬我国传统文化精华；二是培养学生的情操。同时，为了丰富学生的业余生活，还为学生们增设了乐理知识及音乐鉴赏课；为了帮助学生解决深层次的心理问题，增设了女性心理学课程。

经过调整后开设的女性特色课程有：妇女权益保障、女性心理学、女子公关礼仪、女子健美、艺术插花、中国茶道、乐理知识及音乐鉴赏、女性形象学、妇女保健学等。

特色课程的实施办法是在学生所在学院的专业教学计划中加入若干学分。具体加入的方式是，在必修课时中加入 4 学分，在选修课时中加入 6 学分，共设计 10 学分的特色课程。

2. 由女性特色教育到性别教育的转变阶段（1999～2001 年）

对于所开设的课程，从设课的基本思想，到每门课程的具体内容，我们注重贯彻和强调的都是女性的权益和女性的视角。以马克思主义妇女观为指导，提倡女性的"四自"精神，站在妇女解放的立场上，寻求女性与男性的平等。一直到 2001 年，李小江老师的到来和性别研究中心的成立，将性别的视角和性别分析的方法正式引入到了大连大学的校园。

通过一段时间的培训、学习和研究，我们认识到，与现代意识并驾齐驱的是性别意识，而不单单是女性意识。从性别的角度去观察和认识社会的政治、经济、文化、教育以至婚姻家庭和健康的现象和问题，才是实现性别平等的观念和思维方法。只有性别意识才能反映"以人为中心"的时代特征。因此，我们设计女性特色课程的基本思想，也应随之从强调女性特色教育到注重向大学生特别是女大学生进行性别意识的灌输和性别分析方法的培养；课程设计的理念也应从单方面地强调发挥女性自身优势，扬长避短，到全面认识和理解性别的差异和性别特征，因势利导，各取所长，共避其短，为两性的和谐发展奠定理论基础和思想基础。

根据这一思想认识的转变，我们从 2001 年 6 月起开始对女子学院的女性特色课程在内容和方法上进行了比较大的改革，从课程的名称、内容到授课方法等方面进行了全面的梳理，形成了一套新的课程体系。这套课程体系的组成是：

必修课程。为满足不同专业学生的需要，女子学院为学生们提供了 11 学分的课程内容，供学生从中选择 6 个学分。

选修课。女子学院学生还可选修女子学院面向全校学生开设的公共选修课。可供选择的选修课包括 7 门，14 学分。

辅修专业。为了适应市场经济对复合型人才的需求，经过专家的反复论证，结合与学生的座谈和我们对人才市场及用人单位的调查，根据大连大学多科性的特点，考虑到女子学院的具体情况，我们面向全校学生开设了公共关系学辅修专业。

专业课程。为了将性别视角纳入教学和学科之中，主要由性别研究中心指导一些教师结合各自所讲授的专业课程，开设具有性别特点的专业课程。现在已经开设的课程主要有：英美文学女作家名片名著鉴赏、中国古代女性文学、中国现当代女性文学创作与批评等。

渗透课程。所谓渗透课程是指不单独开设女性/性别课程，但在其所授的课程（含专业基础课和专业课）中，至少用 4 学时左右的课时，进行性别意识的渗透和性别视角的分析，从而使学生掌握社会性别的基本理论与基本方法，学会结合实际进行性别视角分析与判断。具体渗透的途径主要有两条：一是在师范专业的教学法课中渗透性别分析方法；二是在专业课程中渗透性别研究成果与性别分析案例。

3. 女性/性别教育体系的设计与实施阶段（2001～2003 年）

在以上两个工作阶段和前期成果的基础上，我们进一步端正认识，进行女性/性别教育课程体系设计的出发点，绝不是为开课而开课，也不是单纯地为体现女性/性别教育而教育，设计课程和开设课程的基本出发点是为女性发展服务，为女性未来发展奠定理论基础和方法基础。

由于女性自身性别上的特殊性，由于受中国几千年来封建社会的思想、观念和文化等潜移默化的影响，在未来的社会生活中将面临着与男性不同的境遇。在现代社会中，女性要获得与男性平等的权利和地位，不仅要靠国家的法律条文，以法律法规的形式确立下来，更主要的还要靠女性自身的觉醒和自觉的行动，最终才能获得自身的发展。为此，21世纪每一位有志于发展的女性都必须也不得不从两方面做起，一方面要增强自身的性别意识，认识女性，确定女性的地位，维护女性的权益和尊严，使女性不仅全面了解自己、敢于面对自己，而且更要学会全面认识自己和勇于战胜自己，最终寻找到女性生存和发展的广阔天地；另一方面要学会用性别的方法去分析、研究和决策事物。在男性的主体社会、主体领域和主体行业中，以女性自身的努力，张扬性别的旗帜，传递女性的声音，表达女性的思想和情感，关切女性的生存与发展，并将其纳入到管理与决策的主流中来。

三、女子学院女性/性别教育的现状与展望

2003 年以后，随着高校改革的不断深入，大连大学的女性/性别教育又进入到了第四

个阶段，即公选课课程体系的设计与实施阶段。

1. 公选课课程体系的设计与实施阶段（2004 年至今）

这个阶段的主要特点是，逐步淡化课程本身，不断强化素质能力的全面培养。女子学院面向全院学生开设的课程全部为公选课。根据学校对公选课的要求，女子学院要求学生选够学院规定备选课程中的 6 学分。

例如该校开设的 18 门学生备选课程中的 11 门是由女子学院设计、组织、管理和开设的；其中《女性自我认知》是女子学院协助性别研究中心开设的；另外 6 门课程，一方面考虑女性特色教育体系的系统性和完整性，另一方面考虑课程的文理性质，是从各学院面向全校学生开设的公选课中筛选出来的，它们既可以完善女性性别教育体系，又是理科类课程，保证学生选课时符合文、理各半的要求。

2. 独特的素质与能力培养平台

通过女性/性别教育主要帮助女大学生进行自我认知，正视两性差异的现实性和客观性，发挥女性自身优势，早日成才；通过特色活动对女大学生进行有意识的塑造和培养，提高自身的能力，使学生们学会做人、学会做事、学会学习、学会工作。为此我们搭建了以下六个平台：

第一，教师的育人与服务平台。全院上下统一认识：人人是教师，处处是课堂，事事是教材。每个人都注重从一点一滴做起，通过每一件小事，培养、教育、影响、训练学生严肃认真的工作态度，一丝不苟的工作精神，实实在在的工作能力。具体方式：一是以专题讲座、座谈等形式，通过与学生共同探讨世界观、人生观、价值观等现实问题，直接对学生进行言传；二是设立学生干部值班制度，让学生到老师的身边，亲身参与、亲眼观察、亲自感受教师的为人师表，直接对学生进行身教；三是把接待每一位来访学生作为检验师德的现场，无论多忙、多累，教师都满腔热忱地接待好每一个学生。

第二，学生会的组织与活动平台。为了更好地团结学生和组织学生，为更多有志于进行锻炼和提高的学生提供更大的舞台，女子学院成立了学生会组织。学生会既是学生活动的领导核心，又是学院与学生广泛联系的桥梁和纽带。该组织由各专业所属学生中的志愿者和自荐者组成，每年改选一次，每届大约由 40 ~ 50 人组成。学生会每学期都策划和组织学生开展许多丰富多彩的活动。

第三，学生的创新与立项平台。我们特别重视对学生进行科研精神和科研能力的培养。具体措施：一是在学生会中设有科研部，主要负责进行学术活动的组织和领导；二是学院根据各种需要和可能为学生寻找科研方向和科研课题；三是学院教师直接带领学生参与具体研究；四是学院教师每学年都指导学生申报校创新立项，连续三年，平均每年都保证有 4 个以上项目获得立项。

第四，学生的社团组织平台。通过社团组织达到凝聚人、团结人、帮助人、教育人的目的。目前女子学院下设三个社团：校园姐妹社、爱心互助社和清风茶苑。其中清风茶苑被评为学校首批四星级社团。

第五，社会调查工作室平台。为了给学生提供更多的机会，本着"教育育人、管理育人和服务育人"的精神，在拥有了一定前期工作基础的情况下，适时地成立了社会调查工作室。该工作室是以课题为工作小组的科研工作室,每年都在教师的指导下完成 4 ~ 7 项科研课题,平均每年培养学生 40 人左右。

第六,素质学分制的管理平台。女子学院学生如果修满 6 学分的公选课,同时至少获得 6 个素质学分,就可以在毕业的时候获得辅修证书,为此,女子学院制定出了具体的素质学分计分标准(略)。

3. 女子学院女性/性别教育的展望

目前,女子学院作为大连大学素质教育基地之一,肩负着面向全校学生特别是女生进行素质教育,提高综合能力的使命。经过十年来几届班子的共同努力,在课程设置、办学模式、培养方案的设计等方面都积累了一定的经验,取得了一定的成绩。在师生的共同努力下,我们从来没有像今天这样充满信心。我们将继续努力,乘势而上,把女子学院办成大连大学素质教育的一个品牌基地。为此,在"十一五"期间,我们将办好以下几件事:

首先,面向全校开设好女性学课程。随着女性学学科的建设和发展,自 2005 年以来,女子学院确定在继续开设好女性/性别系列课程的同时,一直为开设面向全校学生的女性学做前期准备,从教师、教材和参考资料等方面进行全方位的设计。为此,经过近一年的筹备,于 2006 年春季,面向全校学生开设出了女性学公选课程。本次开课,学生报名踊跃,提前报满。在课程进行的过程中,学生们参与积极,热情非常高,反映非常好。我们将以此为契机,继续学习和吸取姐妹院校开设女性学的先进经验,在课程内容和教学方法等方面下大力气,把大连大学女子学院的女性学课程开设得越来越好。

其次,扩充学生的涵盖面。在总结近十年工作经验的基础上,目前大连大学女子学院已经从墙里开花墙里红,到墙里开花墙里、墙外都红了。因此,从本学期起,我们应院外学生的要求,开始将迫切想加盟到女子学院的学生吸收进来。这些加盟进来的学生,将与女子学院的指定学生享受同等的待遇,赋有相同的责任。以后,这项工作将一直延续下去,争取到"十一五"末期,使女子学院涵盖的学生数量达到二千人以上。

再次,巩固和发展已有的素质教育基地和成果。为了充分体现女子学院的教育与培养目标,同时也应学校加强素质教育,每个学生毕业前必须修满 10 个学分的创新学分的规定,进一步扩大素质教育基地。不断巩固和发展校内的工作室和社团,扶持学生会开展更加丰富多彩的校内外活动;进一步巩固和发展校外的素质教育平台,多渠道地为学生提供创新、实践的机会,争取将现有基地扩大到十个,使素质教育成果在数量上和质量上都有一个大的发展。

本文作者:单艺斌,大连大学教授。

云南少数民族女性学的建构与发展

一、云南少数民族女性学的发展

与全国及内地相比,云南的妇女问题和女性学的研究有自己的特殊性和民族性。在云南居住的有 52 个少数民族,人口在 5000 人以上的少数民族有 25 个,其中 15 个少数民族是云南特有的,跨境而居的民族有 13 个。因此,在云南开展少数民族女性问题研究,必须从云南实际出发,从少数民族妇女的需求入手,才能符合云南的实际,反映云南各民族妇女的心声。①

1. 云南少数民族女性学的兴起

随着云南少数民族妇女问题的凸现和妇女问题研究的拓展,以及队伍的扩大,妇女组织机构的设立被提到议事日程。

(1) 妇女组织机构的设立

在 1995 年世妇会精神和国内外妇女问题研究热潮的推动下,为发挥高校和科研机构多学科、多视角、多层面的优势,借助社会各界力量,对少数民族妇女与社会发展的理论、实践和方法进行综合研究,为少数民族妇女问题研究和民族妇女参与社会发展创造条件,为决策部门和社区组织提供决策依据及信息。20 世纪 90 年代初云南省妇联成立了"云南妇女理论研究会",1993 年"云南省社科院妇女研究中心"成立。1994 年 3 月,云南生育健康研究会正式成立;随后又相继成立了云南 PRA 学习小组;云南社会性别研究小组;丽江民族文化与性别研究会等机构。直至 1999 年底,女性学被确立为云南民族大学社会学硕士点"西南边疆妇女问题"研究方向后,把 1995 年筹备成立并一直开展活动的妇女研究中心更名为"云南民族学院少数民族女性与社会性别研究中心",于 2000 年 3 月 8 日正式挂牌,打破了在云南高校中尚无相关研究中心的先例。此后,各高校也在积极着手成立研究中心与机构。2002 年,云南大学社会性别研究中心正式成立;云南师范大学,云南农业大学,云南财贸学院的妇女研究中心正在筹备与活动之中。而研究机构的建立和健全,促进了各民族学子和妇女工作者到民族地区开展各种调研活动,并根据民族地区妇女需求,进行了许多有益于妇女发展的项目。

(2) 国际项目的进入

---

① 笔者有幸参加了'95 世妇会的 NGO 论坛,并在现任云南省人大常委会副主任,云南省社科联主席王义明(时任云南省妇联主席)带领下,参加了云南省论坛的筹备工作并作为论坛的少数民族女知识分子及论坛主旨发言人报告了《云南少数民族妇女的教育与发展》。

在云南，"发展"是一个热字眼，这与国际社会的关注和投入有关。在扶助贫困、爱滋病防治、毒品问题、少数民族问题、多元文化保护等方面，国际基金会的投入在云南是最早、最多的。同时也资助了很多"妇女发展"项目。① 以高校为项目载体，实施妇女发展项目在云南是一大特色。如云南大学，云南民族大学，昆明医学院三家共同开展的福特基金项目《女性与社会性别研究》，又如云南民族大学少数民族女性与社会性别研究中心申请到福特基金项目《高校女性学学科建设与农村少数民族妇女能力提升》。在云南高校，此类活动不断开展，如云南大学争取到国家社科基金《西部大开发中女性高等教育的地位与作用——以云南为个案》；同时还开展了 10 多项国际合作项目，如：福特基金资助的《落水、曼春满村寨民族旅游中村民社会角色的变化及女性在旅游活动中角色地位的调查》、《云南女性性服务状况及干预模式探索》等，此外还有云南省教育厅 6 项社科基金项目研究少数民族妇女问题。云南生育健康研究会近几年曾开展了《湄公河流域社会性别与生育健康培训》、《昆曼高速公路沿线爱滋病社区干预》等项目。针对少数民族地区妇女问题，云南民族大学女性与社会性别中心还组织完成了《少数民族妇女传统伦理道德观念》、《少数民族妇女的生育健康》、《少数民族妇女与宗教》② 等与民族妇女切身利益相关的项目。此外云南师大和大理学院还分别进行了对高校少数民族贫困女大学生资助的项目。

各级妇联积极争取到联合国儿基会、加拿大、澳大利亚、新西兰大使馆、德国住房救助会、香港救世军等国际组织，友好国家及全国妇联，省级有关部门的妇女发展项目 288 个，资金 5057 万元，以实施"扶贫工程"为龙头，采取了资金到位、服务到户、结对帮扶等方法，从经济、文化、科技、健康等方面帮助少数民族妇女摆脱贫困。

（3）云南少数民族地区妇女的需求

"用妇女的眼睛看世界"，是'95 世妇会最有鼓动性和最富影响力的口号，将性别观念纳入发展决策的主流是《行动纲领》的一条主线，在'95 世妇会精神感召和鼓舞下，怎样落实大会以行动谋求平等、发展、和平的宗旨，执行北京宣言和行动纲领，云南高校师生和妇联妇女工作者再度携手合作，不仅在民族社区广泛宣传世妇会精神和马克思主义妇女观，同时，伴随着各种项目的进入，少数民族妇女的觉悟逐渐提升，她们开始认识自己的生存同环境的关系，在资源分配（主要是土地、森林、水），接受教育，参政议政，脱贫致富等问题上，开始发出她们的声音，反映她们的需求。而学者们在 20 世纪 80 年代和 90 年代对少数民族地区妇女状况调查、研究基础上，力图用成果为决策提供依据的做法，远远不能满足各族妇女的需求和解决妇女的实际问题，即从实质和根源上贯彻男女平等的基本国策。因此，必须通过教育，把妇女问题，特别是少数民族妇女的教育问题纳入到高等教育中，使决策者通过接受教育来武装自己的头脑，逐渐消除头脑中的性别盲点，才能把贯彻实施男女平等的基本国策落到实处。

① 李小江：《全球化背景下中国妇女研究与国际发展项目——兼谈本土资源和"本土化"问题》，《云南民族大学学报》2005 年第 1 期。

② 杨国才等主编：《女性学学科建设与少数民族妇女问题研究》，云南民族出版社 2004 年版。

二、云南少数民族女性学的学科建设

少数民族女性学学科建设的进展，推动了少数民族妇女问题的研究，民族妇女问题研究成果，又丰富了女性学学科建设的内容，拓展了女性学的内涵，促进了少数民族妇女与政治、法律、健康、宗教、环境、传媒及妇女和多元文化的探讨，并以独特的方式呈现。

1. 少数民族女性学的内容

少数民族女性学内容丰富，包括以下三个方面：

其一，以学术研讨推动民族女性理论发展。

在少数民族女性学亟待发展与完善的今天，迫切需要与国际国内学术界接轨，及时了解到国内外学术界在女性学领域的最新动态，充分利用国内外学者到云南访问或考察时，请她们开设专题讲座，如曾聘请美国纽约大学历史系主任女权主义者玛丽教授、英国利知大学东亚学系曼瑞教授、密西根大学人类学系的那培思博士、加州大学伯克尼分校社会学博士欧爱连等，美籍中国学者王政博士、伍呷博士、闵冬潮博士和福特基金会项目官员何进博士等，和国内知名学者到高校进行讲学；还通过走出去，到美国，英国，奥地利，法国，日本和韩国等国的高校参加有关女性学的国际学术会议。通过举办国际国内学术会议，如由昆明医学院和生育健康研究会牵头主办的"湄公河流域跨境性健康国际学术研讨会"；"第六届亚洲太平洋地区社会科学与医学大会"；由云南民族大学举办的"21世纪妇女与发展国际学术研讨会"；云南大学主办的"女性学学科建设与发展学术研讨会"等，还通过专题讲座，开设专题课，开展学术研讨，使高校、社科院、妇联等的师资力量和研究资源实现共享，开展校内外学术机构间的合作，推进女性学研究的开展。

其二，开展参与性培训，提升社区民族女性能力。

为了促进社区民族女性能力的提升，高校、科研机构和妇联都进行了积极探索。云南民族大学少数民族女性与社会性别研究中心将项目培训与社会实践相结合，让接受过培训的教师对少数民族大学生进行培训，又让接受过培训的学生回到民族社区中传播社会性别意识，并帮助少数民族女性打破传统的性别观念，重新认识与定位自己，从而提高自身能力，形成了一条从高校向社区辐射的有效途径，使社会性别观念的传播范围更广，影响更深。

昆明医学院和生育健康研究会不仅开展了湄公河流域社会性别与生育健康培训，中西部计划生育优质服务的培训，还对云南省部分州市农村妇女进行性病艾滋病预防控制培训，提升各民族妇女对优生优育的认识和对性病艾滋病的预防。

各级妇联在多年的实践中，也探索出了提高妇女素质的有效路子，使培训具有针对性。针对不同层次妇女，各级妇联建立了地、县、乡、村四级培训网络，形成了扫盲、初级实用技术、专业技术、女农民技术人员职称评定系列化培训模式。几年来，省妇联与省农业厅在云南农业大学成人教育学院共同举办专业技术培训班10多期，培训了500余名农村妇女，这些妇女回去后，在带动当地农业科技推广，促进农村产业结构调整，加快妇女增收致富方面起到了很好的科技示范作用。几年间，妇联共培养了18万名农村女能手、109万户以妇女为主的科技示范户、87万户专业户。这些带头人占了全省农村妇女劳动力的 12%。① 通过参与式培训充分发挥各民族妇女的作用，在妇女中树起榜样，提升了妇女的能力。

其三，依托项目，为少数民族女性服务。

依托项目抓发展，实实在在为各民族妇女办实事。云南省各高校分别在少数民族社区实施了"贫困社区妇女健康教育"、"少数民族妇女社会性别意识提升"、"少数民族女性人力资源开发"等项目，切实把高校科研、教学、实践和农村少数民族社区有机结合。各级妇联联系农村民族社区实际，通过项目引进等，各民族社区妇女积极参与农业产业结构调整，发展畜牧业，带动妇女学科学，用科技增加收入。省妇联先后争取《农业科技推广项目》资金 135 万元，在 27 个县实施，扶持农户 664 户，每户年人均收入达到 1185元；争取资金实施英国国际发展部"在边疆地区对艾滋病感染者——病人和家属开展小额贷款及关怀"项目，取得较好的社会效益。在全省有 32 个县妇联运作小额贷款，承贷资金 1163 万元，贷款人数有 1 万多人，受益者达 3 万多人。② 2004 年继续拓展小额信贷，承贷资金为 2700 万元，全省滚动累计发放小额信贷资金 8000 万元，信贷受益妇女 20 多万人。③ 实施循环金项目扶贫，帮助各民族妇女参与农村经济发展，增加收入。仅 2002～2003 年度，投入资金 749 万元，覆盖 15 个地、州、市的 94 个县，受益者近 2 万人；实施"大地之爱"，"母亲水窖"项目，帮助各民族妇女解决饮水困难，仅 2002～2003 年实施项目 3 批，投入资金 2450.3 万元，累计建成"母亲水窖"1.6 万余个，集中供水水池 54个，受益者达 12 万余人；④ 2004 年再度投入资金 420 多万元，建成母亲水窖 2861 个，解决了 1 万多人饮水问题；⑤ 实施"母亲沼气"项目，改善农村少数民族妇女的生存条件，仅 2003 年，省妇联再度协调资金 135 万元，在全省 30 个县推广"母亲沼气"试点，新建沼气池 3000 多个，与建盖卫生猪圈、厕所相配套，使 3000 多户受益，2004 年又争取资金新建"母亲沼气池"近 2000 个。⑥ 省各级妇联共同争取国内外各种妇女儿童发展项目资金 1300 多万元，覆盖 16 个地州市的 129 个县市。而且还开展了深化预防和遏制拐卖妇女儿童项目，争取到与国际劳工组织合作，仅启动资金就 69 万美元，在云南的 8 个县推广，实施勐海和江城县试点经验，建立了 34 个防拐示范村，⑦ 为维护妇女儿童的权利，建立了一道打拐防线。关注贫困儿童，实施教育救助，省妇联积极整合社会资源、多渠道筹集资金 760 多万元，帮助贫困儿童完成学业、拓展春蕾计划，实施贫困女大学生奖学金。2004 年，面向社会筹积资金 319 万元，新建春蕾学校 9 所，开办春蕾小学班 11 个，搭建春蕾桥 2606 对；资助 300 名优秀女大学生，对新入学的 500 名特困女大学生给予困难补助；设立"艾滋病贫困家庭儿童奖学金"，首批救助 208 名儿童；实施了 100 个安康远程、健康教室。⑧ 为贫困妇女儿童办实事。也正是通过这些项目的实施，切实为少数民

---

① 赵秀英：《在云南省妇联八届三次执委会上的报告》，2003 年 12 月 25 日。
② 赵秀英：《在云南省妇联八届三次执委会上的报告》，2003 年 12 月 25 日。
③ 赵秀英：《在云南省妇联八届四次执委会上的报告》，2004 年 12 月 21 日。
④ 赵秀英：《在云南省妇联八届三次执委会上的报告》，2003 年 12 月 25 日。
⑤ 赵秀英：《在云南省妇联八届四次执委会上的报告》，2004 年 12 月 21 日。
⑥ 赵秀英：《在云南省妇联八届四次执委会上的报告》，2004 年 12 月 21 日。
⑦ 江泽民：《在联合国第四次世界妇女代表大会上的讲话》，1995 年 9 月 8 日。
⑧ 赵秀英：《在云南省妇联八届四次执委会上的报告》，2004 年 12 月 21 日。

族妇女儿童服务的同时，在项目运行中，高校学者、妇联干部的参与，不仅提升了她们的能力，而且对项目的评估和经验总结，又为高等学校学科建设奠定了理论基础。

2. 云南少数民族女性学学科建设

怎样发挥高校的优势及利用高校的资源，借助社会各界力量，对妇女问题，尤其是少数民族妇女与社会发展相互作用的理论、实践和方法进行综合研究，在高校开设女性学课程，把妇女问题研究的成果引入高校课堂，给学生开设女性学与性别社会学，在高校校园普及社会性别意识、宣传男女平等观念，让学生毕业后回到民族社区，在决策岗位上运用社会性别视角，逐渐消除社会性别盲点，有利于推动民族地区社会政治经济的发展。

首先，女性学与社会性别学进入高校课程。

1999年9月，云南民族大学社会学硕士生的入学，2000年"女性学概论"的正式开课，标志着在云南，妇女问题研究和女性学已正式进入高校讲堂，同时也意味着云南女性学研究逐渐从边缘走向主流。2002年，云南大学给民族学研究生开设了"少数民族女性的婚姻家庭"、"生命伦理中的女性关怀"、在全校本科生中开设"中国女性学"、"女性文学"等全校选修课；昆明医学院在研究生中开设了"健康社会学"、"少数民族妇女与健康"等有关女性研究的课程。女性学的教学目的是学会运用社会性别视角分析问题，课程旨在从女性、社会性别和社会学的视角出发，介绍有关妇女研究、女性学、社会性别健康与发展、生命伦理的一些动态成果，让学习者了解到我国及全球妇女运动的产生、发展情况，使学生具备一种批判的思维能力，对现实社会生活中的社会性别问题，始终保持一种敏感而深刻的关怀与体悟。从而描述、认识、分析和寻找改变不平等的性别关系。

其次，社会科学与医学的结合与互动。

多学科交叉是21世纪学术发展的新趋势，在女性学与性别社会学课程开设后，结合云南高校师资和学生及教学资源的现实，在实际教学过程中，开创三校合作的模式，即云南大学、云南民族大学、昆明医学院三校合作，进行资源整合、优势互补，带动三校教师、学生的互动与结合。在学科建设领域，实现了多学科交叉，运用多学科视角，在女性学与性别社会学的教学实践中，借助原有社会科学学科特长反省原有知识结构，吸收自然科学研究的最新成果，特别是医学的学术成果，开展相互借鉴，相互补充，拓宽新的知识视野。

再次，师生平等互动的教学方式。

在少数民族女性学的教学与实践过程中，始终倡导和坚持师生平等互动的原则，调动发挥学生的主体性，通过学生的参与，发掘学生的能力，通过课堂和小组讨论，使学生分析和发现自己及民族社区里社会性别的盲点，挑战传统知识，分析各民族社会性别制度建构的不同特点，总结各民族妇女的知识和经验，发出自己的声音。从而突出平等参与、师生互动、坚持教学相长，收到实效。打破了传统教学中讲经式的"一言堂"，采取灵活多样的教学方式；注重研究与教学的互动，把农村社区少数民族妇女的知识与经验带进大学的讲堂，进行传播，使少数民族女性学形成自己的特点：知识与经验相结合，有鲜明的实证性和应用性，理论与实践相联系，师生平等交流、互动或研讨，不断提高学生质疑、批判、自我反思的精神。

3. 少数民族女性学的本土化尝试

少数民族女性学学科建设怎样本土化？如何实现本土化？以谁为对象？以谁为主体？经过实践和探索，我们认为在民族女性学的构建中，必须以我国的妇女理论和各民族妇女的研究队伍为主体，把西方女性主义的研究方法和观点、中国妇女研究的成果和经验，吸收融化到云南少数民族妇女的实际工作中，并在这一过程中加以学习和借鉴，根据少数民族的实际需求加以创新。坚持"民族的才是世界的"，倡导国际化的本土化。因此，云南少数民族女性学应该有自己本土的特点：第一是中国西部边疆的区域性特色。因为在同一国家的不同地域，或同一地域的不同聚居区，均有不同的地域特征，和相对独立的文化圈；第二，民族性。云南 25 个少数民族，每个民族社会性别制度的建构与本民族的传统文化紧密相连，有其独特的民族性；第三是各少数民族之间发展的不平衡性。有的民族从原始社会的末期直接过度到社会主义社会，呈梯度发展状态，造成不同发展阶段有不同特点。因此，关注西部、边疆、民族地区少数民族女性学的建设，迫切需要进行本土化的尝试。总结 20 多年来在少数民族地区开展各种项目中被实践证明行之有效的新知识，例如：可持续发展、以少数民族妇女为中心、以民族社区为基础、强调男性的参与、赋权给各民族妇女、民族社区生育健康优质服务等，根据少数民族社区的经济、文化、历史、社会性别制度等，重新审视外来理论和方法，才能进行本土化的尝试和实践。

三、云南少数民族女性学的建构与展望

1995 年，江泽民向全世界宣布："我们十分重视妇女的发展与进步，把男女平等定为促进我国社会发展的一项基本国策"。这是党和政府向全世界做出的庄严承诺，胡锦涛总书记强调："各级党委和政府一定要充分认识妇女工作的重大意义，牢固树立马克思主义妇女观，坚决贯彻男女平等的基本国策。"① 要贯彻实施男女平等的基本国策，其中包括对男女平等观念进行各学科的梳理，对女性学，特别是少数民族女性学的学科建设十分重要。

1. 少数民族女性学的研究对象

少数民族女性学与以往的少数民族妇女问题研究有所区别，它是从性别的视角来研究民族女性和与民族女性有关的问题，是交叉的综合性学科，它已由少数民族女性为研究客体向民族女性主体发展；由最初的"女权主义批评"向"性别分析"转型；由少数民族妇女问题研究逐渐向学科内部结构渗透。它不仅涉及民族学、社会学、人口学、人类学、心理学、历史学、法学、政治学、文学等学科，具有明显的跨学科性质，而且还具有自己特定的研究领域，内容涉及少数民族女性文化、少数民族妇女与法律、政治、经济、宗教、人口、生育健康、教育、公共政策、婚姻家庭以及民族妇女与多元文化等，如已公开出版的《云南民族女性文化》丛书 26 本、《云南农村妇女地位研究》、《以妇女为中心的

---

① 胡锦涛：《在同全国妇联新一届领导班子成员和中国妇女九大部分代表座谈会上讲话》，2003年9月。

生育健康》、《以社区为基础的生育健康》等著作，还有研究少数民族女性生存与发展的论文 900 多篇，都企图通过研究人类发展进程中民族女性的作用，重新确立民族女性的地位和总结她们的知识及经验。

2. 少数民族女性学的研究方法

少数民族女性学的研究方法，必须以马克思主义妇女观为指导，运用辩证唯物主义和历史唯物主义世界观和方法论，对少数民族妇女的地位变迁、社会作用、社会权利等基本问题进行分析和概括，重新梳理少数民族传统文化中妇女的知识与经验，运用社会性别的理论，拓展少数民族妇女学研究的视角，使其研究更深刻；运用理论研究、实证研究、应用研究、宏观研究和微观研究、定量研究的方法及质性研究的方法，以思辨性的方式来建构知识，主要靠田野调查、深入访谈、分析历史文献和材料来了解分析少数民族社会状况；综合运用典型调查、个案调查、口述史等方法搜集材料；运用行之有效的分析工具如社会性别分析、农村快速评估 RRA、农村参与性评估 PRA、参与式监测与评估方法等，力求使少数民族妇女学研究有自己的特点，使女性学一开始就具有鲜明的实证性和应用性，将研究工作和实际工作相结合，使研究者具有多元文化的背景和多元研究视角，促成一批以研究本民族妇女的发展为己任的少数民族女学者的成长，联合更多的国内外学者加盟，从而逐渐形成少数民族女性学的研究方法。

3. 云南少数民族女性学学科建设的展望

云南少数民族女性学学科建设已经起步，云南几所高校在招收女性学硕士研究生的基础上，课程设置也不断延伸，从硕士生课程辐射到本科生课程，还进入全校本科学生选修课，同时还向深度扩展，2005 年，云南大学倪慧芳教授开始招收女性史博士生，云南民族大学少数民族女性学博士也在申报中。更可喜的是 2004 年 12 月 15 日，由全国妇联和全国妇女理论会联合在北京举办了"推动妇女研究进入社科研究和学科建设的主流高层论坛"，由妇女界发起，主动向主流学术、教育管理部门宣传，并征得社科规划部门、教育主管部门的支持，从而改变妇女研究/女性学在妇女界自说自话、与主流脱节的现象，开始主流化的新进程。① 这也是真正落实男女平等基本国策的一项重要举措，也是女性学学科建设的助推器。

云南女性学学科建设虽已起步，但仅仅是一种尝试，还缺乏理论的深度和高度。必须在实践中不断总结、改进、提升与创新，以丰富民族女性学学科知识。

然而，学科建设必须依据教学理念、思想、目的、目标，利用现有资源，既要符合中国国情、云南省情，还必须结合学生的实际，根据各民族学生的需求，体现云南少数民族本土特色和各类学校的特点，在全球经济一体化、学术研究多元化形势下，坚持马克思主义妇女观和"三个代表"重要思想，弘扬先进性别文化，体现少数民族女性学学科精神，即多学科交叉，社会科学和自然科学结合的开放性、实践性、批判性、创新性等特点，立足少数民族女性，强调她们的立场、视角、意识及其在生产、生活、生存与发展中的知

---

① 《中国妇女学科建设和妇女研究新动向》，《妇女与社会性别学通讯》，《学术动态》，2004 年第 12 期。

识、经验，发出她们的声音和需求，也不排斥各民族男性的参与，实现各民族男女两性平等、和谐发展。

少数民族女性学学科建设，是一项长期工作，它依赖于大量实践才能趋于成熟和完善。

第一，加强与国内外妇女学界和校际交流，与妇联妇女工作者结合，整合资源，交换信息，共同合作研究项目，借鉴国内外方法与经验，集百家之长，补己之短，丰富民族女性学学科内涵。

第二，拓展多学科的交叉研究。少数民族女性学和民族女性问题，已经开始多学科的参与，但在学科建设的可持续性上，仍然不能吸引多学科学者的参加，往往有项目或课程时，相关人员会联合工作，结束后，不同学科的人员就减少。应该让多学科的人有更多的交流和对话，并形成机制加以保障，突出跨学科交叉的特征。

第三，坚持学科建设的制度化。一是加强课程建设，逐渐完善课程内容；二是建立信息网络，提供研究和教学信息；三是培养学科带头人，形成学科梯队；四是围绕课程设置组织编写具有少数民族本土经验，又有创新的教材，探讨在民族社区实现性别平等的途径。

第四，落实学科建设的规范。即学科建设由点到面的结合，增加在博士生、研究生、本科生中设置专业，成立独立系科，做到专业、研究、出版三位一体，以研究促教学，教学带动科研，使教学手段多样化和现代化，来适应少数民族地区社会经济发展的需要。

总之，伴随着少数民族女性学学科建设的进程，多学科背景、多样性的研究方法，不同国别及国内各民族学者的加盟、支持、帮助，云南少数民族女性学的学科建设将会不断发展和壮大。

本文作者：杨国才，云南民族大学教授。

发挥女性优势　促进高校管理

女性和男性相比，各有所长。男性刚毅、机智、果断，使他们勇于进取，善于决策，长于整合，是高校管理中不可缺少的优良素质。同男性相比，女性也有自己的优势，女性心理细腻、性格温柔、情感慈善、行为坚毅、乐于奉献、勇于进取，这些使她们善于观察，勇于奉献，乐于交流，长于调节人际关系，同样是高校管理中不可缺少的优良素质。作为女性，我们应当正确认识自己，在工作中自尊自信自立自强，为高校管理做出贡献。这里我想结合女性素质优势，谈谈如何发挥女性在高校管理中的作用。搞好高校管理，是高校实现发展的中心环节。作为女性管理者，我们应当怎样发挥自己的优势，为加快高校发展贡献力量呢？这里我谈谈个人的几点体会，供大家参考。

一、发挥女性管理者的认知优势，提高高校管理水平

女性在认知中，有自己的特有优势，那就是观察细腻，善于思考，长于记忆。这些对于提高管理水平具有不可忽视的作用。

首先，发挥女性管理者善于观察的优势。观察是感性认识的重要环节，感性认识包括感觉、知觉和表象，其特点是具有生动性、具体性和直接性。一般来说，女性除具有与男性同样的感知能力外，还具有十分敏锐而细腻的直观能力，她们往往在认识和分析一个问题之前就会对该问题有一个直觉认识，如正确与否、合理不合理、能否行得通，她们往往是在有了一个直觉后再去寻找问题产生的原因。这与男性常常是相反的，因为男性经常在分析和处理某一问题时习惯于首先寻找许多事实和原因，然后再去分析结果，最后得出结论。尽管男性的这种认知方式有其合理的一面，但是，这样的认知方式也有其局限性，其发现问题和提出决策的认知过程需要较长的时间。实际上，在学校基层管理中，很多决策需要及时、准确、快速的反应能力，在这方面女性的善于观察就能显示出自己的优势。在许多紧急情况下，很多女性凭借自己敏锐的观察能力快速做出决策而使许多紧急问题得到及时解决，避免了因决策迟缓而可能带来的损失。对此，我们应当引起重视，注意发挥自己善于观察的优势。

其次，发挥女性管理者善于形象思维的优势。思维的过程是个体运用感性认识，即对感觉、知觉和表象进行判断与推理，然后上升到理性认识的过程，也称思考。思维有两种形式，即形象思维与逻辑思维。形象思维又称"艺术思维"，它通过实践由感性认识上升到理性认识，达到对事物本质的整体认识，这种对事物本质认识不仅生动形象、具体，且具有发散性特点，即可以由此及彼，由表及里，由点及面。形象思维是女性思维优势，这种思维具有较好的形象性、整体性、发散性特点与优点。同男性相比，女性尤为擅长形象性思维和发散性思维。而这两种思维优势体现在高校管理中就表现为对学校工作的全面思

考、领导工作的创造性和解决问题思路的独特性。

思维的整体性使女性管理者能够对学校工作进行全面思考，整体把握。高校工作涉及的方面很多，特别是在信息社会，随着世界经济一体化速度的加快，高等学校与国际社会的交往日益增多，高等学校的功能也在不断增加。今天，高等学校的功能正由传统的教学、科研和社会服务向多元化多功能的方向发展。在这种形势下，对高校工作的全面把握就显得尤为重要，否则就会顾此失彼、挂一漏万。而女性思维的整体性适应了高校发展需要，对于高校的发展和工作的开展具有积极促进作用。

思维的形象性使女性管理者以更加务实的态度思考问题和处理各种事务。高校管理者在日常工作中大量面对的是具体工作，需要采取务实的态度加以解决。作为校级管理者，对于职能部门的中层干部也有责任和义务以务实的态度指导他们的工作，转变他们的工作作风，提高职能部门工作效率。有的高校日常工作就是文山会海，少数干部工作态度浮而不实，致使有些工作无人过问，导致工作缺位、效率低下，师生员工对此反映强烈。如果学校管理者能有务实的态度教育和指导工作，那么，学校基层工作效率和工作作风必将有较大的转变，不仅会提高工作效率，调动广大教职员工的积极性，同时也可以提高学校的管理水平，提高教学质量，为国家培养优秀的合格人才。

思维的发散性，也即发散性思维，指能沿着不同的方向探索问题答案的思维，是女性思维的一大优势。英国前首相撒切尔夫人就具备这种思维优势，这帮助她在首相位置上解决了许多棘手的问题。具有发散性思维的领导者能够从多重角度考虑问题，提出解决问题的多种途径与方法，在工作中善于出点子、想对策、做方案，更好地指导干部，调动他们的积极性，发挥他们的工作热情。所以，女性管理者发散性思维特点对成功地指导基层工作，为基层组织和干部排忧解难，解决实际问题都十分重要。现在，少数领导习惯于听汇报工作与拿方案，满足于听听汇报，出不了好点子，不能为下面干部排忧解难，弄得下级工作很辛苦。女性管理者的这个优势不仅帮助解除下属疲于奔命的现象，而且减轻了工作难度与强度，提高了管理的效率，得到基层干部的称道。

再次，发挥女性管理者的记忆优势。良好的记忆是一个人宝贵的、取之不尽的、别人无法窃取的财富。女性的记忆建立在形象思维基础上，形象而生动，具有快速性与牢固性，帮助女性管理者将学校管理工作中的问题形象的整体刻画在脑海里，就如一个影像时时唤起你的记忆，催促你的工作。我国高校长期在计划经济体制影响下，一直走着学校办社会的基本办学思路和模式。在这种办学模式下，学校所面临的工作纷繁多样、具体而复杂，从教职员工和各职能部门所反映出来的问题看，大多是具体而又涉及许多方面的问题，学校工作如一个大棋盘，牵一发动全身。应对和解决每一个问题都需要有较好的快速记忆与整体思考，我们的大脑要像在电脑里调动影像资料一样快捷，一方面，能够迅速记忆那些亟待解决的所有问题，以便寻找问题的关键，不至于出现遗漏；另一方面，也要使那些暂时未能解决的问题能够长久地留在脑海里，并且将它们排排队，保持工作开展的持续稳定，保证工作的连续性。而男性记忆往往容易注重宏观而忽视微观，对于重大问题的把握比较有利，但是宏观决策之后还需要缜密的落实与检查督促，而这里正是女性记忆的优势。所以，女性管理者往往更重视解决问题的严密性和可行性。这样，在一个决策群体中男性与女性决策的紧密配合就能够使宏观决策得到合理的落实，学校工作就能够有条不紊地开展。

二、发挥女性管理者勇于奉献精神，构建和谐人际关系

在儒家文化的熏陶下，中国女性养成甘于奉献的牺牲精神。她们热爱生活、努力工作、执著追求、吃苦耐劳。在家庭生活中，她们要相夫教子，做出牺牲；在社会上，她们要执著追求事业，表现出高度的奉献精神与高尚的道德情操。中国女性的这种奉献精神在高校女性管理者中也表现出独特优势，那就是善于团结，勇于奉献、执著追求。它对构建和谐高校，有不可低估的重要作用。

首先，善于团结。善于团结是指女性在高校管理岗位上能够与其他管理者或职能部门干部和谐相处、协同工作，特别是在重大原则问题上能够求同存异，遵循"海纳百川，有容乃大"原则，正确处理和对待持有不同意见的同事。女性的温柔，常常能发挥相容性的作用，有利于促进团结合作。女性在社会上"二等公民"身份使她们形成了处处、时时谦逊谨慎的心理，一般说来，她们能尊重无论是上司还是下属的意见。作为高校管理者与领导，整天要和各类学术精英和专家打交道，知识分子有着强烈的自我意识与平等、民主意识，与他们相处必须特别注意这一点。另一方面，在高校管理工作中要特别正确处理好学术管理和行政管理（包括党务工作）二者之间的关系。但无论是学术管理还是行政管理都必须要以理服人、平等讨论，严格遵照"双百"方针。只有这样的管理者或领导者才能赢得广大教职员工和学生的尊敬与拥戴，学校的各项政令才能畅通，"政通人和"才能实现，高校才能在竞争中求得发展。善于团结正是女性管理者的优势。

其次，勇于奉献。勇于奉献是指在工作和生活中将集体和他人的利益置于最高位置，尊重他人的价值。传统文化培养了女人的牺牲精神，女人为家庭为丈夫为子女牺牲自己，她们一旦将这种精神用在事业上工作上，就成为一种对事业的奉献精神。她们往往在个人、集体与他人利益发生冲突时，首先满足集体和他人的利益，在个人价值和他人价值发生矛盾时首先实现他人价值。诚然强调奉献精神并不否定个人的价值和利益，从整个社会看，如果每个人都具有奉献精神，那么，集体的利益及价值与个人的利益与价值就能达到和谐统一。作为高校管理者，必须能够正确认识与处理这一点。如果在个人利益上斤斤计较、患得患失，就会受到教职员工的鄙视和指责，就会失去作为管理者尤其是领导者的凝聚力，学校的工作就难以开展。近年来，高校也出现了一些不正之风和腐败现象，已经引起党和政府以及社会的广泛关注。学校领导干部应当以身作则，教育广大干部和教职员工正确对待个人利益问题，培养他们的奉献精神，凝聚学校的各种力量，促进学校的健康发展。

再次，执著追求。执著追求是指采取合理的手段与措施逐步达到确定的理想和目标的行为。作为高校管理者，应当有明确的工作目标和工作理念，一旦这种目标和理念确定以后，就必须坚定决心，组织各种力量，克服各种困难，采取多种措施实现这个目标和理念。在现实生活中，女性对目标的追求更为执著，尤其是当她们把这种目标赋予某种情感因素时，这种执著追求的精神是男性所无法比拟的。女性的这种执著追求精神将为她们更好地从事高校管理工作提供重要的情感保证。我国现代高等教育的历史短，缺乏足够的办学经验，加之教育经费紧张，管理模式单一，缺乏个性等因素，高等教育的发展受到一定的影响。中国加入 WTO 以后，高等教育的发展面临着从未有过的机遇和严峻挑战。今

天，高等教育正在走向自主办学的轨道，国家支持各个学校办出特色、办出优势。在这样的有利条件下，高校领导者感到自身的责任重大。作为管理者，不仅需要有高瞻远瞩的眼光确立自己的目标和理念，更要持之以恒，努力进取，这就需要弘扬执著追求精神。在这方面，女性管理者应当发挥自身的优势。

三、发挥女性管理者柔韧坚毅的优势，达到刚柔相济的效果

"柔韧"与"刚强"相对立，如果说刚强是男性内在素质的典型特征，那么柔韧则是女性内在素质的典型特征。男性的刚强使他们与人交往太格式化，忽视人与人之间的情感交流；在处理工作的态度上过于强硬，不愿妥协。其实"强硬"与"不愿妥协"具有两面性，在某些情况下产生正效应，在另一些情况下产生负效应，而一味的强硬与不愿妥协容易导致较少的灵活性和亲和性。柔韧正好与此相反，柔韧表现在与他人交往过程中注重情感的交流和求同存异的妥协性，在处理工作上表现出较多的灵活性和亲和力，更多地体现出人性化管理理念。中国女性柔韧表现为克制、内秀、持重、忍耐、坚韧，这使女性的柔韧中透出坚毅的一面。女性柔韧坚毅的内在素质在高校管理工作中可以发挥很强的亲和、凝聚作用，在实际工作中表现为以柔辅刚、以柔克刚，达到刚柔相济的良好效果。

首先，柔韧坚毅有助于以柔辅刚。以柔辅刚，是指女性在协调人际关系和工作关系中在坚持基本原则的前提下，通过与他人沟通求得双方的理解，以情动人，以理服人，在有分寸的妥协与灵活的基础上，建立一种和谐的人际关系和顺畅的工作关系，最终构建和营造天时地利人和的人际环境和工作氛围。所以说，以柔辅刚是把原则性和灵活性有机地结合起来，既强调坚持原则，又注意到事物的具体性而采取必要的灵活措施。在日常生活中，男性往往强调原则有余而注意灵活不足，而女性在这一点上具有得天独厚的优势，能够较好地将原则性和灵活性和谐的统一起来并经常在实际工作中运用自如。大量日常工作是一般性与特殊性的结合，学校里有统一的政策，但是各个院、系、所又有自己的特殊要求，如果我们采取一刀切的办法，不能因地制宜，则势必造成工作中的被动，影响学校发展。高校的女性管理者在这一方面可以发挥其独特的优势，调动各方面的积极性，推动学校健康发展。

其次，柔韧坚毅有助于以柔克刚。以柔克刚是指用女性的柔韧坚毅品质对待日常工作中看似难度很大而实际上是有关人员积极性得不到发挥所引起的棘手问题。任何工作都是由人来完成的，离开了人就什么也做不成，而人的积极性发挥着关键性作用。一部大工业社会进步的管理史就是从忽视人的积极性到重视人的积极性的发展史。今天，"以人为本"已经成为管理的基本理念，这就要求管理者特别是从事第一线管理的领导者尊重他人、团结他人、爱护他人。要做到这一点，就要充分发挥情感因素的作用，做到以真情换真心，以关爱换行动，从而避免因过于强硬的态度带来下属逆反心理，使大家心情舒畅，保持旺盛的工作热情。高校是知识分子聚集的地方，他们特别注意自己的个性和自身的价值，同样他们也最能尊重和理解学校的各种政策。只要政策合理，管理者耐心，辅之以情感因素，各项工作是可以顺利开展的。由此可知，在高校日常工作中做到以柔克刚是非常重要和必要的。女性管理者应当发挥自己在这方面独特优势，在依法治校的前提下，开发以情治校潜能已势在必行。

四、发挥女性"慈善"的素质优势，促进高校人性化管理

女性具有慈善的特有品质，这一品质造就了千千万万的慈母形象。唐朝诗人孟郊在其脍炙人口的《游子吟》中这样写道："慈母手中线，游子身上衣。临行密密缝，意恐迟迟归。谁言寸草心，报得三春晖。"这是一首历来被人们传诵的反映母亲和儿女间骨肉亲情的诗，歌颂了慈母之恩的广博和深厚。在伟大而朴素的母爱面前，无论古人还是今人，都有着同样的感受。母性是女人的天性，亘古及今，无论是贫民百姓还是身居高位的女性领导都具有这一天性。中国女性天性善良、勤俭无私，其慈母之心尤为突出。一般说来，中国女性"慈爱"性主要表现为慈母之爱、慈母之情和慈母之力等方面。而这三个方面的慈善性使高校的女性在管理工作中发挥着独特的优势，这一点也是男性领导难以企及的。

根据本人多年来的工作经验，高校女性管理者展现出的"慈善"品质主要表现为：以"慈母"之爱教育学生、以"慈母"之情办人性化教育和以"慈母"之心凝聚群体。

以"慈母"之爱教育学生，就是用母亲关心与爱护子女的那份关爱和疼爱去教育和关心学生的学习与生活，帮助他们健康成长。本人多年来从事学生的思想政治工作，在工作中就是怀着这样一种慈母之心去关心和理解学生，同大学生进行广泛的接触，与他们真诚地谈思想，讲理想，帮助他们解决了大量的思想上的难题和心结。通过与他们的接触，我理解了学生，学生也理解了我们，学生工作做得扎实有效，得到了学校主管部门和有关部门的高度评价和赞扬。由此，也与许多学生建立了深厚的友谊，得到了他们的尊重和爱戴，许多学生毕业多年仍然与我保持着联系，他们中很多人来武汉出差也经常来学校看望我。这些使我深感慈母之爱教育学生的重要性和必要性，也使我坚定了对学生工作的信心，激发了我的工作热情。

以"慈母"之情办人性化教育，就是用慈母的深情关注和处理学校日常工作。人人都需要爱，正像一首歌中所唱的那样，"只要人人都奉献自己的爱，世界就会变成美好的人间"。在过去极左时代，人们忽视爱，不能谈爱，认为那是资产阶级的个人情调。然而人类的高级情感是不能简单地被删除的。经过几十年的艰难曲折，人们已经认识到爱是教育的不可或缺的元素。今天，我们更应当真诚地对待人类的这份天性。母亲是管理者最好的学校，充分发挥母性在高校管理工作中的优势，以"慈母"之情办人性化教育。使人的自然天性得到充分展示和发挥，使他们体会到人与人之间的真情，感到心情舒畅，只有这样，才能使广大教职员工的创造性充分发掘出来，使学校的各项工作有条不紊地进行。

以"慈母"之心凝聚群体，就是发挥慈母之心在凝聚学校各方面力量中的作用。众所周知，中国女性在家庭中起着核心凝聚力的作用，她们既要照顾长辈，也要顾及丈夫和子女，她们的协调和统筹能力使她们在家庭发展中发挥着关键的凝聚功能。同样，在高校的管理工作中，女性同样可以在各自的岗位上发挥这样的凝聚力作用，女性管理者要以自己的管理岗位为核心，将自己的凝聚功能辐射至极限。凝聚所有力量，团结一切积极因素，使每一个岗位都成为和谐之岗，只有这样，学校才能实现政通人和。

我希望每一个女性管理者，都能切实以"慈母"之爱关注我们身边的每一个人，处理我们身边的每一件事，团结一切可以团结的力量，凝聚我们的群体，充分发挥女性管理者在高校管理中正面的与时俱进的积极作用与不可替代的功能。我们希望各位女性管理者

在充分认识自身优势的基础上，发掘潜力，切实履行自己的职责，在各自的岗位上尽职尽责，为我国高等教育的改革和发展，为武汉大学的跨越式发展，为建设和谐武大贡献我们的智慧与力量。

本文作者：俞湛明，武汉大学纪委书记，武汉大学妇女与性别研究中心主任。

高校女教师在教书育人中的性别优势

教书育人是高校的主体工作，女教师是高校教师队伍的重要组成部分，是教书育人的主力军。女教师敬业、热情、细腻、认真的特点，使她们既是知识技能的传授者，又是学生思想品质的教育者。因此，重视女教师性别意识与性别差异的研究，认真分析和认识女教师的特点，充分发挥女教师在教书育人中的性别优势，对促进高校的师德建设具有十分重要的意义。

一、高校女教师的性别特点

高校女教师的特点，是指知识女性在从事高等教育过程中与男性相比所表现出来的特殊性。

1. 女教师的智力特点

接受了良好教育的知识女性，她们在综合观察力、注意力、记忆力、思维能力和想像力等方面，总体的智力水平与男性相当，但在各种能力表现上，则有自己的特点。如在感知能力上，女性的听觉优于男性；在注意力上，女性比男性对人的观察更细致、准确；在形象思维能力、记忆力、语言和文字能力方面，女性都有较强的优势，而男性在逻辑思维、推理能力方面较有优势。当然这种性别差异是相对的。事实上，在高等教育过程中男女两性所表现出来的个体差异远大于性别差异。女教师的智力特点往往反映在其出色的教学能力和水平上。

2. 女教师的个性特点

女教师具有性情温柔细腻、热情率直、极富爱心等个性心理特征。与男教师相比，女教师热情大方，亲和力强，使人易亲近并获得好感，她们善于言辞，善于沟通，在感情上容易感受、理解他人的情绪并能很快与之交流；注重仪表、讲究服饰美观得体是女教师爱美追求美的天性；富有同情心、乐于助人是女教师善良挚朴的体现；宽容豁达、善解人意使女教师能与人友善相处，友好往来；观察细致、谦逊好学使女教师在工作中愿意向周围的同事同行学习，博采众长，补己之短，这些特点是女教师从事高等教育事业的个性品质优势。

3. 女老师的稳定性特点

在当今建设社会主义市场经济的过程中，社会上一些实用化、功利化的价值取向以及"金钱至上"观念冲击着高校这块"净土"，一些教师要么"跳槽"，要么"兼职"，在客观上削弱了高校教师队伍力量。但经济利益诱惑对女教师则没有构成明显的压力，相当多的女教师都能淡泊名利，在得失间保持豁达的心态。故高校女教师在高校从教的稳定性远远高于男教师，绝大多数女教师在教育工作岗位上全身心投入教学工作。女教师这种稳定性有利于对学生实施完整的教育过程，对于在当今社会转型期我国高等教育事业的稳定发展显得尤其重要。

4. 女教师的事业心特点

心理学研究表明，事业成功的女性，其动力往往来源于对事业理想追求的内心鞭策和坚强的意志力及自信心。绝大多数高校女教师为了自己所追求的教育事业，不得不承担起家庭与事业的双重任务，尽力扮演好家庭角色和职业角色。她们对老人要尽孝道，对子女要尽养育和培养的责任，对丈夫也要关心爱护，帮助其事业取得早日成功。家庭角色与职业角色的冲突，极大地考验着女教师的事业心。但女教师的聪慧能干、坚忍刚强使她们在家庭与事业的双重压力下，仍能坚持很强的事业心和责任感，执着地追求自己的理想和事业。她们在妊娠、哺育等女性特殊时期，克服困难，坚持工作。她们努力处理好家庭与事业的矛盾，尽量做到兼顾求全。可见女教师要成就一份事业，与男性相比，需要付出多倍的艰辛，需要有坚忍的毅力和强烈的事业心。这种事业心是高校女教师实现自己的经济地位、人格独立和事业理想追求的思想基础。

二、高校女教师在教书育人中的性别优势

重视和分析女教师的自身特点，充分发挥女教师在教书育人中的性别优势，对推动高校教书育人工作的深入健康发展，具有十分重要的意义。

1. 以勤奋细心、诲人不倦的敬业精神，将育人工作贯穿于整个教学过程之中

高校女教师由于对教育事业的热爱，表现出较强的工作责任心和敬业精神。她们以教书育人为神圣使命，以勤奋端正的教学态度，自信饱满的教学热情，变化多样的教学手段，全身心地投入到教学的各个环节中。她们经常奔波于图书馆、实验室，查阅资料，动手实验。在备课中深入挖掘教材内涵，认真写好备课讲义，精心制作多媒体课件，细心地做好课前的一切准备。在课堂讲授中，女教师以良好的口才、较强的驾驭语言和文字的能力，使得教学内容表述清楚，深浅快慢把握适中。清晰悦耳的语音、生动直观的演示，容易吸引听课学生的心，抓住学生的思路；条理分明的板书、言简意明的小结，有助于学生课堂作笔记及课后整理复习；联系实际、令人深思的提问，能启发、训练学生创新的思维。

在辅导学生的实验实习、毕业设计等环节中，女教师对学生的每一个操作步骤，每一组实验数据，每一行语言程序等，都要求一丝不苟，表述准确。对于学生的每一本作业，女教师都认真仔细地批改，明确指出错误，提出改正方法，不少学生还以作业作为师生探讨学习、提问答疑的工具。对待学习中遇到困难的学生不歧视、不冷漠，以女性特有的善良柔情，给他们提供单独辅导、重复讲解、多次答疑等各种方式的帮助。相当多的大学生走出校门参加工作后，对大学里女教师的教学艺术和教学能力难以忘怀，感到"受益

终生"。

2. 以善良热情、宽容细腻的女性特点,将育人工作渗透到学生的课外活动和生活之中

高校女教师温柔善良、宽容豁达、感情细腻丰富、与人友好相处的性格特点,使她们善于与学生交流沟通,容易赢得学生的亲近和信赖,学生们大多喜欢与女教师谈个人的学业志向、感情问题以及生活情况。女教师充分利用在性格情感方面的优势,建立起良好的师生关系,形成师生间爱的对流,将育人工作渗透学生的课外活动和生活之中,以实现全方位最佳的教育效果。在担任班主任或辅导员的工作中,女教师结合现实,生动形象地对学生进行理想信念、人生观、价值观、世界观等思想政治方面的教育。在学生的课外学习中,她们热心地指导学生如何借阅书籍和查询资料,如何选修课程和准备实验,帮助学生掌握科学的学习方法、形成良好的学习习惯,尽快进入所学专业领域。在学生的社会实践中,告知学生如何培养锻炼自己适应社会的综合能力。在学生们举办的各种社团活动中,大多女教师能热情地参与,充分发挥多才多艺的特长,感染学生,凝聚学生,在欢声笑语中对学生传递科学文化知识和社会知识。

高校女教师还以其善于观察、细腻温柔的特点,对某些有特殊"问题"的学生给予特别的关心和帮助,她们通常不采用强制性手段,而是循循善诱,以理服人,营造健康舒畅的氛围,通过学生的内在动力进行自我矫正,让他们有上进的"空间"。如,对少数犯错误的学生,女教师严肃而宽容地对他们"动之以情,晓之以理";对涉足恋爱的学生,女教师会尊重双方的感情,善解人意地从心理和生理上关心他们,引导他们正确处理学习与恋爱的关系,树立正确的择偶观、婚姻观及家庭观;对生活自理能力较差的学生,女教师主动热情地教给他们一些日常生活中的实用知识和技能。对待家庭贫困的大学生,女教师们常常以其博大的母爱之心,慷慨解囊,奉献爱心,关注他们的思想、学习及生活状况,鼓励他们战胜困难,磨练成才。

3. 以端庄大方、清新高雅的仪表魅力,将育人工作融入学生的形象气质塑造之中

教师的仪表是"为人师表"的第一表现。高校女教师的仪表作为一种传意工具,对学生具有很强的示范性和熏陶作用。女教师的衣着装扮,从内在素质看是其价值观念的一种体现;从外在效果看,是其形象仪表的展示。女教师除了用丰富的文化知识、娴熟的教学技巧来教育学生外,其外在的形象气质能作为一种无形的力量,潜移默化地影响学生(尤其是女学生),影响着他们内在素质的形成以及外在形象的塑造。一个着装得体、气质高雅、形象端庄,洋溢着健康和自然之美的女教师会使学生潜在地产生一种愉悦和崇敬的心理,激发学生积极向上的情绪,起到教育和审美的双重效果。

好的服饰是一部活的美育教材,它用造型、色彩、线条等元素构成一种和谐的美。虽然和教学行为无直接的联系,但女教师以其既能显出个人的学识内涵美,又能体现文明健康美的端庄大方、清新典雅、整洁和谐的服饰,潜移默化地对大学生,尤其是那些一味崇尚名牌高档、盲目追求时髦华丽服装的女大学生,发挥着极大的影响和感染作用。

古人云,"亲其师,才能信其道",要想让学生接受一个教师传授的知识,首先要让学生接受其本人。高校女教师以其女性特有的聪慧坚忍、热情开朗、善良宽容等良好的人格特点在大学生中架起了真诚沟通的桥梁,她们在教书育人中获得了大学生们的信赖和亲

近，也在大学生们的爱戴和尊敬中进一步强化了教书育人的职责。高校领导要进一步重视女教师的培养和使用，充分认识女老师的性别优势及其特点，培养和增强女教师的性别意识，关心女教师的成长，挖掘女教师的潜力，激发女教师的才情，使高校女教师在教书育人中做出更加出色的贡献。

本文作者：李虹，武汉大学教授、医学院党委书记。

性别教育与女性发展刍论

随着人类社会的不断进步，精神文明和物质文明建设的不断提升，构建和谐社会、重视"性别教育"、关注女性发展的问题越发凸显。本文着力从"性别教育"的内涵和意义，现实生活中不利于女性发展的"性别歧视"和不良现象，正确进行"性别教育"，重视女性教育、促进女性发展四个方面加以阐述。旨在倡导"性别教育"，平衡男女差别，促进女性发展，构建和谐社会。

一、"性别教育"的内涵和意义

"性别教育"又称"性别平等教育"，通常是指依据男女身心发展存在着的性别差异、角色差异、社会认知、社会服务之特点，按照一定时期人类社会发展的需要对男女个体提出的行为规范、整体素养的要求，进行不同的抚养和教育，使其成为更有利于社会发展人类进步的男女社会角色。

依据男女身心发展客观存在着的性别差异、社会角色差异、社会认知差异以及社会服务不同之特点，对现实生活中的男女个体有针对性地进行教育即实施"性别教育"，有着十分重要的意义。

（一）有利于营造幸福的家庭、构建和谐的社会

幸福的家庭是构建和谐社会的基本微粒。当今社会，随着人们工作、学习、生活节奏的不断加快，经济条件的不断改善，思想理念的不断更新，越来越多的家庭在自然与不自然中走向破裂。而家庭暴力、只生不养、婚外情人、男尊女卑损害家庭幸福的不良行为和现象更是屡见不鲜。依据"性别教育"的内涵，着眼于社会的和谐进步，人类的健康发展，家庭的美满幸福，针对现实生活中形形色色男女不同的社会角色，倡导每位公民在接受普通教育的同时应因个体特质性别、性情、人生目标、从业择偶、生活品位的不同，自觉接受"性别教育"。尤其是要自觉接受提升自身家庭责任感、社会责任感和民族责任感的教育。

（二）有利于人力资源开发、"核心生产力"的培育和解放

这里"人力资源"的开发与"核心生产力"的培育和解放主要是指女性人力资源的开发和解放。而女性人力资源的开发和解放重在女性智力的开发和劳动生产力的解放，即公平的获得受教育、就业、工作劳动的权利和机会。现实生活中，有不少的女性，尤其是农村女性中的大多数，因生计和家庭困境无法接受正常的文化知识教育、智力开发教育、能力拓展教育和专业人才教育，过早地走向了社会，担负起家庭生计的重担。从近期效应

看，她们为家庭的生活和生计做出了应有的贡献。从长远的利益看，这实为人力开发和人力资源的极大浪费。因为一位具有丰富内涵、文化知识、专业技能、社会地位的女性日后对社会的贡献、家庭的支撑、后代的养育，与一个从来就没有进过学校大门、或是仅具有小学文化的女性相比是有天壤之别的。科学技术是第一生产力，人是生产力中最具决定性、活跃性的因素，是生产力中的核心生产力。女性整体素质的高低好坏如何，不仅关系到自身能量的释放，更重要的是直接关系到"社会核心生产力"的孕育、生产、培养和解放。着眼于后代的养育、家庭的幸福、人类的进步、民族的振兴和"核心生产力"的孕育、生产和解放，女性比男性更需要接受良好的教育。那种认为女孩是为人家养的，长大后自然会嫁到别人家，不必投资或好好养育的观念是错误的、不负责任的。无论自家的闺女嫁到谁家，她都无可推卸地肩负着生儿育女的家庭和社会责任，更不要说是一对夫妇只生一个孩子、有的家庭不要孩子甚至有的家庭只想生养男孩的情势之下看女性在孕育生产"社会核心生产力"上的重要性了。实践已经证明，在许多岗位上的女性比男性更为出色。女性是促进人类进步社会发展的重要社会角色，女性是当今人力资源生产开发中最具潜力的资源。更不要说古今中外占据领导地位的杰出女性对人类社会发展所做出的伟大贡献了。由此说来，女性不仅需要接受良好的普通教育，同时还应有针对性的在不同的生长时期，接受艺术熏陶、家庭经营、优生优育的教育等。

（三）有利于走出"性别教育"的误区，消除"性别歧视教育"

现实生活中，"性别教育"的误区和"性别歧视"教育主要表现是：

第一，视"性教育"为"性别教育"。在我们积极向社会、家庭、学校倡导实施"性别教育"的同时，不难发现，有人竟荒唐地把"性教育"视为"性别教育"，把生理常识、卫生常识、性常识等方面的教育内容视为"性别教育"内容的替代或全部，这显然是错误的。"性别教育"包括"性教育"，"性教育"是"性别教育"中的一个分支，"性别教育"与"性教育"是整体与部分之间的关系。所谓性教育是关于人的性生理、性心理和性潜力开发的教育，它不仅仅向受教育者传授性的生理知识，而且要灌输适合中国社会文化的性价值观念和道德意识、法律规范。性教育还包括各种良好的卫生习惯和保健方法的教育。显然"性教育"绝对不可以等同于"性别教育"。无论是对社会、对家庭、还是对学校来说，对人们进行"性别教育"比进行"性教育"在其内容上要宽泛得多；在其价值上要高得多；在其意义上要重要得多。

第二，视学龄女童退学专修家庭主妇艺技为"性别教育"和日后生存发展的必要。在倡导进行"性别教育"的同时，我们还发现有的父母美其名曰是对孩子进行"性别教育"，其实进行的是"性别歧视"教育。据悉，时下有不少六七岁的学龄女童在母亲的陪伴下进入贵族或私立学校，主攻家庭主妇艺技，诸如琴棋书画、游泳滑冰、插花服饰等生活方面的技能。对此举动，父母的观点是进行性别教育很重要的一点就是对孩子进行未来择偶的教育。不可否认，对女孩子进行类似琴棋书画、插花服饰等方面的教育的确是培养女性拥有良好性格气质、生活品位、艺术修养的可取内容和手段，对女孩子来说是正确的性别教育内容，但不是"性别教育"的全部，更不能替代她们接受普通教育的过程和内容，不能把择偶作为未嫁女孩教育培养的终极目标。如果一个优秀女性的生存目标只是为了寻求一位如意郎君，或是为了取悦一位或多位男性的话，那实在是太世俗、太狭隘、太偏激了。因为，这种人生的目标自然会导致女性在家庭、社会地位中的依附性和不平等性，是重男轻女、"性别歧视教育"的结果。设想，如果日后随着年龄的增长，美貌消失，体形发胖、唱也不好弹也不行的时候，又将会怎样？毕竟如此生存的女性缺少独立的经济来源。在此要阐明的观点是：进行"性别教育"固然重要，最好是建立在孩子能够接受正常义务教育的前提下兼顾进行，而不是让孩子中途退学专攻家庭主妇艺技。让自家的女孩专攻家庭主妇技艺的教育实属"性别教育"的误导，是"性别歧视教育"。本文倡导，通过教育，不仅是要培养孩子的一技之长或多才多艺，更主要的是要培养孩子科学的世界观、人生观、价值观。培养孩子的自主创新能力，使其健康长大，成为有利于家庭、社会、国家、民族建设发展需要的复合型人才。

第三，视"性别教育"为女性教育的专利。"性别教育"不是仅对女性进行的教育，针对男性的性格特质、理想追求、从业择偶、社会责任、行为规范、服饰品位、身心健康、家庭责任等，进行正确的"性别教育"同样是非常重要的。

（四）有利于女性更好地发挥社会角色之作用

在建设具有中国特色社会主义现代化强国、万众一心奔小康的伟大社会实践中，在构建和谐社会的过程中，约占中国公民半数以上的中国妇女担负着什么样的角色、发挥着什么样的作用？众所周知。妇女是人类社会的"半边天"，在现代社会的政治、经济、文化诸多领域中，她们凭着自身的素养、智慧和才干，与男人共同创造了人类的物资财富和精神文明。与此同时，妇女更重要的是担负着延续人类繁衍的重任。她们用自己的身躯孕育了一代又一代的中华儿女，推动着历史的车轮滚滚向前。由此说来，关注女性的身心健康和教育，就是关注中华民族的健康和发展。换言之，女性身心的健康、整体素养水平的高低，直接关系到中华民族的整体健康素质与发展水平。在此，倡导每位国民从自我做起，从身边做起，从家庭做起，从单位做起，针对女性所担负的社会角色以及应尽的职责和义务及时进行必要的教育，使其身心健康更好地发挥社会角色之作用。

二、现实生活中不利于女性发展的"性别歧视"现象

从古至今，只要是有人生存的地方，随着社会发展时段的不同则程度不同地存在着"性别歧视"和不利于女性生存发展的诸多不良现象。诸如现实生活中较为明显的不良现象：

（一）从人事制度上规定女性比男性提前5年退休——实为男女工作权益上的不平等

从人事制度上硬性规定女性比男性早退休5年，这显然是对女性工作意愿、劳动权利、服务造福社会之机会以及个人正常所得收入的剥夺。众所周知、当今社会女性的平均寿命高于男性，即女性的身体健康条件平均起来好于男性。且现时工作中的很多岗位更适宜女性来做，由女性来做会比男性来做更好。既然是提倡男女平等，首先应该是确保在制度上的平等，劳动工作权益上的平等，即收入待遇上的平等。人力资源的闲置是最大的浪费。

（二）女性就业难，用人单位明确提出不招女工——用人上的性别限制

同样都是大学生，女生在寻求工作的过程中遭遇更多的磨难。尤其是对那些，个子矮一点、身体弱一点、脸蛋不够好看的女生来说寻找工作更是难上加难。用人单位甚至干脆打出不招女工的牌子。据有关部门统计，"自1998年到2002年，我国普通高校在校女生数量增长了两倍，占学生总数的比例从38.31%增加到43.95%。而劳动和社会保障部门对62个定点城市的调查结果显示，有67%的用人单位提出了性别限制。"

（三）提倡女性在家做家务侍奉男人和小孩——女性不上班，失去经济收入上的独立权

一目了然，这是一种家庭生活分工上的性别化，即因为是女性便可以或者是必须要这样做。笔者认为，这种提倡和做法并非无可取之处，症结在于，这个家庭的经济收入是否许可；在于作为一家之长的男性是否具有良好的家庭责任感。在于作为人妻为人母的女性是否自愿放弃原有的工作专做家庭主妇。

（四）贫困农村的女孩学龄时期，多半无法读书，过早地走向社会——重男轻女的性别歧视

随着改革开放，人民生活水平的不断提高，我国女性受教育的覆盖面越来越大，两性间受教育的差距越来越小，各级各类学校在校女生所占比例有了明显提高。但从总体上看，我国妇女受教育程度仍低于男性。据统计，目前全国文盲中，女性就占了70%。全国261万未入学的学龄儿童中，女童超过三分之二。男性上大学的机会是女性的2.13倍，上高中的机会是女性的1.156倍，上初中的机会是女性的1.154倍，上小学的机会是女性的1.12倍。尤其是在农村因为家庭贫困、承包种田、操持家务而过早地走向社会的多数是女孩。

（五）家庭暴力——女人是家庭暴力的受害者

依据中国社会科学院发布的《1995～2005年：中国性别平等与妇女发展报告》表明在中国2.7亿个家庭里，约30%存在程度不同的家庭暴力，实施暴力者有九成是男性，女人多为家庭暴力的受害者。男人施暴，多半是因为工作、学习、生活上的不顺心，经济上的不宽裕、心情上的不愉快引起的。通常表现出来的是吸烟、酗酒过度，彻夜不归，夫妻吵架、打骂子女等，实则均为酸甜苦辣生活交响曲。只要学会忍让、理智，相信后退一步海阔天空，负起家庭的责任，都会避免家庭暴力事件的发生。家庭暴力是构建和谐社会的重大隐患、是女性身心健康发展的大敌。务必引起社会、政府、家庭和个体的重视，逐步予以消除。

三、正确进行"性别教育"

正确进行"性别教育"不仅需要提高"性别教育"的认知度，走出"性别教育"的误区，消除"性别歧视教育"。还应在进行"性别教育"的场所、时间、内容、方式渠道上加以把握。

（一）家庭是进行"性别教育"的重要基地，母亲是家庭进行"性别教育"的重要成员

母亲是家庭进行"性别教育"的重要成员。在家庭"性别教育"方面，被誉为"平民化阳光教育家"的王开梅教授在她的《母亲的路、孩子的天》的专题报告中别开生面地提出"母亲文化的理念"。她指出"母亲文化主要包括教育孩子、经营家庭和经营自我三个方面的内容。这是因为家庭的幸福、孩子的成功孕育都离不开母亲整体修养的程度。一般规律，母亲的文化水平、整体素养越高，家庭幸福稳固的可能性就越大，培养子女成才的可能性就越高。由此说来作为母亲应自觉保持终生学习的状态。为了后代、为了家人、更为了社会，提醒每位母亲重视自我日常的身心健康。学习、学习、再学习，培养良好的文化素养，更好地担负起家庭对子女进行"性别教育"的重任。同时，王教授指出母亲文化的核心在于关爱、沟通、理解、互动。将其具体化便是：母爱、提供必要的经济条件和物质基础、言而有信、以身作则、自尊自重、保持的自我形象和良好的生活行为习惯、多与孩子沟通接触、建立良好的母子（女）关系等。

（二）依据年龄段的不同进行侧重点不同的"性别教育"

在实施"性别教育"的过程中，依据年龄段的不同进行侧重点不同的"性别教育"是非常可取的教育方式。

第一，对幼儿园、小学阶段的孩子在实施常规性教育的同时侧重进行性别启蒙知识的教育。

第二，对初高中阶段的学生在实施常规性教育的同时，侧重进行性别知识，性知识、性保护、自尊、自爱、自重方面的教育。

第三，对大学生在实施常规教育的同时侧重进行性知识、性行为、性道德、性危害方面的教育。大学生正处在性发育、性成熟时期，在这一时期，对大学生进行性知识、性行为、性道德、性危害教育是十分必要的。面对大学校园内谈恋爱的现象较多、性行为时有发生的可能，女生教育的侧重点应为性保护教育，男性应为性道德教育。与此同时还应提醒女大学生的是要注意避免性骚扰行为的发生。

第四，"性别教育"的成员、场所和渠道。

（1）父母、教师、医生是进行"性别教育"的最佳人群。

（2）家庭、幼儿园、学校、医院是正确传授"性别教育"的单位，其中家庭、学校是正确进行"性别教育"的重要基地。高校要专门开设女性学课程，女性学专业的设置和学科建设。

（3）课堂、图书资料、网络是男女个体获取"性别教育"的良好渠道。依据"性别教育"的内容，学校可在卫生课、生活常识课以及大学生的《德育教育》课中增添性别教育的内容。教育引导学生，尤其是女学生正视自己、了解自己，利用自己的性别优势营造和谐的学习、工作、生活环境，自尊、自重、自信，赢得成功的人生。

四、重视"性别教育"、促进女性发展、构建和谐社会

（一）重视"性别教育"促进女性发展，应从关注女童、拓宽对女童的教育抓起

从整体上看我国女童身高、体重、发育等多项指标均低于世界卫生组织指示。因受传统理念的影响，长期以来，对男童女童采取不同的教育目标和教育方式，造成女童对于自立、自强缺乏信心，这种现象在贫困落后的农村地区更为突出。加之生理上的弱势，女童往往更容易受到侵害和威胁。因此我们希望，社会应把对女童的关爱逐渐扩大到从出生到卫生保健、营养、早期教育、社会保障等涉及女童生存、保护和发展的全过程。

（二）重视"性别教育"促进女性发展，应从女性接受高等教育的比例抓起

女性接受高等教育的比例是妇女文明进步，提高整体素质的重要标志。据湖北日报2006 年 3 月 8 日的报道：湖北省在校受高等教育的女生比例达 43.4%，使高等教育性别差异指数进一步缩小。随着经济的腾飞，教育的发展，女性接受高等教育的人数和比例明显增加。2005 年湖北省普通高等教育在校女生为 47.1 万人，比上年增加 8.3 万，增幅为21.5%。其中攻读博士学位的女生 4524 人，占博士生总人数的 31.6%；攻读硕士学位的女生为 24974 人，占硕士生总人数的 43.8%；本、专科女生为 441104 人，占本、专科学生总人数的 43.6% 以上数据不仅表明湖北省重视女性教育的程度，更重要的是为今后湖北人力资源的开发、"核心生产力"的孕育解放、经济的腾飞奠定了良好的基础。

（三）重视"性别教育"促进女性发展，应从构建和谐社会着眼

女性的生存与发展，从来都是与社会的发展，人类的进步紧密相连的，是与家庭的和睦、社会的和谐密切相关的。为了人类社会的健康、和谐、文明发展，实施"性别教育"，关爱女性发展，为那些吃苦耐劳、善良勇敢的女性提供展示和实现自我的良好平台和环境。女人是人类进化、社会和谐发展、家庭美满幸福的航母，没有女人就不成其为家，就无法孕育人类，更不会有人类社会的昨天、今天和明天。女人需要关爱，尤其是贫困山村的女性、遭受家庭暴力的女性，怀孕时期的女性，身体缺陷的女性，家境困难无经济保障的女性，身处婴幼儿时期的女性，她们更需要得到家庭的温暖、社会的关爱。让关爱落到实处，让女性像花儿一样绽放。

本文作者：孟新安，武汉大学东湖分校工会主席、副教授。

三、社会性别教育

中国高校女大学生素质教育

媒体总喜欢拿女大学生说事，尤其是带"黄"的事，女大学生们正在遭遇传媒的"集体毁容"。这除了媒体恶意炒作外，女大学生的自身素质有待提高也是其中一个原因。笔者将从女大学生自身素质现状、原因探讨、素质教育等三个方面进行研究。

一、女大学生素质现状

人的素质主要包括心理素质、能力素质、思想素质，女大学生自身素质怎样呢？

1. 心理素质有待提高

据《普生健康网》（2004.8.12）"女大学生心理探秘"调查发现，有55.4%的女大学生认为自己情绪"不够稳定"，10.9%的女大学生认为自己情绪"变化很大"；而在情绪层面上，34.8%的女大学生情绪"时好时坏"，15.2%的女大学生"经常为一点小事烦恼"。这些数字表明，女大学生容易受情绪的影响，使女大学生对挫折的承受力和抗干扰能力差。

处在青春期的男女，对爱情的朦胧追求是造成情感危机的根本原因，在校时恋爱，毕业就分手的情况在校园内很普遍。感情原本是双方的，但双方谁都无法预知，所以，最后有的走得洒脱，有的却放心不下。有些阅历浅的女大学生就钻进了死胡同，轻者心理上产生障碍，重者要么精神失常，要么就发生了人生悲剧，走上极端，轻率地结束了自己年轻的生命。除了婚恋问题使女大学生难以承受而出现心理问题外，更有就业压力带来的心理问题。为了争取岗位，不惜血本购买衣物、化妆品来为自己的外貌"增色添彩"，于是"隆胸"、"减肥"、"人造美女"也时有出现。最近，上海社科院青少所开展的一项大学生生活意向调查报告中显示①：1/4的受访大学生表示可能会尝试选择整容或已经整容。有31.8%的女大学生整容或可能整容。美貌与工作、薪水挂钩，整容能够帮助他们在"以貌取人"的职场中脱颖而出。还有一些女大学生为了找对象而整容。她们在毕业前夕"不忙就业忙征婚"，竟抱着"婚姻改变命运"、"干得好不如嫁得好"的想法悄悄地走进了婚介所征婚，同学们把这种行为戏称为"急嫁族"、"曲线就业"。有这种想法的女大学生认为：不如趁年轻漂亮又是大学生，找个起点高的丈夫结婚，一方面避开就业的麻烦，另外还可以省去10年的苦日子。在某网"千万富豪高校征婚，过百女大学生争相嫁富豪"的报道中，在233名应征女孩中133名是在校女大学生，其中以广州外院、中山大学的女学生最多。女大学生难以承受婚恋打击和就业压力，产生了诸多心理问题，值得

---

① 潘隽：《1/4受访大学生欲整容》，《中国妇女报》2006年5月17日。

注意。

2. 社会适应能力不强

现在的女大学生怀着不同的心理早早走入社会。有为了解社会增加阅历的，有为满足自己的需要与愿望的，有为学费、生活费去做家教、散发广告或者业余时间当资料翻译的等，这些用自己正当的劳动取得物质上报酬或者增加自己社会阅历，都是值得提倡的。然而一些女大学生因涉世不深，有的就落入了坏人设下的陷阱，女研究生被人诱骗卖给农民当媳妇的有过，2005 年 3 月 1 日《新京报》关于"重庆伴游公司内幕调查——'黄'与'白'难界定"的报道，文章透露，重庆目前约有近百家提供此类伴游服务的公司，每家伴游公司旗下都有为数不详的女大学生。随着此案的破获，伴游公司大量招募女大学生从事色情服务的内幕也被揭开。还有当周末情人的、网恋失身的，大三女生被强暴给电台发去绝命短信的等。女大学生外出参加一些力所能及的活动是好事，但要在实践中不断提高自己适应社会的能力，增长自己处事的知识。

3. 性别意识欠缺

在当今社会主流文化下，女大学生要在事业上做出成绩，必须具有性别意识。我们这里讲的性别意识是指，用性别观点去看、去理解我们社会的政策和法律。我们女大学生虽然是人群中的佼佼者，但我们是女人，当今仍然是以男性为主体的男权社会，强大的男权文化还使我们难以喘气。可不是吗，我们的文化就能决定男性工人可以工作到 60 岁，女性高级专家 55 岁必须退休，为什么？制定政策的人在男权文化下维护男性的利益。如果社会政治舞台上活跃着一个性别，那么，那个性别就会占据社会经济主体结构，另一个性别就只能处于边缘结构；这个性别在制定政策时决不会忘记自己这一性别的利益，而另一性别的利益则会被边缘化。这样我们就会很容易理解失业、医疗、工伤、养老保险都能制定出台，唯独生育保险迟迟不能出台。同时我们也就能理解为什么高校差等男学生不愁找工作而优秀的女学生则找工作难。男权文化是一种长期形成的文化，根深蒂固，"博大精深"，改变它需要一个相当长的过程。我们的女大学生如果真正认识到这一点，那么就会自觉地去克服我们前进中的困难，就会有足够的勇气和力量去战胜一切阻力。我们要求平等，但我们不能等待平等，我们只能用我们的成绩去争取平等，就是以实力求平等。女大学生是女性群体中最有实力的一个群体，女大学生担负着为妇女群体求地位求平等的历史使命。遗憾的是我们的女大学生群体中能够有这样鲜明性别意识的并不多。

二、原 因 探 讨

1. 传统观念的影响

几千年遗留下来的传统观念和不良习俗会反映在学校里，女大学生们不是生活在真空中，她们身上存在着这样那样的问题是不可否认的，在大部分女大学生的思想意识中还存在着从属、依靠思想，认为自己是女孩子，可以用青春或以婚姻为代价来换取自己满意的工作和舒适的生活。虽然个别女大学生采取了极端的生活方式，如穿梭在灯红酒绿的夜总会，由大款包养，做贪官的红颜知己等等，这种行为在一些同学之间会产生刺激，诱导和效仿，它的影响是很坏的，值得我们高度重视。现代社会的人应该有现代的文明，现代文明就是人性和人的尊严，21世纪，女性不再是男人的附属品。"巾帼不让须眉"，女性可以自食其力，可以靠努力去创造一片属于自己的天地。另外，身价千万，岂是那些男人们的专利？特别是一些还未踏出校门的女大学生，还不曾拼搏争取，就迫不及待地想找到终生依托，想成为养尊处优的少妇阔奶，一旦你失宠，你就会落入可悲的境地。

在主流文化影响下，人的社会化的过程基本上是一个性别化的过程。性别的规范无处不在，其内涵也不断发生变化，如中国的性别制度就是男尊女卑，这是性别等级差异，在文化层面，社会性别的等级涵义会不断被调动起来，被各种文化或知识生产者复制，从而不断巩固男尊女卑的性别观念。今天，不是有许多有权势的男性特别热衷于鼓吹让妇女回家承担"相夫教子"的角色吗！此外，在许多所谓"成功"男性在变相地实行多妻制的同时，男性对女性的贞操却念念不忘，这实际上是当代男性力图巩固自己性别特权的一种运作方式。怎样消除和抵制这种社会性别等级和歧视束缚妇女的种种弊病，我们的文化还有待建设，有待创新。

2. 市场经济的诱惑

根据有关调查，大学生走向社会怀有不同的心理，有家庭贫困、经济困难的，有贪恋物质享受的，有受虚荣心驱使的，有希望了解社会、证明自己成熟的等等，她们不管处于什么心理，但主要目的是接触社会和解决经济困难。然而社会是复杂的，在商品经济主宰社会生活的这个时代，那些能够反映美感特征和男性情欲要求的一切外在形式，都被商品生产的动机所支配，人与人的关系变成了赤裸裸的商品关系。由于媒体的宣传，市场经济利益的驱使，女大学生明白自己所拥有的美貌、学识、气质等在商品化社会中特有的价值，那就是可以用金钱来量化，其中一位模特所说的话也许最具有代表性，当有人问起她的最高学历和所毕业的学校时，她回答说："美貌就是毕业证。"因此，那些认为自己不美的，就去整一个"人造美女"，反过来，她们又用美貌所交换得来的钱再购买高档化妆品和服装，来使自己看起来更符合当代男性社会所欣赏的女性美，以此提升自己的人生价值。

时下一些企业单位为了竞争的需要和赚取更大利润，不是都把美女作为生财之道吗，什么美女封面、选美大赛、香车美人、女人体彩绘、礼仪模特、产品展示模特、形象代言人、丰胸代言人、时装秀、内衣秀、橱窗秀、手秀等各种以美女为吸引人们目光的活动盛行，随之而来出现了一个新的经济概念——"美女经济"。"美女就是生产力"，现在它正成为一个人们越来越热衷于谈论的新的经济增长手段。透过香艳与浮华，我们可以看到所谓的"美女经济"背后的经济与文化背景。近几年来我国经济连续快速发展后，更为丰富的物质逐渐提升了中国人的消费水平，另一方面，20多年的改革开放带来的思维、观念与文化的多元化，在某种意义上不仅提升了女性的地位，更重要的是为女性个性的张扬提供了宽泛的空间。不是有越来越多的少女也包括女大学生们热衷于整容、美容、丰胸，选美吗？原因何在？随着名目繁多的选美活动的出现，不断升级的美容整形，花样翻新的美女广告促销形式，不得不让投资者感叹：谁能找到中国女性需要什么，谁就能获得巨大的财富。这种"美女经济"而不是"男性经济"的盛行，从某种侧面上来看，一是说明整个社会在相当程度上还是男性主宰整个经济,女性充当的是"花边"、"工具"。从古代的"环肥燕瘦"的美女标准到现在的"骨感美女"时尚,都是以男性的欣赏眼光来决定的。二是有待我们对"美"作正确的评价,以避免美女经济的低俗化泛滥,真正提高女性的思想素质、文化层次和社会地位。三是在所谓的"美女经济"的潮流推动下,女大学生心安理得地将自己商品化,而缺乏质疑这一现状的勇气。也许她们为自己利用了男性而得意,但实际上表明,她们既从属于男性,又施欲于男性,但无力颠覆男权。

3. 学校、家庭教育滞后

在市场经济浪潮的冲击下,大学生的生活方式,如消费、娱乐、休闲等观念有很大转变,已从保守、封闭、单一的观念中解放出来。看重生活质量,关注切身利益,成为大学生的一个生活尺度。休闲方式、娱乐方式也趋向多元化、个性化,拜金主义和享乐主义思潮在学生中仍有市场,但我们的教育还远远没有跟上。

据报载,中国农工民主党在即将召开的全国政协九届三次会议前夕,提交了一份关于"中国高等院校应设立妇女学科和课程"的提案,这是该会利用一年的时间,对中国高等院校开设女性学科与课程的情况进行调研的基础上提出来的,他们发现在2000多所高校中,仅有30多所开设了女性学课程或准备开设这些课程。他们认为,无论是在综合大学、公安院校、师范院校还是在医学院校,学生们都将遇到或多或少与性别相关的问题,但相应的教学和研究却十分缺乏,在没有平等的社会性别观念和理论教育的环境下,学生必然会接受传统的、男权主导的性别观念。就拿目前的女大学生就业所遭遇的情况来说,一些企业轻视女性,女大学生就认为是自己长相、穿着问题,于是就不顾自己经济承受能力去美容、去买高档衣服。但据有关调查,求职中遇到的最大困难是"缺乏工作经验"者占63%。为此我们审视一下我国的教育体制,多年来我们几乎都是按照一种模式培养人才,专业设置脱离实际,因实习经费不足,少实习甚至不实习的情况确实存在。因此有人说,大学生有的是专业知识,缺的是良好的心理素质、礼仪和法律观念,大学里有的是教授,缺的是"教练"和有效管理。如今独生子女的情绪、情感特点特别突出,爱激动、脾气大、很任性,具有骄娇二气。正像有的独生子所说的:"我是家里一把手,妈妈是二把手,爸爸是最后一把手。"对独生子女的教育,有两个形象的说法,需要引起我们的警觉。一是"6+1综合征"就是6个大人宠1个孩子的现象;二是"5+2=0",即学生一周里在学校接受5天教育,双休日在家无人管教或者教育不当,5天来的那点教育效果就化为泡影。这两个形象的说法反映了学校教育与家庭教育的现实。事情出在青年身上,但问题却在成年人身上,出在家庭教育、社会教育和学校教育上,如果一代人的教育与一代人的使命无法匹配,这将是国家的悲剧。

三、加强素质教育

要提高女大学生的心理素质、适应能力和思想素质,要抵御来自封建的和当代市场经济的影响,必须加强对女大学生的素质教育,这又主要是指思想素质教育。提高女大学生的思想素质,主要应加强马克思主义妇女观教育和性别平等意识教育。

1. 加强马克思主义妇女观教育，促进女大学生树立"四自"意识

马克思主义妇女观是争取妇女解放的理论，又是实现性别平等的理论基础。江泽民在1990年3月7日迎接国际"三·八"妇女节中外妇女招待会上提出并阐述了马克思主义妇女观，[①] 提出了五条基本原理，这就是妇女受压迫是人类历史发展的一定阶段上的社会现象；妇女在私有制下处于受压迫的地位实质是阶级压迫的一种特殊表现形式；参加社会劳动是妇女解放的一个重要先决条件；妇女解放是一个长期的历史任务；妇女在创造人类文明、推动社会发展中具有伟大的作用；这是马克思主义妇女观的核心内容。对女大学生进行马克思主义妇女观教育就要启发学生用这五条基本原理分析当今的社会，认识妇女问题，特别认识女大学生面临的社会问题和遇到的种种不公正待遇，正确认识是自立自强行动的基础，以能力求作为，以实力求地位才会是女大学生正确选择。通过马克思主义妇女观教育，旨在促进女大学生树立自尊、自信、自立、自强"四自"意识。女大学生首先要自尊，只有自尊才能得到社会和他人的尊重。有了自尊才会自信，相信自己的力量和能力，就会敢于站出来接受艰巨任务和勇挑重担。也只有这样才会达到自立自强，才会是自己依靠自己，自己信赖自己，做真正自立自强的人。

2. 加强社会性别教育，将性别平等纳入高校教育主流

我们讲的社会性别教育，包括将生物性别和社会性别区分开来和"使社会性别主流化"。社会性别主流化是指将男女平等理念贯彻到立法和制定政策中，以及社会生活实践的行动。就是说，在我们解决问题和制定政策时，要同等对待男女两性的利益，将男女两性平等看待，从而达到社会和谐。要做到社会性别主流化，首先将社会性别纳入高校教育主流。对女大学生尤其要加强社会性别教育，男女生物性别上的差异不是男女不平等的根源，社会性别才是两性不平等的本质原因。而社会性别不是男女与身俱来的，是后天社会的、政治的、经济的，特别是社会文化建构的，是一种社会现象，是一种暂时现象，人类社会终究会结束性别不平等现象。要使社会性别主流化，首先性别教育要纳入高校教育主流。我们的大学生，无论男女都要接受性别平等教育，《中国妇女发展纲要（2001～2010)》明确规定，"在课程、教育内容和教学方法改革中，把社会性别纳入到教师培训课程，在高等教育相关专业中开设妇女学、马克思主义妇女观、社会性别与发展等课程，增加教育者和被教育者的社会性别意识"。性别平等教育纳入高校教育是中国妇女发展纲要规定的内容，是中国政府对全世界的承诺。各高校都应积极贯彻。

3. 积极开展女学生干部培训，增强学生干部的性别意识

中国妇女研究会主办的"妇女/性别研究与培训基地"将从机制上推动妇女/性别研究与培训及人才培养。武汉大学妇女与性别研究中心在学校领导支持下，积极开展基地建设。我们将有计划地培训女教师、女干部，特别是女学生干部的培训和轮训，首先提高女学生干部的性别意识。同时，不仅在中心内开展女性科研课题申报和资助，使奖励发表女

---

① 江泽民1990年3月7日《迎接国际"三·八"妇女节讲话》，《中国妇女报》1990年3月7日第1版。

性论文成为制度，同时在全校人文科学研究生中开展"女性"学位论文申报资助行动和评奖行动，以在全校，特别在女教师、女学生中形成开展女性研究的文化氛围，以推进全校性别平等进程。总之，为了提高女大学生素质，各高校必须把它摆上议事日程，开设马克思主义妇女观和性别平等教育是当务之急。

本文作者：王秀英，武汉大学社会科学部副教授。

加强女大学生思想政治教育

女大学生在高等院校所占比例已达 40% 以上，高校有必要根据女大学生的特点，加强性别意识教育，引导女大学生树立正确的人生观、世界观、价值观，培养自尊、自信、自立、自强意识，加速女大学生成才。

一、加强女大学生政治思想教育的必要性

江泽民指出："在人类社会发展的进程中，妇女长期处于同男子不平等的地位。歧视妇女的偏见，像一条无形的绳索束缚着人们的心灵。这种陈腐的观念早就应当打破。这种不合理的状况，早就应当改变。"① 正是由于女性面临被社会歧视的环境，女大学生要成长，必须要给她们新的观念、新的思想，这就必须加强思想政治教育。

1. 女性成才比男性面临更大阻力

封建的男尊女卑思想与积淀的"男主外女治内"的社会结构，今天依然根深蒂固。这样的外部环境对女大学生成才极为不利。女性成才要清除封建的思想观念，要打破现有的传统社会结构，任务异常艰巨，不仅需要实力，更需要勇气。2005 年初，时任哈佛大学校长的劳伦斯·萨默斯在国际会议上语出惊人：男女之间存在着内在智能的本质差异，导致女科学家的稀缺。虽然萨默斯的一席话引发了激烈的争论，萨默斯并因此被迫辞职，但时至今日争论仍未平息。从这里我们可以粗略看到科学界对女性的歧视。最近，斯坦福大学变性人、著名神经科学家本·巴里斯用自己的经历驳斥了萨默斯的说法，称性别歧视是导致女性在科学和数学上缺位的主要原因。巴里斯前 40 年是芭芭拉，因为乳腺癌切除乳房使她下决心作变性手术，从此她从一位女教授成为一位有胡子的男教授，从芭芭拉变成巴里斯，他以亲身经历发表评论，"我既做过女人也做过男人，经历过女性面临的各种障碍"，他说，有成就的女性科学家之所以没有男科学家多，不是因为脑力的差异，而是因为受到了性别歧视。"在我成为男人以后，再没感到作为女性时所受到的压抑"，在阻碍女性进入科学界的原因中，偏见比基因扮演着更重要的角色。② 女性成才，女大学生比男大学生成才面临更大阻力，要付出更多艰辛和汗水。因此，这就要求女大学生具有更好的思想素质，更能识别和抵制旧思想旧观念的影响，加强女大学生政治思想素质教育就显得尤为必要。

---

① 江泽民：《男女平等是促进我国社会发展的一项基本国策》，《中国妇女报》1996 年 3 月 8 日。
② 佟吉清：《科学，应打破偏见》，《中国妇女报》2006 年 7 月 25 日。

2. 当代女大学生要成为自立自强的新女性代表

女大学生要成才必须克服当今社会文化不鼓励女性成才，社会分工扼制女性成才的社会文化氛围的阻力；还要克服女性自身的自卑、畏难、依赖心理，树立自尊、自信、自立、自强的"四自"意识，为全社会、为我们时代树立一代新女性形象。我们时代新女性形象思想素质总的特点就是自尊、自信、自立、自强，具体而言：一是女大学生要树立尊重自己的人格，维护自己的尊严，反对自轻自贱的自尊意识。自尊是女大学生自立于社会的思想根基。二是女大学生要树立相信自己的力量，坚定自己的信念，反对自卑自弱的自信意识。自信是女大学生创业的精神支柱和内在动力。自尊、自信给女大学生一种良好的心理状态，是女大学生干好事业的基础和前提。三是女大学生要树立独立自主、坚定地开拓自身价值、反对依赖顺从的自立意识。自立是一种积极的人生态度；是女大学生成才的内在要素，是女大学生对自身力量与能力的信心和表现。四是女大学生要树立顽强拼搏、奋发进取，自强不息，反对妄自菲薄的自强意识。自强应是当代女大学生的一种精神，女大学生不仅是女性中的佼佼者，也是全社会的佼佼者。自尊、自信是女大学生的一种心理状态；自立、自强就是女大学生实现自身价值的行为表现。没有"四自"意识的女大学生就会自卑、自馁、依赖、自弱，就会一事无成。当代女大学生要成为全社会妇女树立"四自"意识的一代新女性的典范。这是时代赋予女大学生的历史使命。莎士比亚的"弱者，你的名字是女人"的时代已经成为过去，我们时代的女大学生是一代自立自强的新女性代表。

3. 加强女大学生社会性别意识教育

男尊女卑旧观念统治我们思想几千年，它不会轻易从人们头脑中退出。女大学生在当今社会中会或多或少地受到旧观念影响，要除去这些旧思想，必须用新的观念代替它，这就是性别意识。性别意识这种新观念是需要以性别教育来灌输的，性别教育一是要将生物性别和社会性别区分开来。社会性别理论认为男女不平等的原因不在于先天决定的生理性别，而是由后天形成的社会性别，社会性别又是由社会政治、经济，即社会文化建构的。二是要"使社会性别主流化"。社会性别主流化是指将男女平等具体化到立法和制定政策以及一切社会活动中的行动。《中国妇女发展纲要（2001～2010）》明确规定，"在课程、教育内容和教学方法改革中，把社会性别纳入到教师培训课程，在高等教育相关专业中开设妇女学、马克思主义妇女观、社会性别与发展等课程，增加教育者和被教育者的社会性别意识"。社会性别教育纳入女大学生以及全体大学生政治思想教育是时代提出的要求。

"世界要和平，国家要稳定，经济要发展，社会要进步，妇女要解放，男女要平等，已成为各国妇女的普遍愿望，也是不可抗拒的历史潮流"①。当代女大学生要成为妇女解放、男女平等历史潮流的中流砥柱，加强女大学生政治思想教育就显得十分必要。

---

① 江泽民：《男女平等是促进我国社会发展的一项基本国策》，《中国妇女报》1996 年 3 月 8 日。

二、正确认识当代女大学生的突出特点

当代女大学生具有如下突出特点：

1. 个性发展的独立性。和当代男大学生一样，女大学生在个性发展的过程中更具有独立性。她们思想独立，追求自我，突出个性；她们渴望成才，热爱生活，关心社会，乐于交友；她们不盲目崇拜权威，善于用自己的眼睛观察世界，做出判断；她们兴趣广泛，多才多艺，积极参与各项社会活动，通过校园内外众多舞台锻炼自己、展示自己，张扬个性，证明女性并不比男性差；她们怀有强烈的自我保护意识、维权意识和竞争意识；在对自身形象的塑造上，女大学生一改传统女性依附顺从的形象，她们更倾向于别具一格的服饰打扮。

2. 价值取向的多元性。象牙塔不是世外桃源，在外部世界的冲击下，当今的女大学生思想不断解放，价值取向逐步从单一走向多元。总体而论，健康向上的价值观仍居主导地位。但也有人在追求事业和进步的同时或多或少带有功利色彩；也有人的价值判断以小团体利益、甚至以个人利益为标准；也不乏有人受传统观念影响，认为女孩读大学的目的无非是为了找一个好工作，找一个好丈夫；也有人持"拜金主义""享乐主义"；在两性关系和婚姻恋爱问题上，绝大多数认为应该在大学阶段谈恋爱，甚至有的冲破传统道德界限，把感情当作游戏，少数女大学生甚至比一般同龄人走得更远，更开放。

3. 生活方式的多样性。大学生的主要任务是学习，但是和以往女大学生不同的是，她们的生活更加丰富多彩，生活方式也呈现出多样性。在人际交往上，除了同班同学、老乡以外，她们的交往面还通过学生会、学生社团以及各种各样的校园文化活动不断扩大，交往的方式也由于网络普及不断发展，各种短信、QQ群、校园BBS等都是女大学生青睐的交流方式。在社会活动中，女大学生的积极性要普遍高于男生，除了在校园内的文体活动外，还积极参加各种社会调查、素质拓展、青年志愿服务等活动，表现出比男生更高的社会责任感和奉献精神。在消费方式上，电脑、手机、MP3更加普及，对化妆品、服饰方面的支出比重也在增加。在休闲方式上，相比传统的读书、听音乐，现在的女大学生们更愿意旅游、上网。

4. 心理情感的脆弱性。与男大学生相比，女大学生的情感更为丰富细腻，同时也十分敏感和容易受到伤害。许多能够进入大学的女生，在家庭中和中学时代都曾受到更多的重视和关注，而进入大学后由于竞争的压力和对自身价值认同的落差以及人际交往中的困扰等往往会给女大学生带来更多情绪上的波动和心理上的不顺；经济较困难的女生，她们自尊心更强，生怕因此被别人瞧不起，甚至拒绝学校的各种困难补助，生活上宁可降低伙食标准也不愿意在衣着上显得比别人寒酸；随着就业竞争日益激烈，女大学生也面临着更大的压力，这就使女大学生心理和情感表现出脆弱的一面，甚至为性别自卑，为社会的不公而苦闷。

由上述分析可见，女大学生有别于男大学生的特点，也有异于以往女大学生的长处，更有时代带来的困惑。高校应针对女大学生特点加强思想政治教育。

三、如何加强女大学生思想政治教育

1. 重视对大学生特别是女大学生性别平等意识教育

尊重人才、尊重知识的良好社会氛围为女大学生的成长成才提供了难得的机遇。但是中国几千年来的重男轻女、男尊女卑的封建思想依然存在，甚至已经潜移默化、根深蒂固的影响着每一个人。比如，有些教师觉得女生在理工科的学习中普遍不如男生；有的研究生导师在招收学生时比较偏爱男生；有的教师认为重要的学生干部必须由男生来担任；甚至在择偶的标准上，一些学习优秀、能力突出的女生由于被称为"女强人"而让男生望而却步；更有一种说法，大学里有三种人：男生、女生、女博士，仿佛女大学生读到了博士就不是女生了。这些观点不仅大学生中广泛存在，甚至个别教师骨子里也有。女大学生就是自身已经摆脱了传统思想束缚，但她们也不得不按照社会和家长对女性的要求调整自己的思想和追求。因此，在大学生的思想政治教育中，要正视当今现实，性别平等不是法律规定了就可以实现的，正如胡锦涛指出的，"社会上轻视歧视妇女，侵犯妇女合法权益的现象还时有发生，由法律上的男女平等达到事实上的男女平等，任务仍十分艰巨"①。学校和学生本人都要认识这一点重视这一点。在高素质人才集中的高校，男女平等方面要为全社会做出榜样。

高校要通过性别平等意识教育，不断调整对男女性别特点的刻板观念，不能仅用坚强、勇敢、成功这一个标准来衡量要求所有的男生，也不能仅用温柔、贤惠来要求所有女生。既要遵循男、女大学生的身心特点，又要以平等的观念尊重个体的个性，正确引导学生发展。要发挥男女性别各自优势，弥补个体的不足。女性往往更容易成为传统不平等观念的受害者，要改变这种状况，首先要从教育者和教育观念入手，给女大学生提供更多的锻炼、展示的机会，鼓励她们在学业中继续深造，树立远大的人生目标。其次，应该认识到性别平等意识对于女大学生成才的重要意义，要重视个性发展中的独立意识，敢于争取属于自己的合法权利，提高对自身未来成就的期望值。

2. 加强女大学生的价值观教育和道德教育

价值观教育和道德教育是大学生思想政治教育的重要组成部分，也是女大学生教育的重要内容。当代女大学生个性发展的独立性和价值取向的多元性决定了进行价值观教育更要注意遵循女大学生的身心发展的特点和女大学生对教育方式的认同性。传统的教育方式往往是通过政治学习、两课课堂教学等正面教育途径和传统灌输的形式，而随着市场经济的发展和改革开放的深入，当代女大学生往往更愿意用自己的理解和认识来分析和思考问题。

要积极引导女大学生正确认识自身价值，并把自身的成长成才与祖国、民族的发展联系起来，要认识到女性在未来社会中的地位会逐步提高，女性在我国经济社会的建设中将

---

① 胡锦涛在中国妇女第八次代表大会上代表中央的祝词：《在实现我国跨世纪发展的历史进程中充分发挥妇女半边天作用》，《中国妇女报》1998 年 9 月 1 日。

会发挥更大的作用，女性的价值、尤其是女大学生的价值决不仅仅是贤妻良母；要加强"四自"教育，培养女大学生的自信心和独立意识，通过开展自立、自强的教育，解决女大学生由于受传统性别差异观念影响而产生的心理上的自卑、自疑、自弃等弱者心态，要通过优秀女大学生、女企业家、女科学家的模范事迹来教育女大学生，学习她们自立、自强的精神；要通过道德示范教育、感恩教育、青年志愿者活动，提升女大学生的道德水平，培养她们高尚的道德情操和无私奉献的精神；要进行正确的婚姻、恋爱观教育。与以往禁止大学生谈恋爱相比，现在的女大学生更需要开明、有经验的师长告诉她们如何选择适合自己的伴侣，如何处理在恋爱过程中碰到的困惑，如何处理好学习和恋爱的关系。只有充分尊重女大学生，采取女大学生能够接受的教育方式，用我们时代的思想和观点来影响她们，价值观教育和道德教育才可能有针对性，才能达到事半功倍的效果。

3. 重视女大学生的性健康教育和心理健康教育

处于青春期的大学生对异性的渴望和对美好感情的憧憬是十分强烈的。不少调查表明，大学生认为性知识和性健康的教育十分必要，同时由于中国社会长期以来对性教育的偏见使大学生的性知识十分缺乏。许多大学生的性知识来源主要是网络和书籍，但是网络、书籍往往同时充斥着各种不健康的色情信息，这对大学生的身心健康极为不利。对于女大学生而言性健康教育更为重要。有调查显示，女大学生的婚前性行为比例在不断提高，且呈低龄化趋势，未婚先孕时有发生，有的学校附近甚至出现了专门照顾女大学生做"小月子"的服务机构，更多的女生由于担心被同学发现只休息几天就坚持去上课，这不仅会影响女大学生的学业，也会对其身心造成极大伤害，这也是性知识严重缺乏的结果和表现。应定期在学校开设相关性健康教育选修课程和性教育的知识讲座；设立性知识教育电话咨询热线或帮助热线，让心理咨询老师、医生帮助遇到困难的女生。此外，现在许多学校正在开展的同伴教育，许多校园的 BBS 上开设的性教育专栏，这些都是对大学生有益的教育途径和方式，值得积极提倡。许多高校已经建立了心理咨询中心，对高校辅导员队伍加强了心理健康知识的培训，定期开展心理咨询讲座，建立了心理危机干预机制，这些都表明对大学生心理健康教育已经越来越受到人们的重视。这是一个非常可喜的变化。总之，形式多样的方式使女大学生通过正常途径能够了解、学习性知识，从而防止一些不利身心健康的事情发生，有利于女大学生身心健康发展。

4. 开展丰富多彩的校园文化活动，构建有利于女大学生成才的文化氛围

丰富多彩的校园文化活动是思想政治教育的有效途径和生动载体。开展适合女生参加的校园文化活动，给女大学生提供更多的舞台和展示自我的天地，使女大学生在参与的过程中提高自信，树立正确的性别平等意识；使女大学生不断加强修养，提高素质，树立正确的人生观、世界观、价值观；使女大学生扩大交往面，增加沟通交流机会，促进身心健康发展。比如，有的学校邀请知名女性专家、学者、企业家与女大学生进行面对面的交流沟通，有的开展女生文化节、女生风采大赛，有的利用三八妇女节、母亲节、教师节等节日开展给老师和家人送温暖的活动。当然，这些活动并不仅仅限于女大学生参加，男女大学生共同参与有时还会取得更好的效果。女大学生的教育尽管有其特殊的规律和方式，但是也决不能离开学校的另一半——男生的参与，男生正确的性别意识无疑会为女大学生成

才构建良好生活学习环境。学校通过形式多样活泼新颖的校园文化活动，为女大学生营造宽松、和谐的文化氛围。

5. 帮助女大学生解决学业、生活、就业的实际困难

由于传统观念严重存在，女大学生在学业、生活和就业中存在许多问题和困惑。要将女大学生的思想政治教育落到实处，就必须帮助女大学生解决实际困难。作为教师，要鼓励女大学生树立信心，克服学习上、尤其是理科学习上女生不如男生的心理暗示，要帮助女生更好的掌握学习方法。对于生活有困难的女生，要保护她们的自尊心，多给她们提供适合勤工俭学的岗位。要关注就业困难的女生，就业是困扰女大学生的一道难题，学校要多开展关于就业求职技巧的讲座，同时，有必要为女大学生开展专门的就业指导。空话百遍不如实事一件，只有从女大学生的实际生活出发，扎扎实实帮助她们解决实际困难，才会真正获得她们的信任，使对女大学生的思想政治教育春风化雨，润物无声。

最后，我要引用医学核物理学家、1977 年诺贝尔医学奖获得者，55 岁的罗莎琳·斯·耶洛博士，当年在斯德哥尔摩领奖，并应邀对当地大学生发表演说中的一段话作为我与女大学生们的共勉："在大学生中妇女的人数，按人口比例也不算少了。然而，在世界的科学家、学者和领袖人物中，妇女却是凤毛麟角。至今没有任何客观测验表明这种悬殊是由于智力的本质差别……妇女不能进入领导层，多半是由于对妇女存在着社会的职业的歧视。过去，很少有妇女去争做一番事业，而在事业上成功的就更是寥若晨星了。我们现在仍然生活在这样一个世界上，有相当多的人，包括妇女本身，总认为妇女的活动范围只限于家庭小天地，而且相信妇女也是只想要在家庭小天地里活动""若要解决困扰我们的许多难题，世界就不能把占人类半数的人才弃之不用"。① 我选择这段话作为结尾，一是用耶洛博士的精神激励当代女大学生，也是激励我自己，二是认清我们前进中的困难，三是我们要有克服困难的勇敢和准备。也许今天我们女大学生所处的社会比耶洛博士的时代已经有所进步，但是，耶洛的精神值得我们女大学生学习和发扬。

本文作者：姜星莉，国际金融博士、武汉大学团委副书记。

---

① ［美］路易斯·哈伯：《科学先驱中的女性》，罗定照译，广西人民出版社 1986 年版，第 117页。

反对教育领域性别歧视

性别歧视是基于性别产生的没有正当理由的差别待遇。教育领域内的性别歧视既包含法律上的性别歧视也包含实践中的性别歧视，既表现在教育内容中，也表现在教学方法上，性别歧视直接侵害平等接受教育的权利。本文拟就教育中的性别歧视进行分析和探讨，结合实践提出反对教育领域性别歧视的法律思考和立法建议。

一、教育领域性别歧视的概念

中文中的歧视的"歧"，是指差异、不同，歧视即区别对待，可见歧视的原意应当属于中性词。由于社会或文化赋予了其更多、更丰富的含义，歧视由中性词逐渐变为贬义词，不仅是区别对待，而且是不公平地区别对待，是基于一系列与人们的潜能或能力无关的因素存在的不公平对待。在我国，最先对歧视概念的讨论，是与性别平等相联系的。2005 年为世妇会的召开而编写的《英汉妇女与法律词汇释义》中，将歧视解释为：由于某些人具有的某些天生的特征；或强烈的信仰，或个人身份，诸如人种、种族、性别、年龄、宗教或性倾向等，而予以不公平的待遇或剥夺其权益。如果在没有正当的区分之下给予某些人优惠的或劣等的待遇，那就是未能平等对待每一个人。歧视行为可以在社会生活的每一个层面发生，如：家庭、劳动、教育等诸多领域。

与性别相关的歧视，被称作"性别歧视主义"，是指基于人的生物或社会性别对人的歧视与偏见。这个词起源于 60 年代的美国，泛指一切歧视女性的态度和做法，表示对此种态度与做法的批判。研究表明，一切被视为与男性有关的特点及事物都被看作是有价值的、规范的，而被视为与女性有关的一切则被贬值，被认为是偏离常规的。这种对于男性及女性的不平等的社会认识使性别歧视主义作为一种强大的势力得以在不同的社会中延续。联合国《消除对妇女一切形式歧视公约》规定性别歧视是"基于性别而作的任何区别、排斥或限制，其影响或其目的均是以妨碍或否认妇女不论已婚未婚在男女平等的基础上认识、享有或行使在政治、经济、社会、文化、公民或任何其他方面的人权和基本自由"。

参照联合国《取缔教育歧视公约》，教育领域的性别歧视即："基于种族、肤色、性别、语言、宗教、政治或其他见解、国籍或社会出身、经济条件或出生的任何区别、排斥、限制或优惠①，其目的或效果为取消或损害教育上的待遇平等。"

---

① 这里的"优惠"（或翻译成"优先"）是指对特定人的优惠（或优先），构成对其他人的限制性歧视。

二、教育领域性别歧视的分类

（一）直接歧视和间接歧视

以性别歧视的表现形式为标准，可以将歧视分为直接歧视与间接歧视。在美国、英国、加拿大、澳大利亚等国的反歧视法中，均有直接歧视（direct discrimination）与间接歧视（indirect discrimination）的区分。参考香港的《性别歧视条例》中对两者的界定，直接歧视是指任何人与另一个不同性别、不同婚姻状况或没有怀孕的人比较，该人得到较差的待遇。间接歧视是指向所有人一律施以统一的条件或要求，但实际上并无充分理由需要加上该条件或要求，而这样做亦对某性别、婚姻状况的人或怀孕人士不利。两者的差别在于：

1. 直接歧视具有显而易见的特征，即显形歧视，而间接歧视则多为隐性歧视；
2. 直接歧视中歧视通常是原因，而间接歧视中的歧视常常是结果；
3、直接歧视很容易转化为间接歧视，以规避法律禁止歧视的条款；
4. 直接歧视的对策可为禁止性规范的制定，间接歧视的对策则需积极措施的实施。

（二）教育内容上的性别歧视和教育方法上的性别歧视

以性别歧视存在的领域作为划分标准，可以将歧视分为教育内容上的性别歧视与教育方法上的性别歧视。前者通常体现在教科书中，例如教科书中的男性通常以坚强、勇敢、独立的性格或以英雄、科学家、医生等身份出现，而女性则以善良、慈祥、忍耐的性格或以母亲、主妇、护士等身份出现。后者则体现在教育的过程中，例如教育男孩子独立、坚强、有责任心，教育女孩子温柔、体贴、善解人意。

三、教育领域性别歧视所具有的特征

和其他领域内的歧视一样，教育领域内的歧视也主要表现为无正当理由的差别待遇。然而，这种歧视在当代与其他方面的歧视相比又表现出如下特征：

（一）教育领域歧视侵害的是平等受教育的权利

侵害平等受教育权的歧视可能限制或剥夺某一性别比照另一性别平等接受教育的权利，例如通过规定不同的录取标准限制女性平等入学的权利；或者将性别歧视的观念、内容或方法强行带入教学中，使受教育者难以接受平等的、先进的思想观念，如认为女性受教育的目的是为了嫁个好男人的观念，和因受此观念的影响在教育中特别为女性增设的"礼仪"、"家政"等课程。

（二）教育领域歧视与经济发展密切联系

教育领域的性别歧视往往与经济发展密切相关。根据我们的调查，多数家长在家庭条件允许的情况下是愿意送女孩上学的，而在经济不允许的情况下，尤其是家里还有一个男孩的情况下，往往会选择让男孩上学，这种状况在农村地区表现得尤其明显，在很多家庭中，女儿出去打工，养家糊口并供养兄弟读书，几乎成了很多农村家庭生活的样板。此种现象的产生既有社会传统观念的影响，又有经济状况拮据的原因，家庭资源的有限使女性更容易遭受教育领域的性别歧视。

（三）教育领域歧视加剧了女性和男性地位的进一步分化

受教育权是发展权的重要部分，没有良好的素质，妇女难以提高自己的社会地位、经济地位和家庭地位。没有社会、经济、家庭地位，反过来使得女性更加处于劣势，更加与男性拉开了距离。家庭教育、社会教育、职业选择、经济地位……这些带有性别意识倾向的因素环环相扣，互为因果，逐步加剧了男女两性间的分化和差距。

（四）教育领域歧视往往会影响到下一代的培养教育

有人说过："教育一个男孩，只是培养了一个人。而培养一个女孩，则关系到一个民族，因为女孩是未来的母亲。"虽然这句话仍将女性固定于母亲的角色上，带有社会性别角色刻板化的色彩，但由于女性在家庭中的妻子、母亲地位，客观上对子女成长具有重大影响。她们的素质不得到提高，难以胜任母亲教育角色，也难以培养好下一代。而将性别歧视的观念带入教育领域，则会固化原有的性别歧视意识，将性别歧视意识源源不断地传递给后代。

四、反对教育领域性别歧视的理论与实践

（一）关于禁止教育权歧视的法律依据

1. 国际公约

由国际组织起草，然后由各国加入、批准。比较典型的有联合国制订的《消除对妇女一切形式歧视公约》，在禁止教育领域歧视问题上，联合国教育、科学及文化组织大会第十一届会议于 1960 年 12 月 14 日通过《取缔教育歧视公约》，该公约于 1962 年 5 月 22 日生效。欧盟及其前身欧洲委员会制订的《欧洲人权公约》、《第 12 号议定书》等均含有禁止教育歧视的内容。

2. 宪法

许多国家宪法都有关于男女性别平等的原则性规定，例如《中华人民共和国宪法》第四十八条规定："中华人民共和国妇女在政治的、经济的、文化的、社会的和家庭的生活等各方面享有同男子平等的权利。"

3. 单行法律

例如我国香港地区 1995 年的《性别歧视条例》（*Sex Discrimination Ordinance*），英国 1975 年《性别歧视法》（*Sex Discrimination Act* 1975），美国 1964 年的《民权法案》（*Civil Rights Act of* 1964）等。我国有关平等受教育权的问题，分别规定在《义务教育法》、《未成年人保护法》、《妇女权益保护法》等单行法律之中。

4. 判例

这主要是英美法系国家的法律渊源。

此外，欧盟及其前身欧共体和欧洲法院（*European Court of Justice*）也多次以指令（Derect）的形式促使各欧共体和欧盟成员国对国内立法加以调整以保障妇女的权益，使得在这一问题上欧盟成员国有比较相似的态度和做法。但这种指令并非是具体的立法，只是给欧盟成员国指明了立法的方向。

（二）关于禁止教育权歧视的实践经验

1. "平权行动"（Affirmative Action）

平权行动是 20 世纪 60 年代随着美国黑人运动、妇女运动兴起的一项政策。由美国总统约翰逊在 1965 年发起，是美国为了纠正历史上的和现在的歧视而制定的一种政策，它规定在升学、就业、晋升、接受政府贷款和分配政府合同时，在竞争能力和资格基本相同或相近的情况下，黑人、印第安人、拉美裔和亚裔以及妇女有被优先录取、录用、晋升或优先得到贷款和政府合同的权利。这个时期美国各州通过了一系列的平权法案。

平等权利法案是美国如今最具争议的法案之一。在 20 世纪 60 年代民权运动时期通过的一系列平权法案，目的在于帮助社会中长期受到歧视的群体，包括以黑人为主的少数民族以及妇女，争取教育以及就业的平等机会。平权法案内容广泛，但最受到争议的，是所谓定额制，也就是在政府部门招收职员或公立学校招收学生时，为少数族裔留下一定的名额。

定额制 1978 年就在最高法院受到挑战：越南战场退伍兵阿伦·巴克（Allan Bakke）申请进入加州大学戴维斯分校的医学院，他的申请被拒绝了。巴克后来发现，学校接受了成绩比不上他的少数族裔学生。巴克向法庭控告学校歧视。在诉讼过程中发现，学校的平等权利计划中，每年为"地位不利的学生"保留了十六个位置。案件上诉到最高法院。大法官们以五比四的票数，承认平等权利法案符合宪法。法庭同时裁定，学校在招生时尽管可以考虑学生的种族背景，但是以种族为唯一理由来划出定额违反了宪法。因此，法庭裁决加州大学戴维斯分校必须接受巴克入学。这种诉讼在美国一直存在，2003 年 6 月 23 日，最高法院针对当时的一个类似案件再次作出了一个类似的裁决：密歇根大学给每个少数民族申请者加 20 分的本科生录取政策是违宪的；但同时，它又裁定法学院为了增加学生的"多样性"而照顾少数种族是合法的。这与其 1978 年对"巴克案"的裁定是一样的：原则上支持"平权行动"，但反对用定量的方式来固定这种"平权行动"。①

虽然平权行动的争议如此明显，但平权行动的法律规定仍然存在，联合国《消除对妇女一切形式歧视公约》第四条第一款明确指出："缔约各国为加速实现男女事实上的平等而采取的暂行特别措施，不得视为本公约所指的歧视，亦不得因此导致维持不平等或分别的标准；这些措施应在男女机会和待遇平等的目的达到之后，停止采用。"这一条款为平权行动提供了国际人权法上的有力依据。我国也已经参加并批准了该公约。妇女委员会最近通过了《第 25 号一般性评注》，其中对第 4 条的解释和应用做了更深层次的规定。

---

① 资料来自网络，参见：http：//www.nfcmag.com.cn/ReadNews.asp? NewsID = 475

而各国在立法和制订政策的过程中，对平权行动也多有反映。当然也引起了很多的争议。我国的平权行动主要体现在教育领域，而且体现在对少数民族的政策上，典型的是在高考过程中对少数民族采取加分录取的做法。

2. 司法判例

司法判例是推动反对教育权性别歧视的重要途径。以香港的一个著名的案例为例，该案是香港平等机会委员会起诉香港教育署长一案，在 1978 年，香港教育署通过了一项法令，要求在教育中施行三种基于性别运作的机制："（a）评级机制。该机制将所有小学生在各自学校中的评估分数进行评级，以确保不同学校的学生的分数可以公平对照，而该机制中存在着性别因素。(b) 分段机制。该机制依据所有学生的成绩排名而将其分段，这一机制中存在着性别因素。(c) 依据性别划分的配额制，确保确定比率的男生和女生获准进入某些初中（即男女 1:1 的比例）。"其中，争议最大的在于配额制，因为这一机制造成的后果最为明显而且严重，即：由于总体上女生在考试中成绩较为优异，并较男生考得更好，但由于配额制的作用，一些分数较高的女生相比于分数较低的男生却不能进入"某些初中"。被告香港教育署长举证说：在香港部分学校出现了相反的情形，男生的分数较高而女生较低，这样，更多女生进入了初中而非是男生。据此，他认为，该制度不存在性别歧视的问题。香港高等法院则认定，该法令属于间接歧视，判决书中说："我十分赞同委员会给出的间接歧视的专业定义，现引述如下：'所谓间接歧视是指歧视者虽然同等对待男性和女性（如提出同样要求或提供同等条件），但这些要求和条件在实际操作中对女性（或男性）产生了不合理的负面影响，并且这一做法缺乏正当目的。'"在确定直接歧视的时候，法院认为，可以采用"but for"规则——除开（but for）对他或她的性别的考虑，原告是否能从被告处获得同等待遇。香港教育署长还提出：升初中的那些孩子多数是十一二岁的年纪，而这个年纪的孩子中，女生比男生心智更为成熟，如果在男生心智未成熟的时候就把他们排除在良好的教育之外，是对他们的一种不公平对待。然而，香港最高法院的判决中认为香港教育署未能对此举出足够的证据，同时该法院也认为这种观念已经是一种陈腐的落后的观念，同时也认为，教育署应当做的不是规定和调整配额，而是调整考试，使得考试内容能让更加适应社会的人群能够进入所希望进入的初中。2001 年 6 月 22 日，香港高等法院对此案作出判决。此判决对今后的受教育权性别歧视问题起到了判例的作用。①

3. 有关反性别歧视诉讼程序的完善：

第一，关于起诉主体的资格认定，有些国家和地区确立了行使法定职权的反歧视组织，如英国和我国香港地区的平等机会委员会（Equal Opportunities Commission），它们是基于法律规定而设立的组织，可以以原告的名义提起诉讼，即便其合法权益并未在具体的问题上受到侵害。

第二，关于举证责任的规定，有些国家和地区规定，在歧视问题上，由被告进行举证，证明是否有歧视问题的存在。

---

① 资料来自网络，参见：http://www.eoc.org.hk/TC/case/sspa/ruling.htm

第三，关于诉讼费用的规定，此类诉讼的诉讼费用也是由败诉方承担，但是，在一些国家，如果原告胜诉，被告承担诉讼费用的同时也要承担原告的律师费用。

五、我国教育领域内性别歧视的立法现状

(一) 我国教育领域内性别歧视的现状

据统计，在 2005 年，全国文盲中，女性就占了 70%。全国 261 万未入学的学龄儿童中，女童超过三分之二。男性上大学的机会是女性的 2.13 倍，上高中是 1.156 倍，上初中是 1.154 倍，上小学是 1.12 倍。2000 年女性平均上学年数为 6.1 年，比男性少 1.5 年。目前，在女性受教育领域，比较突出的问题是学校在招生录取过程中还存在歧视女生的现象，贫困和流动人口中的女童由于交不起学费或赞助费不能完成国家规定的义务教育等。

(二) 我国教育领域内反性别歧视立法

我国教育领域内反性别歧视立法主要有以下内容：《宪法》第四十八条、《中华人民共和国义务教育法》第五条、《妇女权益保障法》第三章等。然而，我国法律所规定的反歧视立法多为口号式立法，只具有宣言性质，而且不可诉，缺乏可操作性和救济途径。

此外，我国还加入并批准了《消除对妇女一切形式歧视公约》和《取缔教育歧视公约》，这两个公约依据我国宪法在我国境内具有法律效力。

(三) 评析

我国由于长久以来对于性别歧视问题的漠视，在传统观念的影响下，女性入学率相比于男性差距甚大，然而，在立法中也存在着以下问题：

第一，政府未能充分发挥其法定职能。在教育问题上，我国司法界不止一次遭遇"官告民"案件，内容大致相同，都是地方政府状告家长，要求其保护自己子女的受教育权。这种案件严格说来法院是不应当受理的，因为依据我国诉讼法律规范，公民作为被告、国家机关作为原告的案件只可能是刑事案件而且该国家机关也不可能是政府，但是此类案件在实践中屡次出现，从一个侧面说明了政府在执行义务教育法的问题上没有适合、充足、有效的行政职权，应当设置具有一定保护功能和执行力度的机构和权限，而不是借助于司法机关的力量实现政府对公民受教育权的基本保护。

第二，立法内容空洞，造成受侵害人无提起诉讼的可能。在一些案件中，公民的教育权受到侵害，而侵害者往往是其直系亲属而且多数情况下是其法定代理人，受侵害者本人难以提起诉讼，法律成为一纸空文。而人民政府或社会其他组织提起诉讼又缺乏明确的法律依据的，从而使受侵害人失去通过司法得到救助的可能。

第三，"上有政策、下有对策"，上位法没有得到立法机关的尊重和保障，经常有下位法与之冲突，有时甚至被地方政策所代替。

六、完善反教育歧视立法的建议

（一）完善实体法立法。实体法立法必须增强其操作性，细化反性别歧视法律规范的事项，明确行政机关各部门的职权，明晰权利义务，法律责任的问题则更是要切实地进行设置。同时更需注意的是，要增强政府教育机关的执法权。笔者认为，可以借鉴香港立法例，建立专门的机关作为反歧视的专门部门。

（二）确定《宪法》、《妇女权益保护法》、《义务教育法》中规定的权利尤其是平等权利的可诉性，在侵害了平等受教育权的情况下，公民可以基于这一原则提起诉讼。

（三）扩大诉讼的主体范围。主体范围的扩大可以使原告方力量增大，尤其是一些从事公益工作的社会组织、法律援助机构、大学的法律诊所，更是可以成为诉讼的中坚力量。

（四）设置更合适的举证责任。主要是增加被告的举证责任，因为在教育歧视案件中，被告方往往是国家行政机关、行使行政权的事业单位或掌握家庭资源的家长，相比原告较为强大，作为侵害方的被告应当负有举证责任。

本文作者：李傲，武汉大学法学院副教授，"反性别歧视"项目组主持人；

朱道坤，"反性别歧视"项目组成员。

信息时代女大学生性别意识的
重构和个体精神自由

  虽然当今社会文化关于男人、女人在性格上的传统形象塑造了大多数女大学生的性别价值观念，使得部分女大学生过分强调自身形象的发展，潜意识里把自己当作被看的客体，在行为过程中缺少自信，自我认同的程度不高，但是，女大学生作为正在接受高等教育的特殊群体，世界观、价值观尚处于形成阶段，对周围事物具有一定的批判精神，具有能够审慎看待周围事物的发生、发展过程的能力。

  皮亚杰的建构主义理论认为，社会个体在与周围环境发生联系时，涉及到两个基本过程："同化"和"顺应"。同化就是社会个体把外界刺激所提供的信息整合到自己原有认知结构中的过程；顺应则指社会个体的认知结构因外部刺激的影响而发生改变的过程。也正是通过这两种形式，社会个体达到了与周围环境的平衡过程。同样，女大学生在进行社会活动，受到社会主流性别意识影响的同时，也不可避免的要经历同化和顺应两个过程，从而达到个体性别意识的建构。

一、女大学生性别意识的建构

  一方面，女大学生作为社会活动中的一员，容易受到社会主流性别意识的影响，在建构自身性别意识的时候出现迷茫状况，错误的认为社会主流性别意识就是自己应有的性别意识，将社会主流性别意识的刺激同化到自己原有的性别意识中去，缺少一定的判断能力，而仅仅是作为知识的获得者，认为接受现实比对抗现实更加安全。

  另一方面，女大学生作为女性中的高知识阶层，在认知结构上具有其他女性所不能及的优势，表面看来她们温顺、听话，但多年接受教育的经历已经形成她们看问题的独特视角和做事的独特思维，她们具备接受外界刺激，并转化为自身发展动力的能力，以及接受挑战的能力。不管是文科、理科还是工科的女大学生，较高的文化水平使得她们在认知结构方面具有一定的优势。因此，在受到外界刺激时，通过"输入"、"编码"、"译码"、"储存"和"提取"的过程，能更好的将信息融入到自己原有的认知结构中去。在性别意识方面更是如此，加之女大学生理性、批判的思维，将给她们性别意识的重构带来积极的影响。其过程如下图所示①：

---

  ① 作者参照20世纪40年代数学家香农与韦弗合作提出的通信过程数学模型而得出。

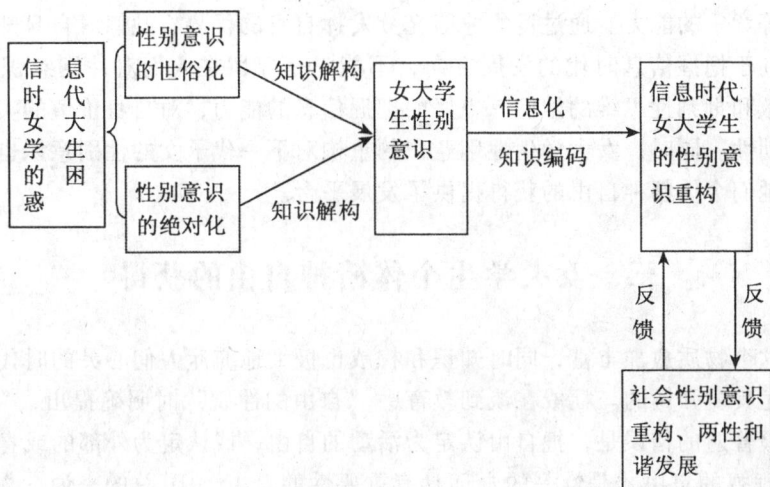

二、女大学生性别意识的重构

重构是在不改变自身优势的情况下，对自己的重新认识和改造。女大学生的性别意识重构将建立在其群体的独特性以及自身的发展潜力上，她们作为社会发展中的一支举足轻重的力量，性别意识在信息时代的重构既有很强的理论意义，也有很强的现实针对性。

首先，积极参与社会实践活动，扭转传统社会男女角色的思维定势。信息社会活动的多样化定义了多样化的角色。在实践活动过程中，女大学生通过各种角色的扮演，有利于她们摆脱教育和社会生活中的性别刻板印象，变被动为主动，逐渐找到自己的定位。同时，她们参与社会活动的程度也体现了她们的个体能动性。在社会活动中的活跃表现，也刺激了人们对传统女性角色的看法，对扭转社会固有男女角色的思维起了积极影响。在现代社会中，女性不仅仅是作为女儿、妻子和母亲的扮演者，同时也是社会发展的推动者。女大学生首先作为一个学生，积极参与学校组织的各种活动，将是走向社会活动的第一步。

其次，提高对自身形象的认识，改变女性被看的客体地位。随着本身带有性别倾向的女性网站的建立和广告业的迅猛发展，人们对女性形象基本定位在美丽、苗条、淑女等词汇上，而且越发白热化。这种戴着有色眼镜看待女性的做法，致使部分女大学生在追求学业时不专心，一味地追求外在美，并发生一些让人遗憾的事情。而且，这些追求从侧面表现了女大学生不自信的心理状况以及她们对传统观念的依附。固然，美丽给人好感，但并不等同于美。能够充分发挥自身优势，实现自身价值，丰富人类的生活才是女性美的真正体现。女大学生追求的应该是思辨、果断、敏锐的洞察力、举止大方等属于自身的素质。因此，自我形象的确立对当代女大学生来说显得尤为重要，有利于形成她们自信、自强、自尊、自立的性格，才不会在社会发展的浪潮中被一些缺乏根据、没有标准的言语等信息所迷惑。

最后，发挥自身知识结构的优势，实现自我价值。信息时代学习方式的改变赋予男女学生同等的获取知识信息的机会，女大学生群体作为高等学校里的一个知识群体，她们具有与男性同等竞争的能力。通过竞争才能充分发挥自身的优势，她们对自身知识结构优势的认识，有利于把握信息时代的发展方向，不能只是停留在人们对性别意识的传统认识上，具有发散和批判性思维的她们有更好的把握信息的能力，对自身价值的实现和能力的发挥具有主动性。同时，女大学生性别意识的重构对下一代子女的性别意识也将产生积极的影响，为她们个体精神自由的获得提供了发展平台。

三、女大学生个体精神自由的获得

在今天这个物质愈加丰富，同时知识和权威也极大地充斥人们心灵的时代，个体精神自由是我们尤其要强调的。杜威在谈到教育中"自由的性质"时明确提出，"关于自由的问题出现的最普遍的错误是，把自由认定为活动的自由，或认定为外部的或身体方面的活动"，"只有理智的自由才是惟一的永远具有重要性的自由"。① 总的来说，"自由"就是自己成为自己的主人，自主成为自己所希望的角色的一种生存状态。个体的精神自由就是公开、自由、彻底地运用自己的理性思维，从蒙昧和从众的思想中摆脱出来，不仅自己成为自己身体的主人，更要在精神上驾驭自己，能够批判的、理智的看待周围的事物。可以说，没有了精神自由，其他自由都无从谈起。

在信息时代，信息化的环境为在校女大学生个体精神自由的获得提供了有利条件，她们需要发挥自身理性、有主见、冷静、能充分表达自己的思想，运用批判的意识来看待社会主流性别意识，从精神上解放自己，在这个共享化时代自由的发挥，改变自身作为社会弱势群体的地位。只有在精神上获得了自由，她们才能在实践活动中自由充分的发挥自身优势，增强自主能力和自觉性，调动生活学习的积极性。在现实环境条件的基础上，逐步实现两性的和谐发展。

当代女大学生利用自身优越的认知结构，通过与周围环境的相互作用，结合信息化手段，对社会主流性别意识进行批判与解构，才能获得自身个体精神的自由。这种个体精神自由的获得有利于她们自身素质的提高，增强她们的自信心，使她们不仅仅满足于受过高等教育的贤妻良母角色。同时，也有利于让世界改变对女性固有的看法。随着女性主体意识的增强，自尊、自信、自立、自强等自身素质的提高，对社会产生的影响将不可忽视，这也必将影响当前中国社会的主流性别意识，促进占全球四分之一女性的中国社会妇女运动的发展。

本文作者: 周艳，华中科技大学教育科学研究院副教授、博士;
          张晓，华中科技大学教育科学研究院 2005 级硕士。

---

① ［美］杜威著:《我们怎样思维:经验与教育》. 姜文闵译，人民教育出版社 1991 年版，第 69 页。

建构和谐社会、关注性别和谐

以 2004 年党的十六届四中全会为始，中国改革和发展的主题之一就是建构社会主义和谐社会。和谐社会的含义无疑是相当广泛的，其重要内涵之一当是男女两性的性别和谐。因而建构社会主义和谐社会必须关注男女两性群体的和谐发展。

一、性别和谐是和谐社会的题中应有之义

众所周知，性别关系是人类社会最基础的关系，正是女人与男人的自然性别及其互动才点燃了人世间的万家灯火，才组成了生生不息的人类社会。社会的运行，既离不开男人，也依赖着女人，缺乏其中的任何一方，人类社会便不复存焉！正因如此，中国传统文化中的和谐思想之一是男为阳，女为阴，男阳女阴配合协调便为两性和谐。然而，传统的两性关系是一种以男性为中心的关系，在这种关系之上是不可能产生所谓性别和谐的。马克思主义认为，妇女是创造人类文明和推动社会进步的一支伟大力量，妇女的发展水平，是社会发展的重要指标，也是衡量社会进步程度的一个重要尺度。社会和谐的重要内容之一在于不同性别、不同地域、不同阶层的民众人人享有同等的机遇和权利，使人人都能自由自在地生活与劳作，各尽所能、各得其所，社会各阶层和各利益群体之间的矛盾、冲突能及时地化解和协调，社会运行健康有序。因此，社会和谐离不开两性和谐，两性和谐是社会和谐的基础、前提和条件。

毋庸置疑，妇女受压迫是个历史范畴。从历史的维度看，远古时代的人类两性曾是平等的，只是从人类社会进入私有制和产生阶级对立的时候起，妇女才被剥夺了财产所有权，其角色被固定在家庭范围之内和被排斥于社会劳动之外，从而沦为家庭的奴婢和男子的附属物。这种现象有其历史必然性，但决不具有永恒性。它必将被新的历史条件下的男女平等所代替。社会的发展和进步必然带来人本身的发展和进步。而人的发展从性别角度来说就是男女两性的共同发展，而不是以牺牲其中一方的发展来谋求另一方的发展。如果占人口半数的女性总是处于弱势；如果缺乏占人口半数的妇女的积极参与，妇女中蕴藏的巨大人力资源不能得到充分发挥；或者说，如果没有女性与男性的平等、公正和协调的发展，两性发展差距巨大，性别矛盾尖锐激烈，那么，就绝不可能有每一个个人的发展，这个社会必然是不均衡、不和谐的、也不可能是可持续发展的社会。反之，如果一个社会两性越平等、两性关系越协调，就会越有利于促进经济社会的发展和人的自由全面发展，越有利于形成充满生机与活力的社会局面，进而有利于达成性别和谐和社会和谐。由此可见，决定性别和谐的主导因素乃是性别平等。

性别平等的涵义是指男女两性的人格、尊严和价值的平等以及双方在权利、机会和责任方面的平等。从国际范围看，追求性别平等，已不仅仅停留在人类的理想层面，而是目

前国际社会达成的重要共识及其实实在在的行动。例如，从 1991 年开始，联合国人类发展报告中设计了"性别发展指数"，将性别平等因素列入发展进程；1995 年，联合国人类发展报告中又增加了"性别赋权指数"；2000 年，联合国千年首脑会议签署《千年宣言》，把促进性别平等、赋予妇女权利列为千年发展目标的重要内容。这些均表明，性别平等已经成为国际社会衡量发展程度的重要指标之一。就我国而论，不仅男女平等被写入宪法和妇女权益保障法，而且被确立为一项基本国策；在建构社会主义和谐社会的历史进程中，男女平等和性别公正作为衡量性别和谐的关键要素已引起党和国家领导人的高度重视并将被纳入到小康社会、和谐社会的指标体系之中。所有这些都为广大女性的发展创造了良好的制度环境。因此，以性别平等和性别公正引领性别和谐，以性别和谐促进和谐社会建设，已成为建构社会主义和谐社会的题中应有之义。

二、当前影响性别和谐的不利因素

从理论上分析，提出男女平等基本国策，实际上暗含了一个不容忽视的前提，即男女不平等现象在现阶段依然不可避免，实现男女平等乃是一个曲折渐进的历史过程。从实际生活来看，任何事物的发展都有其两面性，建国以后，我国的性别平等和性别公正虽然已经取得巨大进步并有力地促进了性别和谐，但某些影响性别和谐的性别不公因素伴随着市场经济的发展和世界性别平等进程的加快，也更为突出地显现出来，妇女的发展面临十分复杂的境遇。充分认识这些不和谐因素及其危害，是消除不和谐因素及其危害，建设和谐社会所必须的一项工作。

目前影响性别和谐的不利因素主要是：

在经济层面，女性在占有社会资源和分配社会收入方面处于劣势，导致其社会地位不断下降。由于市场本身的某些不平等，市场资源分配和收入分配中男性往往居强势地位，以致市场重心明显地向男性倾斜，女性在市场资源分配和收入分配中的弱势地位日渐凸显，市场强化性别不平等的风险正在不断增大。例如，在就业时常常男性优先，下岗时却女性优先；社会重要岗位大多被男性占领，女性只能老当"配角"；在城乡贫困家庭中妇女只有较低的收入却拥有较高的恩格尔系数。从就业的数量和质量来看，目前妇女就业数量虽有所增加，但就业数量的增多并不意味着就业质量的提高；妇女大多集中在工资低、技术含量低、社会保障程度低的岗位，享受的劳动权利和利益很不充分。所有这些，都使一部分妇女生存处境艰难，生活质量严重下降，无论是在绝对贫困化还是相对贫困化方面都呈现出不断加重的态势，因而在经济和精神方面，她们都承受着巨大的重负。

在政治层面，妇女享有的政治权利还不够充分，社会性别纳入决策主流进展缓慢。1995 年，联合国提出了"女性在决策层应占 30% 的比例"的倡议，世界各国纷纷贯彻落实，目前瑞典的女议员达到 45%，丹麦、芬兰、挪威均在 36% 以上，法国、德国也在法律和政策上规定了男女候选人各占 50%。然而我国女性在全国人大代表中的比例始终徘徊在 20% 左右，中国妇女参政的国际排名已经从 1995 年的第 12 位下滑到了 2004 年的第 38 位。妇女政治参与的不足，使党和国家的重大决策在性别视角上受到一定局限。除此之外，目前特别值得关注的是，当今世界，同龄退休已是多数国家保障性别平等的制度规定，中国却是退休年龄性别差距最大的国家之一。女性早于男性退休的制度安排所引发的后果是：女性与男性多是同龄读书、同龄就业，却提前于男性5年退休，这在一定程度上造成女性人力资源的浪费，也造成了部分女性学历越高、工龄越短，享受退休金的比例和金额越少的局面。同时，由于一些地方在女干部的培养使用上人为地设置了年龄障碍，也产生了某些不公正后果。男女公务员不能同龄退休，已引起广大女公务员的质疑、困惑甚至不满，成为制约性别和谐的因素之一。

在教育层面，女性的受教育水平整体低于男性，致使一些妇女陷入"马太效应"的不利循环。根据第二期中国妇女社会地位调查所提供的数据，目前农村妇女的文化程度多为初中以下，初中以上文化程度仅占被调查者总数的41.2%，不仅低于农村男性21.9个百分点，与城市的男性和女性相比，差异则更大。文盲人口中妇女约占70%，其中绝大多数为农村妇女。由于受教育水平偏低，农村妇女在掌握技术技能方面明显低于男性，因而在农业劳动力向城市转移的过程中大多不得不选择"留守"，使得目前我国农业劳动女性化现象非常突出。更令人担忧的是，目前我国西部偏远农村300万没有入学的适龄儿童之中，其中有4/5是女童。上述妇女在教育方面的不平等，不仅会给她们个人的发展带来更多的不平等，整体上也会使社会发展中的男女不平等趋势进一步扩大，因而社会整合的难度也逐渐加大。

在人类自身的再生产方面，人口出生性别比严重失衡，有可能进一步加剧不平等的社会性别关系。自20世纪80年代中期以来，我国出生人口性别比失衡一路攀升，现在，已经超出国际最高警戒线约9个百分点。新生儿男女比例失衡，潜藏着严重的社会后患。有专家认为，性别比例严重失调，不仅无助于提高妇女的社会地位，性别歧视恐怕会以更为残酷的形式表现出来，由此最终损害社会的和谐发展。

在思想文化方面，传统性别观念仍根深蒂固，并给我国的性别平等带来消极影响。由于市场经济所带来的女性职业地位下降，男强女弱、男主外、女主内的传统性别分工观念得到进一步强化，"妇女回家去"的鼓噪不绝于耳，导致女性在经济、政治和社会发展过程中的影响力逐渐弱化。电视、报刊、网络等大众传媒，作为一种产业经营，面临市场竞争，更多地诉求于男性。因此，它不仅在强化女性的传统角色，甚至把女性当成商品的卖点。女性在社会文化中的价值被传媒的性别偏见所利用，往往又被受众的理性审视而忽略。更令人不能容忍的是，那些利用女性的容貌、身体以及性的特征来刺激消费和追求经济利益的不正之风呈愈演愈烈之势，名目繁多的选美活动、花样翻新的美女广告，不仅受媒体的青睐，甚至成为一些地方政府新的经济增长点。殊不知这种以牺牲女性尊严为代价的商业行为，将会对整个社会，特别是对青少年造成怎样的精神污染。正是在文化的这种喧染和潜移默化中，传统的性别观念得以进一步沉淀下来，构成了我国实现性别平等和性别公正难以突破的一道樊篱。

三、在建构和谐社会的进程中努力推进性别和谐

胡锦涛同志在纪念联合国第四次世界妇女大会召开十周年大会的讲话中指出，中国始终高度重视发挥妇女作用，明确把男女平等作为一项基本国策，表明了我国政府促进性别平等、保障妇女权益的坚定决心。我们将坚持贯彻男女平等的基本国策，不断促进性别平等和两性和谐发展。在当前，要充分关注妇女发展中的不平衡、不充分、不和谐现象，抓

住脱贫、就业、教育、健康等重点领域和重点问题，加大政策支持力度，充分保障妇女的合法权益，不断提高妇女自身发展的能力；要使我国经济发展的成果惠及包括广大妇女在内的全体中国人民，逐步缩小男女两性在发展资源占有和发展收益分配上的差距，以充分调动广大妇女的积极性、主动性和创造性。讲话所体现的上述思想和精神，是我们在建构和谐社会的进程中努力推进性别和谐的重要指导。

第一，创新国家机制，从制度层面保障男女平等和性别和谐。贯彻男女平等基本国策，促进男女两性共同发展，是我们全党全社会的共同责任，它首先需要从制度安排方面提供坚实保障。可喜的是，2001年5月22日，我国政府制定并颁布了《中国妇女发展纲要（2001~2010）》，以促进妇女发展为主题，旨在提高我国妇女整体素质，把保障妇女合法权益作为根本的同时帮助女性发展能力，并确定了妇女优先发展的6个领域，国务院妇女儿童工作委员会作为全国妇女儿童工作的协调议事机构，其职责是协调和推动政府有关部门做好维护妇女儿童权益工作，制定和组织实施妇女儿童发展纲要，为发展妇女儿童事业提供指导、督促和检查。同时，还成立了实施纲要监测评估机构，制定了纲要监测统计指标体系和评估方案，建立了妇女状况监测统计网络和工作制度。妇联等各种非政府组织也在维护妇女权益，促进妇女发展方面扮演重要角色。此外，国家统计局已拟将性别平等指数纳入小康社会的指标。上述国家机制对我国实现性别平等发挥了作用。但是，随着新问题的产生，还应不断创新国家机制，以对就业领域中的性别歧视、妇女参政不足、性别比失调等问题进行有效调控。

第二，在贯彻落实修改后的妇女权益保障法的同时，完善其他各项法律与其相互支持。当前，尤有必要重新审视《劳动法》、《义务教育法》、《村民委员会组织法》、《公务员法》等一系列与两性利益相关的法律和政策，认真分析这些法律和政策是否关注到现实生活中存在的两性差异，是否在法律政策框架内对女性的需求给予重视和满足。如，新修订的《义务教育法》应关注在所有差距背后的性别因素，对女童的受教育权利实施制度性保障。正在制定中的《公务员法》，应从性别视角考虑不同性别的利益诉求，对男女退休给出既体现性别公正，又恰当灵活的法律规范。《村民委员会组织法》对村民委员会中的女委员比例也应明确规定比例，以保证农村妇女在基层组织中有自己利益的代言人。

第三，要通过合理的制度安排解决市场经济给女性带来的占有社会资源和分配社会收入方面所产生的不平等。一般说来，市场经济在资源分配和收入分配方面的差异具有合理性，但如果这种差异超出了人们承受的范围，甚至影响到一部分人的生存权和发展权，则是有失公平的。但市场机制并不会自发解决资源和收入分配的不公平问题，解决这一问题乃是现代政府的社会责任。因此，各级政府要建立起一项特殊的保护制度，即对弱势女性的利益补偿制度，以保证弱势女性在市场竞争中与男性享有同等的机会和权利，并在收入的再分配方面与男性强势群体和女性中的强势阶层保持在合理而不失公平的差距之内。

第四，构建先进的性别文化，传播社会性别平等观念。就我国当前的大众文化而论，其本质还带有男权文化与制度的特征，性别平等观念很容易在集体无意识的环境中受到漠视。而消除大众文化中的性别歧视，有赖于大众文化价值的提升。因此，构建先进的性别文化，传播社会性别平等的价值观念，是推进性别平等和实现性别和谐的重要一环。在现阶段，要用先进的性别文化对大众传媒中的主导文化、大众文化和精英文化等进行分层和限制，并通过知识结构和素质较高人员的加入，提升节目的人文含量和纠正其性别取向，从媒体源头消除歧视女性的内容；与此同时，要通过建立对传媒性别导向的监督机制，把那些带有性别歧视的节目、新闻和广告给予删除，以消除其负面影响。此外，还要将性别平等融入我国大中小学的教材体系及其课堂教学之中，以教育和培养出一代又一代无性别偏见的现代公民。如此，我国男女两性和谐共处，平等发展的美好愿景一定会随着社会主义和谐社会的建设而逐渐到来。

本文作者：龙静云，华中师范大学政法学院教授。

中小学纳入性别平等意识教育

性别平等意识作为现代教育理念，反映了社会的发展时代的进步，体现了现代教育特征，应纳入各级学校教育主流。性别平等意识纳入教育主流是两个发展纲要的要求，更是我们时代的要求。是培养一代新人，提高人的素质、促进人的全面发展，构建社会主义和谐社会的需要；更是加强思想道德建设，培育有理想、有道德、有文化、有纪律的社会主义公民的需要。教育者的性别平等意识和教材选编中的性别视角是性别平等意识教育实施的关键。因此，性别平等意识应该纳入中小学教育。

一、两个发展纲要

《中国儿童发展纲要（2001～2010年）》中重申："将性别平等意识纳入教育内容。"① 义务教育语文课程标准实验教科书（1～9年级）编制中，将有利于儿童发展的性别平等意识纳入到母语教育中，以便在语文教学中培养学生性别平等意识。《中国妇女发展纲要（2001～2010）》明确规定，"在课程、教育内容和教学方法改革中，把社会性别纳入到教师培训课程，在高等教育相关专业中开设妇女学、马克思主义妇女观、社会性别与发展等课程，增加教育者和被教育者的社会性别意识"。② 两个发展纲要清楚地告诉我们，社会性别要纳入教师培训课程；高校相关专业开设妇女学、马克思主义妇女观等课程；增加教育者和被教育者的社会性别意识；中小学要"将性别平等意识纳入教育内容"。这个形势要求我们教师认真学习全面领会两个纲要的精神，纲要对我们教师提出了新的要求。我们要努力适应这一发展的新形势新任务。

二、教师要树立性别平等意识

教育者首先要受教育，我们要教育学生树立性别平等意识，首先我们自己要具有性别意识。这就要求我们：

第一，教师首先树立男女平等的意识。江泽民继1990年3月7日在招待中外妇女庆祝国际"三·八"妇女节讲话中提出马克思主义妇女观之后，又在1995年9月4日第四届世界妇女大会开幕式上，代表中国政府向全世界庄严宣布，"把男女平等作为促进我国

---

① 按照《中华人民共和国国民经济和社会发展第十个五年计划纲要》的总体要求，我国政府制定《中国儿童发展纲要（2001～2010年）》，国务院2001年5月22日发布。

② 按照《中华人民共和国国民经济和社会发展第十个五年计划纲要》的总体要求，我国政府制定《中国妇女发展纲要（2001～2010年）》，国务院2001.5.22发布。

社会发展的一项基本国策"。把男女平等作为一项基本国策,既表明了党和政府在妇女问题上的决心和承诺,同时也体现了在实践马克思主义妇女观上的英明决策。胡锦涛在同全国妇联第九届领导班子成员和中国妇女九大部分代表座谈时指出:要"牢固树立马克思主义妇女观,坚决贯彻男女平等的基本国策,通过扎实有力的工作促进妇女事业的发展"。① 李长春代表党中央在中国妇女第九次全国代表大会上致祝词承诺:"要通过经济、法律、行政、宣传等手段,认真贯彻男女平等基本国策……旗帜鲜明地反对歧视妇女的各种陈旧观念和落后行为。"新的党中央决心将男女平等基本国策落实到社会生活中。我们当教师的要认真学习深刻理解两代领导人坚决贯彻男女平等基本国策的精神和决心。

第二,要认真清理我们头脑中不合时宜的教育理念。胡锦涛指出:"社会上轻视妇女、侵犯妇女合法权益的现象还时有发生,由法律上的男女平等达到事实上的男女平等,任务仍十分艰巨。"② 轻视妇女、男尊女卑的观念仍然严重存在,我们长期生活在这种文化下,我们的教育观念无不打上了它的烙印,我们头脑中存在许多不合时宜的教育理念。比如,男孩子考试成绩好,我们会从这个孩子聪明方面考虑;女孩子考试成绩好,我们会从这个女孩子认真、刻苦方面考虑。男孩儿调皮,我们不会觉得有什么不好,但女孩子调皮我们自然想到这个孩子疯疯癫癫。有时与家长谈话也流露出这种思想:您的儿子暂时成绩不理想,没关系,长大懂事了成绩就上来了。您的姑娘现在很不错,就怕以后长大了成绩下降。这些话的潜意识里包含,男孩到初中就上来了,女孩上到初中就怕会掉下来。这种观念不仅是一种压抑女性的传统观念,同时,无论是对学生还是对家长都不好,都不能起到激励作用。

第三,要根据男孩和女孩智力发展规律因材施教。女性智力发展规律:小学,初中1、2年级比男孩优秀;青春期智力开始下降,直到20岁以后又开始回升。"高考"(一般18岁)正值女性智力低谷期。而男性智力发展规律正好相反,男孩小学和初中低年级阶段成绩低于女孩,到了初三,(即青春期开始)智力大发展,"高考"正值其智力高峰期,20岁后男女孩发展会趋于平衡状态。既然初中低年级以下女孩智力发展好于男孩,我们在教育中就不应该使用同一标准,对智力发展早的女孩要加重学习任务,对智力发展晚的男孩就要相应减慢教学进度。同时,女孩善长"人物定向",理解能力较强;男孩善长"物体定向",动手能力较强,语文教学与实践课教学就应对男孩和女孩区别对待,提出不同要求。

三、教材编制要融入性别平等观念

教材,尤其是语文等文科教材,是影响儿童思想、行为、态度、观念形成的重要媒介。教材能否提供全面而准确的信息,将直接影响学生思想发展,尤其是年龄愈小的孩子影响愈深。幼小心灵记忆最深刻最难忘,给人的一生发展会留下终生印迹。因此,教材如果能纳入性别平等意识教育,对新一代少儿成长是十分有利的。

我们欣喜看到在新世纪基础教育课程教材——义务教育语文课程标准实验教科书

---

① 《中国妇女报》2003 年 8 月 28 日第 1 版。
② 胡锦涛在中国妇女第八次全国代表大会上的祝词,《中国妇女报》1998 年 9 月 1 日。

（1～9年级）的编辑中，将有利于儿童发展的性别平等意识纳入母语教育中。如果以男性和女性为主人翁的课文来看，初中六册语文教科书中，2003年编辑的以女性为主人翁的18篇，以男性为主人翁的26篇，前者是后者的69.2%。而1998年，以女性为主人翁的课文13篇，以男性为主人翁的课文45篇，前者只是后者的28.8%，两项比较相差很大。要落实纲要中"将性别平等意识纳入教育内容"，还需要我们做出极大努力，教材改革还是一个艰巨任务。以上2003年统计的是语文出版社出版的语文教材，它在选编课文时融入了性别视角。而1998年则是权威出版社出版的教材，现在权威出版社能否增加性别意识选编教材呢？同时，由于市场经济利益原则的作用，各级教育主管部门都可以插手教材定购，各级学校也想管，其中又往往是利益驱动，这样就出现了一所学校各个年级不是使用同一种教材，教材使用可以用"混乱"二字来概括。由此落实纲要精神并不是一件轻而易举的事情，我们呼吁教育部在指导教材编制过程中要统一原则，"将性别平等意识纳入教育内容"这就是一个大的原则，无论是统编教材还是地方教材，这个原则必须坚持，违背这个原则的教材就不能批准使用。否则，"将性别平等意识纳入教育内容"就不可能真正落实。

性别平等意识纳入少儿教育，首先应体现在教材中，教材是儿童学习的主要载体，教科书中那些插图，那些男女主人翁的形态甚至会终生在人们的脑海浮现，成为激励人上进的精神动力和力量源泉。那些女性插图会给女孩以信心和勇气，教会男孩以平等眼光看待女性。

四、性别平等意识纳入少儿教育的意义

1. 有利于儿童全面素质的培养与发展。今天的少儿就是国家未来的接班人，他们会成为各项事业的参与者和决策者。这就要求从少儿起就培养性别平等意识，自觉地将两性利益同等看待。因此，我们要把性别平等意识教育纳入到对中小学生素质教育的总体要求中，将性别平等意识作为当代中小学生应该具有的基本素质之一。

2. 有利于一代新人的成长。少儿是我们的未来，他们的行为观念又会影响下一代人成长，如果能从我们的下一代开始树立牢固的性别平等意识，那么，一种和谐的男女关系就会展现在我们眼前。这将为构建社会主义和谐社会，建设创新型国家、建设社会主义新农村，为提高人的素质、促进人的全面发展，加强思想道德建设，培育有理想、有道德、有文化、有纪律的社会主义公民提供坚实的思想素质基础。

3. 有利于女孩自立自强意识培养。性别平等意识教育进入中小学课堂，就能打破过去主流文化一统天下，在男尊女卑文化氛围下接受到新鲜空气和精神食粮，有助于提高女孩的自信心，使她们学有榜样，看有方向，激励她们的创新意识，增强她们自立自强精神。

本文作者：黄锦琳，武汉大学第一附属小学高级（语文）教师。

四、女性学融入专业教育

女性精神存在的思考

　　重视高等院校的女性学教育，不仅对提高女性的生存竞争力有着重要的现实意义，而且，对提高整个民族的精神品位、提高我们改造世界的自信心，都有着深远的意义。因为，今天的高校，是我们新的一代通向未来职业岗位的一道重要桥梁，也是培养民族精英的一个不可或缺的摇篮。当前的高校，无论是本科生、硕士生还是博士生，女学生的数量日益增长，因此，以高校为关注点，来研究有关女性学的教育问题，是十分有必要的。

　　在我们当前的女性学研究中，我感到，关于女性、女性主义、男女平等这样一些话题的讨论和研究，好像比较着重于对女性的社会地位、对女性应得到的理解和尊重等方面的关注，着重于从女性意识出发来研究女性的心理、行为等。无疑，这种研究的关注点以及由此而向社会所发出的呼唤，无论在过去和现在仍然是必要的。但不能不看到，这种呼唤往往是从女性的立场，向社会，也是向男权发出的，而从女性自身、特别是从女性的精神存在方面来审视女性自身，来认识女性作为精神存在的重要，我以为这种自觉意识和呼声还比较薄弱。当然，我不是妇女问题研究专家，女性文学也不是我的研究方向，我提出这一话题，完全是带自发性的，是出于在教学工作中的一些实际感受和在文学阅读中所获得的一些启悟。因此，我的议论也只能是感想式的。

　　不妨从一个具体例子谈起。记得那是 20 世纪 70 年代末 80 年代初，我先后读了张洁的两篇小说：《爱，是不能忘记的》和《方舟》，这是大家所熟悉的，当时相当轰动。我读后，当时有这么一种直感，觉得《爱，是不能忘记的》那位女主人公钟雨较之《方舟》中那三位女性给我的冲击力要大得多，留下的余韵要深得多。我曾经想了许久，这是为什么？后来我作出这么一个结论：因为钟雨一旦认准她心中所爱，她就执着于他，哪怕这种爱是飘渺的、难以企及的，却始终刻骨铭心，无怨无悔。这样的人物尽管在现实中孤独无援，然而其精神却令人震慑。《方舟》中写的三个人物也是知识女性：研究马列主义哲学的曹荆华、进出口公司的翻译柳泉、电影导演梁倩。为了事业的追求，实现自我的价值，她们不惜牺牲婚姻和家庭，毅然选择了离婚或分居，企望作自强不息的奋斗。但当她们成为独身者聚在一起后，却又摆脱不了失落与悲哀，她们那种变态的、歇斯底里的宣泄，实际上是精神倒塌的征兆。这样的女性，我可以同情她、理解她，正如作者的题记中所写的，"你将格外地不幸，因为你是女人"，但却无法唤起我精神的震动。因为她们更多是以作为一个女人的感性存在而让人为她们处境的不幸、压力的沉重而叹息，而作为一种精神存在，她们却是不完整的、无力的。张洁的这两部作品启发了我，使我在面对女性问题时，无论是对现实中的女性人物还是文学中的女性形象，都更注意从精神层面上进行思考。

　　从人类学的角度来看，人的存在，有三个层面，一是自然存在，一是社会存在，一是精神存在。女性作为一个人，她的存在，当然也包含有这么几个层面。关于人的自然存在、社会存在的特点，我们都很清楚，不必多费笔墨。而所谓人的精神存在，我想最重要、最基本的就是指人的知性、意志和情感。我们现在所说的女性的精神存在，主要也就是指女性的知性、女性的意志、女性的情感。女性要实现其自我的价值，要在社会上占有其应有的位置，要获得应有的尊重，其精神结构的健全与否，我认为是具有关键性意义的。

应该承认，女性进入到高等教育阶段，她所面对的竞争环境较之中小学阶段确实发生了很大的变化。按照今天现代教育的要求，她要面对的是大学里进行的创新力培养的竞争，这就使在中小学的应试教育中显示出优势的女生们，遇到了极严峻的挑战。特别是到了攻读博士学位阶段，这种压力更为明显。还是从我身边一个具体例子说起。前几年，我的一个女学生，在硕士阶段，她的学习在她那一届的同学中，显得比较突出，无论在问题研讨或在文章写作上，都可与男生匹敌，甚至许多地方超过她同年级的男生，这使她有了继续深造的自信。硕士毕业后她随即成了我的博士生，可这时，她却突然出现了我意想不到的变化，变得情绪紊乱，心态失衡。这真使我惊讶，什么原因？原来她所在的这一届博士生的整体水平确实比较高，有几个理论思辩力特强的男生，研讨课时，他们旁征博引，侃侃而谈。这样，不仅是她，还有年级的另两位女博士生一下子懵了，本来口齿伶俐的她们连发言的勇气都没有，课后回到宿舍，三个人唉声叹气，过了一段，甚至还产生了退学念头。

面对这样的女学生，我们这个时候首先要解决的，还不是教她们如何去钻研学问，选好研究课题，如何去准备好发言提纲，更不能要男生们给她们以关照。而是首先要在心态上、精神上让她们找回自信，找回对自己在知性能力上的自信，不能让她们一遇到强势，精神就败下阵来。女性面对强势的压力，唯一办法是靠自己进取，而不是靠同情，靠迁就。应该有意地启发她们：男性学生的理论思辩能力一般可能比女性学生强，但也可能有粗疏、空泛之弱点；而女性学生在对作品的艺术感受力方面，在对问题分析的细致性方面，一般来说，常常会显示自己的优势。在教育过程中引导她们认识这点，是为了激发一个女性自觉寻找成长的通道。不能让她们在对方的强势竞争面前自我崩溃，更不能拿性别的同情心去助长她们的怨天尤人情绪。当时，我对她说，如果你保持和突出自己的优势，又能有意识地在理论把握上更下工夫，那么，你的知性能力不仅不比男生差，还有可能超过他们。当然，她对我的话的接受，还有个比较长的过程，但毕竟，她还是坚持了下来，毕业时取得了良好的成绩。所以，女性的精神存在，首先是要在知性上清醒地懂得自己，只有懂得自己，才能有效地发展自己，才能具有凸显自我存在的力量。这是我们在教育实践中对待女性问题首先要注意的一点。

除了在知性方面确立精神自信力之外，在发展完善自己的过程中还需要加强女性意志、毅力和勇气的培养。

特别是对进入攻读博士学位阶段的女学生来说，都自然具有进入文化高层领域工作的愿望。这是非常值得鼓励的愿望，因为目前在我们国家，无论是学界、政界或商界，高、精、尖领域中的女性实在太少，越到高层女性越少，这是众所周知的事实。要谈客观原因可以列出一大堆，什么传统观念的歧视啦，什么社会分工的不合理啦，等等。但我认为，女性自身的精神意志问题，却非常值得我们重视。就知识界来说，确实不乏富有才华的女性人才，但也应该看到，有不少女性却存在着比较严重的心理"栅栏"，在事业追求过程中缺乏"跨坎"的勇气。人生道路上是有许多"坎"需要跨越的，前两年，有一位高校的年轻女教师找到我，说准备来考博士，我自然欢迎，我希望她认真作好准备，既然下了决心，就一定争取达到目的，哪怕不能一次成功。她报了名，也确实花了时间作准备，我知道，边工作边准备应考是很苦的。可是在考试前夕，我接到她的电话，说她的副教授职称刚批下来，她想暂时不考博了。这时，我清楚意识到，这个"坎"她是跨不过去了。正在苦苦咬牙的时候，突然有了一个堂而皇之的理由让自己逃离"苦境"，况且，万一考不上，副教授的"面子"怎么搁？我深知并体验到这种心灵的奥秘，这是我们许多女性的心理弱点，这种心理弱点常常会将一种有意义的理性选择化为美丽的泡影。"逃离"有时是冠冕堂皇的，可是关键时刻的这一"逃离"，可能就会使自己失去向更高层次挺进的最佳时机，或者使这种愿望实现的机会推迟到永远。

当然，与这种例子相反的事实也不少，1998年我有一个来自西部地区的女博士生，第一次入学考试时，她孩子刚满月，由于成绩欠佳，我们没录取她。我以为她暂时会罢休，毕竟孩子太小，牵扯精力，还有繁重的教学任务。没想到第二年她还是来考，而且说，这次不成还会来第三次。带着这么小的孩子仍在奋斗，我很受感动。第二次她成绩入围，我毅然录取了她，这是因为看中她的毅力和倔劲，女青年有了这点，成绩本来一般也会变优秀的。毕业后，她被一所重点大学选中，而且执教的第一年，她的教学就在全校获奖。这真是跨过一"坎"，海阔天空。这就是精神意志、心理素质在女性命运中、尤其是在事业追求中的意义。

再说说女性精神领域中的感情因素，这倒是个非常复杂的问题。人们常常赞美女性感情的伟大，为人妻者能使丈夫获得体贴与温存，为人母者能使子女得到抚爱和荫庇，作为父母的女儿更应对父母作更多的侍奉和孝敬。古今中外无数文学作品对此曾给予了多少热烈的赞颂！这种情感体现，确实是女性存在的重要方面。但是，我认为在思考女性的精神存在时，对这种情感体现要用一种更为理智的眼光来看待、来分析。我们是否切身地想过，在这种"伟大"的光环下，女性作为一个人的独立形象是凸显了，还是消失了？这是我们思考这一问题时的基本出发点。情感的体现和付出，必然有"他者性"，当女性的情感完全消弥于"他者"中，女性的自身存在就有可能成为幻影，失去了作为一个人的具有自身意义的价值，这是个很微妙而不易觉察的问题，也许今天仍然是个有争议的问题。但我们不能不看到，这样的女性，当"她"失去丈夫之后，她会感到"感情"无所寄托，就像《方舟》中那三位女性一样；当"她"有了子女时，她又会将全部情感移情于子女甚至移情于他们的下一代身上，而忘却自己。当一名女性的情感和寄托完全消弥于丈夫、子女甚至孙辈身上时，实际上已失去自己的存在。确实，精神存在的失却，常使一些女性不知不觉地舍弃了自己，举一个简单的例子，像我们周围有些女同胞，在业务上舍弃自己的继续进取，而全力保证丈夫的"上进"，特别在高校，这种事例太多了，我常常为此而对这些女教师表示惋惜，表示不平。我不知道那些在歌颂女性情感的"伟大"时，究竟是正视女性的存在还是对女性存在的疏忽。

当然，我们不能这样说，一个女性，当了妻子，当了母亲，就等于失去作为女性的精神存在。实际上，她仍然可以而且应该以一个"人"的独立形象出现在世人面前。在文学教育中，我们常会看到一些优秀的文学作品，塑造出这样感人的女性形象，如当代女作家项小米近年出版的长篇小说《英雄无语》所塑造的奶奶形象，就为我们对女性精神存在的理解提供一种更深的启示。

作为一个革命者的妻子，《英雄无语》中连姓名也没有标示的"奶奶"，她一生的命运无法不被丈夫所左右。这个目不识丁的农妇，为了给丈夫的革命工作做掩护，从偏远的山区被唤至上海党的地下联络站，在丈夫与另一女人组成的家庭中当佣人，这种生活位置给她情感带来的煎熬是可想而知的，对这种安排本身的荒谬性我们暂且不谈，可她并不因得不到丈夫半点的感情施怜而放弃自己的职责。不久，地下联络站被破坏，丈夫为躲避敌人追捕而不知所踪，与丈夫同居的女人被逮捕并牺牲，小女儿因无钱治病终至夭折，一连串的灾难接踵而至。她恨丈夫的无情、暴戾，但作为妻子，在几十年杳无音信的情况下她仍四方寻找着他的坟茔。解放后，她找回了失散多年的儿子，又从大山第二次来到上海。当她从亲人那里得知丈夫还活着并再度结婚的消息时，她没哭，没大喊大叫，没向任何人诉说，正如小说所写的，"这里面的原因绝不是一个'坚强'就能说得清的"，只有她的儿媳注意到一个细节，从此她决不提她丈夫，实在无法避开时，就一律称他"那死人"。可是，当"文革"的风暴使丈夫的历史蒙受不白之冤，当后辈无知地责备他丈夫亵渎了马列主义时，她却为他发出怒吼，令人震惊。确实，她可以因他的冷酷无情、不通人性而恨他一辈子，但无论是恨或爱，这种独特的情感"就像埋在地下的根纠纠葛葛一辈子也缠不清"。确实，用所谓"专一"来概括这种复杂情感的体现是过于简单化和表面化了。在这位充满睿智和良知的农妇身上，有一种对作为一个人的责任的坚守，它显示出坚强的精神个性，正是这一点，使她在生活中有着谁也夺不去、也置换不掉的位置。也最终使曾心硬如铁、不守信义的丈夫自惭于她。

这一文学形象投射到生活中，启发我们，女性的精神存在，并不完全在于她社会地位的高低，知识程度的高低，而在于她对一个人的责任的坚守。《英雄无语》中的奶奶，她这种责任并非出自狭隘的私情，而是出自人的良知，出自她的明大义、识大理，是这些，使她不仅是以一个妻子，更是以一个独立的灵魂凸显在人们面前，尽管她没有获得"革命者"的身份，没有获得"英雄"的称号，但她的后辈，都自觉地围聚在她身边，都以她的存在为骄傲。这就是一个女性、也是一个人的精神存在的意义。

最后，还想谈谈女性精神基石的构建问题。我们生活在现代社会，自然会按照现代女性的标准来塑造自己，来进行自我精神的构建。

那么，作为现代女性，应该如何构建自己的精神基石呢？现在有这么一种看法，似乎现代女性的特征就是感性欲望，甚至以此来判断女性是否"现代"，把一些大胆暴露人的情欲、物欲的女作家称之为最现代、最摩登的作家。这实际上是对"现代"意义的莫大误解。现代性本身就是以现代理性精神作支撑的，现代女性的精神建构当然也就不可能采取对理性的排斥态度，相反，现代女性的精神存在应该是以理性精神为基石。而理性精神的建立，则要靠在与人类命运的联系与沟通中去获得人类智慧和思想精髓的浸润和启悟。精神的强大，仅仅靠良好的心愿和丰富的情感是不够的，一种建立在人类理性阶梯上的精神存在，才是坚不可摧的。

我想大家也会注意到，现在在我们一些女性中，特别是一些文学女性中，十分流行这么一种观念，我把它归纳为："拉上窗帘"，"审读自身"。许多人都爱引用英国女作家弗吉尼亚·伍尔芙（1882～1941年）那句名言："一间自己的屋子"。以为文学女性，就是要把自己关在"自己的屋子里"，"拉上窗帘"，与世界隔绝，与社会生活割断联系，才能保存自我，才能写出好作品。我们现在一些学生，包括男生和女生，都深受这种思潮的影响。殊不知这是对伍尔芙的女性意识和文学观念的一种误读。因此，在我们的文学教学工作中，如何引导学生正确理解现代思潮的本质特征，正确接受西方现代女性观念和有关女性主义的理论，就成为当今我们女性教育学所要面对的一个重要课题。

应该注意到，现在一些媒体的宣传，一些西方女性理论的研究，有时为了迎合世俗的某种潮流，往往采取断章取义的办法，对一些理论作片面的、不负责任的强调，如前一段在文坛被看作"时髦"的所谓"身体写作"，就是一例。这种看似激进的所谓"女性主义写作"，恰恰是对现代女性主义的反动。又如关于伍尔芙的理论，我常常给学生说，这位现代派文学最早的拓新者、实践者，她强调女性、特别是女性作家要有"一间自己的屋子"，并不意味着她对社会、历史和人类的漠不关心，相反，只要我们全面阅读她的著作，就会发现，她是处处在强调这一点。她在《妇女与小说》一文中说："如果剥夺了托尔斯泰作为一名士兵所获得的关于战争的知识，剥夺了他作为一个富家公子所受的教育给予他的各种经历，以及由此所获得的关于人生和社会的知识，《战争与和平》就会变得令人难以置信地贫乏无味。"在《一间自己的屋子》一书中，伍尔芙还对《简·爱》的作者夏洛蒂·勃朗特表示遗憾，她说，勃朗特要是"设法多得到了一点关于繁华的世界，城市，和富有生命的地带的知识，多得到了一点实际经验和与她同类的交游，各种性格的认识"，那么，"她的天才该获得多大的益处"。从这些见解可以清楚看出，伍尔芙认为一个人、一个女性、一个作家其精神创造的基础，是不能离开社会人生、不能离开各种知识的吸取的。在她所处的年代，女性仍为社会偏见所歧视，特别是在文学领域中尚未获得平等的位置，伍尔芙之所以提出"一间自己的屋子"，实际上就是为了获得一种独立追求的权利，获得一个独立思考的空间。而这种追求和思考，则又是"非个人"的，也就是说，小说家的目光不只是局限于人物个人的悲欢离合，而是关注整个宇宙和人类的命运，表现人类所渴望的理想、梦幻和诗意。

我关于伍尔芙说了那么多，是因为我常听到一些自我标榜为现代女性的人宣称，对社会现实不感兴趣，对历史前进的脚步声充耳不闻，对人类命运更无暇关心。她们最陶醉的是自己的内心，自己的感性欲望，自己的身体感觉，将女性的精神构建只拘囿于自己那间狭小的"屋子"，似乎这才显示出自己作为女性的特异，才是女性作家的"精神归宿"。这说明她们根本不了解伍尔芙，不了解这位现代女性意识的最早觉醒者。所以我想，在今天，在各种复杂的社会思潮面前，在中西方文化碰撞与交融面前，我们在对学生、特别是对女性学生的培养教育中，一定要引导她们不被"一间屋子"所封闭，而是要有宇宙的胸怀、人类的胸怀，要以社会为己任，这种教育比任何时候都重要。

我曾在一篇文章中说过这么一段话："无论什么时候，女性的价值及其社会位置是通过她对社会的价值实现来获得的，是通过她精神强力的显示来获得的。当她的创造与劳作真正汇进了历史前进的大潮时，当她的精神存在成为不可替代的独立标识时，谁又能遮蔽她的天空?!"

本文作者：陈美兰，武汉大学文学院教授。

重视社会性别意识，完善我国立法

从性别的角度观察社会政治、经济、文化，并对其进行性别分析和规划，以防止和克服不利于两性发展的模式和举措，这是当今众多学者的共识。立法作为世界各国一项重要的公共政策活动，在其过程中贯彻社会性别意识，对于实现"性别正义"和男女两性的平等以及推动社会协调发展无疑具有重要意义。笔者以我国的立法为视角，探讨社会性别意识在我国当前立法中的体现以及存在的问题，并试图从贯彻性别意识的角度提出完善我国立法的措施及建议。

一、我国立法重视社会性别意识的必要性

正如人具有自然和社会双重属性一样，一个人除了具有生理性别外，还存在社会性别。前者如女性具有生育能力而男性却不具备；后者是指在一个特定的社会中，由传统社会和文化等因素形成的男性和女性的群体特征、角色、活动等方面的差异，也就是说，是指由于社会文化导致的男女两性的不同群体特征和行为方式。在现代社会，由于性别意识的核心内容在于对男女两性的社会关系、地位、作用和价值进行认识和评价，在于重新调整两性关系，改变在长期社会发展过程中形成的对妇女的歧视，消除男女间存在的实际上的不平等，实现两性关系的平等与和谐，因此，学者们也常常将现代社会性别意识称为"男女平等的意识"。[①]

社会性别意识是人类发展到以人为中心的社会发展模式时才得以产生的。在人类社会漫长发展史上，人们对社会性别意识的认识经历了一个历史演进的过程。在以生殖力为主动力的母系性别制度时代，生殖力是人类资本中最活跃最重要的因素，在这种制度下构建的是以女性为单位、从妻而居和依照女性传承的家庭结构，女性拥有广泛的公共权力，氏族社会重女而不轻男。其后，随着母性地位的衰落，社会性别制度发生重大转变，以男性体力为主动力的父权性别制度得以确立。在父权性别制度体系下，男性代替女性成为强者，父权制占主导地位，女性成为男性的附属品，男女平等的观念被异化。近代伊始，个体智能和能力在人类资本中的地位日益增强，性别价值定位的决定意义逐渐减弱，特别是由于启蒙运动的影响，男女平权的性别制度逐渐兴起，要求男女共同享有政治、经济、教育等各项权利成为社会发展的趋势。[②] 男女平权的性别制度在批判过去两性不平等的同时为现代社会性别意识的产生和发展提供了契机。1976 年，美国著名人类学家格·如本（Gagle Rubin）首次提出的社会性别（Gender）概念从而促成了社会性别理论的最终诞

---

① 刘育红：《浅谈性别意识与社会发展》，载《妇女学苑》1998 年第 1 期。

② 李慧英主编：《社会性别与公共政策》，当代中国出版社 2002 年版，第 11 ~ 12 页。

生。社会性别理论认为，人类社会不仅有经济制度、政治制度、文化制度，还存在社会性别制度。在社会性别制度中，性别的规范和对社会性别差异的社会认识，并不是天生的，而是性别角色社会化的结果。在过去长期的社会发展中，形成的是一种以男性价值和经历为标准而形成的社会性别制度规范，这种规范得到国家和法律的认可，成为男性统治社会的重要手段，它使女性在政治、经济、文化领域，以及家庭内的边缘化和从属地位合法化。① 社会性别理论就是要反省传统的社会性别制度，终结男女间的不平等，促使男性和女性全面、健康发展，实现社会性别平等。

自20世纪70年代以来，在国际社会，社会性别意识以及社会性别理论不仅是国际社会许多学者研究人类社会与历史的基本分析方法，而且，社会性别理论强调的提高妇女地位、实现两性平等的观念也被国际社会的法律文件重视与采纳。1975年，世界妇女大会就明确提出了"所有国家政府应当成立提高妇女地位的机制"的建议，并将1975～1985年规定为"联合国妇女十年"。1979年，联合国通过了《消除对妇女一切形式歧视公约》，以国际公约的形式规定了妇女享有的权利，提出了"妇女的权利即人权"的重要见解。1995年世界妇女第四次大会在我国的北京召开，大会通过了北京《行动纲领》，明确指出，各国政府和其他行动者应该推行一种积极醒目的政策，把性别意识纳入所有政策和方案的主流，从而在做出决定之前分析对男子和妇女各有什么影响，及时消除和修正不利于妇女和男子发展的方案，推动妇女与社会的协调发展。从此，"社会性别意识主流化"不仅被纳入联合国性别发展的指标体系，也成为全球以人为中心的社会发展模式的重要组成部分。将性别意识纳入决策主流，就是要求：其一，在制定法律、政策、方案、项目等各个过程中，体现性别意识，对两性的权利做出公正、合理的界定。其二，在具体实施这些政策过程中，贯彻社会性别意识，保证在实践中实现男女平等。②

立法作为当今世界各国一项重要的公共政策活动，在其过程中强调贯彻社会性别意识，不仅对于提高社会重视性别意识观念，增强立法者的性别敏感度具有积极作用，而且对于整个社会实现"性别正义"，促成男女两性的真正平等和社会的协调发展也具有重要意义。当前，我国正处在父权性别制度向平权性别制度的转变时期，传统与现代的性别规范盘结在一起，③ 加之我国男女不平等的思想观念根深蒂固，因此，强调在我国立法过程中贯彻社会性别意识，更具有必要性和现实意义。

第一，是实现我国男女平等和社会协调发展的基础与保障。

自从人类社会产生以来，人类便是一个由男女两性共同构成的有机体。虽然我们常说社会的存在、发展和进步是男女两性共同努力、密切合作的结果，但谁也不可否认在社会的发展进程中无时无刻不充满着对妇女的歧视与偏见。妇女发展史，也可以说是一场妇女为争取两性平等的斗争史。在西方，自启蒙运动开始，妇女为消除性别歧视和改善自身地位有意识地开展了各种社会活动。在法国大革命时期，法国出现了人类历史上第一次为争取和男性具有平等权利而进行的妇女解放运动。19世纪，欧美妇女运动此起彼伏，他们在陆续获得经济、教育、工作等权利后，又为争取妇女参政权利而掀起了轰轰烈烈的妇女

---

① 陈敏：《从社会性别的角度看我国立法中的性别不平等》，《法学杂志》2004年第3期。
② 刘育红：《浅谈性别意识与社会发展》，《妇女学苑》1998年第1期。
③ 李慧英主编：《社会性别与公共政策》，当代中国出版社2002年版，第12页。

运动浪潮。当前，虽然西方许多国家的宪法和法律都明确承认了男女平等的各项权利，但在实践中男女不平等的现象仍然普遍存在。

相对于欧美西方资本主义国家，我国对两性平等的认识较晚。由于深受传统儒家伦理思想的影响，两千多年以来，我国社会一直是以男性为中心的社会，妇女长期处于第二性的被压迫地位。两性平等及妇女解放的概念在20世纪初的"五四"运动和新文化时期才被首次引入我国的。新中国成立后，我国政府为实现两性平等做出了真挚的努力。男女平等和对妇女特别保护的观念在我国《宪法》、《妇女权益保障法》等法律法规中都有明确规定。立法，作为国家和社会公共政策的一项重要活动和基础性工程，其中贯彻社会性别意识，无疑可以为实现我国男女平等和社会的协调发展提供重要保障。

第二，是我国切实执行世妇会《行动纲领》的要求，是贯彻我国基本国策的需要。

如前指出，1995年，第四次世界妇女大会通过了北京《行动纲领》，明确提出了"把性别意识纳入所有政策和方案的主流"，要求任何领域任何层面上的任何一个行动计划，包括立法、政策或项目计划都要对性别影响进行分析。我国是承诺社会性别主流化的国家之一，并将实现男女平等作为我国社会发展的基本国策。因此，在立法过程中，贯彻社会性别意识是切实执行世妇会《行动纲领》的要求，也是贯彻我国男女平等基本国策的需要。

第三，有助于提高我国民众和政府的社会性别意识观念。

男女平等被确立为我国的一项基本国策虽然已有数年，但由于历史传统和现实执行不力等原因，与计划生育等其他基本国策相比，男女平等的基本国策在民众中的知晓度并不高。在我国现阶段，特别是在一些欠发达地区，由于经济、教育文化的滞后，男女平等的基本国策并没有得到有效贯彻，不少人仍然认为性别平等只是个妇女问题，应该由妇联解决，从而将社会问题妇女化、简单化。① 通过立法的方式将男女平等的理念制度化、法律化，赋予男女平等以法律保障和强制力，是贯彻和宣传社会性别意识最重要的手段，也是提高我国民众和政府社会性别意识的有效途径。

二、社会性别意识在我国当前立法中的体现及存在的问题

（一）立法体现

重视性别意识，在我国当前尤其是要重视妇女的权益。自新中国成立以来，为了维护妇女的合法权益、实现男女的平等，在立法方面，我国做出了全方位的努力。

第一，在《宪法》方面，新中国成立以后历次颁布的宪法都强调公民在法律面前一律平等的法律基本原则，并明确指出我国公民不分民族、性别、职业、社会出生、宗教信仰、教育程度、财产状况、居住期限，在国家政治生活、经济生活、社会生活、文化生活等方面都享有平等的权利。为了能够切实贯彻公民在法律面前一律平等，实现对妇女的特别保护，历次宪法都对妇女的权利给予了特别规定和保护。比如，1954年颁布的新中国第一部宪法就明确规定，妇女在政治的、经济的、文化的、社会的和家庭的生活方面享有

---

① 周美珍：《如何将社会性别意识纳入社会发展和决策主流》，《社会》2004年第7期。

与男子平等的权利。现行宪法第 48 条也同样强调："中华人民共和国妇女在政治的、经济的、文化的、社会的和家庭的生活等各方面享有与男子平等的权利。"

第二，在《妇女权益保障法》方面，为了全面保护妇女各项合法权益，促进男女平等，充分发挥妇女在社会主义现代化建设中的作用，1992 年，我国颁布了《妇女权益保障法》。十多年来，由于执法部门和社会各界的努力和支持，妇女的权益保护取得了可喜的成果。但随着我国社会的发展，实践中出现了一些新的问题和现象，比如在政治权利方面，妇女与男性存在较大差距，领导岗位女干部比例偏低，在参与国家管理上明显存在男强女弱的现象；在劳动权利方面，妇女受到的侵害比较严重，就业中歧视女性、拒绝女性的现象相当突出，农村妇女的土地承包权益得不到有效保障；在婚姻家庭权益方面，有配偶者与他人同居的现象在有些地区比较普遍，家庭暴力时有发生。① 为了能够使《妇女权益保障法》更好地适应社会发展的需要，充分发挥其对妇女权益的保障功能，2005 年 8 月 28 日，全国人大常委会第 17 次会议通过了关于修改《妇女权益保障法》的决定，并对其进行了重大修正。新的《妇女权益保障法》在明确了妇女权益保障的执法主体是政府，规范妇联团体的职能作用的同时，还对妇女权益领域进行了全面的补充和完善，从立法、司法、行政、社会监督等多个方面采取了保障妇女权益的新措施。此外，该法还增加了不少新的内容，比如，将男女平等基本国策写入该部法律；规定"学校在录取学生时，除特殊专业外，不得以性别为由拒绝录取女性或者提高女性的录取标准"；强调"国家要推行生育保险制度，要建立健全与生育相关的其他保障制度"等。

第三，在其他法律法规方面，除了《妇女权益保障法》，以《宪法》依据，我国还制定了众多保护妇女的法律、法规。早在 1951 年，我国政府就制定并颁布了《劳动保险条例》，规定男女劳动要同工同酬，女工在产前产后可以休假 56 天，工资由单位照发。我国的这一规定被认为是当时中国妇女政策的世界性创举。② 在我国现行的法律体系中，涉及对妇女权益特别保护的法律还有《中华人民共和国母婴保健法》、《劳动法》、《婚姻法》、《农村土地承包法》、《刑法》以及《女职工禁忌劳动范围的规定》等相关法律法规。这些法律法规在各自的领域为贯彻男女平等的思想而做出了富有成果的规定。比如，在《劳动法》和《女职工禁忌劳动范围的规定》就针对妇女的"三期"和禁忌性劳动做出了特别规定；又如，现行《婚姻法》为了更好体现对婚姻家庭主体的平等关怀，规定禁止有配偶者与他人同居，设立了无效婚姻与撤销婚姻制度，规定了对家庭暴力的责任等，此外，我国《刑法》还将特定侵害妇女的行为予以犯罪化等。

总之，从整体上看，现在我国已经形成了以《宪法》为基础，以《妇女权益保障法》为主体，包括其他一批法律法规在内的促进妇女发展、实现男女平等为宗旨相对完整的一套法律体系。

（二）存在的问题

我国现行的法律法规虽然在很多方面体现了重视对女性权益的保护，但从社会性别的

---

① 参见 http://www.gsei.com.cn/about gansu/ziliao/gqbgk/200317/2441553.htm（visited on Jun 21, 2006）。

② 李慧英主编：《社会性别与公共政策》，当代中国出版社 2002 年版，第 285 页。

角度分析，目前我国的两性保护，在很大程度上仍然停留在形式层面，存在不少问题。

1. 大量立法过于原则、笼统，缺乏可操作性。

法律必须具有可操作性，这是现代法治国家对法律的实践要求。法律的可操作性，就是要求法律具有通过一定的操作程序而使它由文字方便地、准确地化为实践，并进而使法律理想、精神和价值得以实现的特性。法律的可操作性具有多层内涵，其重要内容之一在于法律内容的明确性，也就是说法律的内容必须明确、具体，对它的调整对象和范围，对各个社会主体的权利和义务，都要做出明确具体的规定，避免过于抽象和笼统。① 关于男女平等以及对女性的特别保护，我国存在大量的法律规定，但不少规定却过于原则，实践中难以操作。众所周知，我国《劳动法》规定用人单位要保证女职工享受"三期"保护及相关福利，但国家并没有建立其相关的完善的社会保障体系，从而使得我国《劳动法》保护妇女的相关规定无异于"画饼充饥"；又如，我国的《妇女权益保障法》规定了生育保险制度，但目前我国的生育保险制度并未真正建立，从而使得我国妇女的这一权益同样"落空"。

2. 不少法律条文缺乏救济途径和责任的规定，不具有可诉性。

法律除了具有可操作性之外，还必须具有可诉性。法律的可诉性要求当法律规定的权利受到侵害时，权利主体可以通过司法途径来维护自己的权利。法的可诉性是保障权利的最为重要的途径之一。我国有大量妇女权益的规定，法律也要求不得侵犯妇女的合法权益，但由于法律并没有规定相应的责任，没有明确保护妇女权益的主体以及没有规定具体可行的程序，从而导致实践中即使妇女的权益受到不法侵犯，也无法得到司法的救济。最为典型的如我国《农村土地承包法》关于农村妇女土地承包权的有关规定。该法第51条指出，农村妇女土地承包权受到侵犯，可以请求村民委员会解决。但问题是可能侵害此项权利的正是村民委员会，这样，农村妇女土地承包权如何能够得到有效保护？另外，为了有效执行《农村土地承包法》，2001年中共中央办公厅、国务院办公厅还特别下发了《关于切实维护农村妇女土地承包权益的通知》，该《通知》第5条特别要求有关政府对此类纠纷，依照有关法律和政策处理。但负有义务的政府到底是哪一级政府？有关的法律政策依据究竟在哪里？负有义务的政府的法律责任又是什么？② 由于立法没有解决这几个方面的关键问题，《农村土地承包法》中关于农村妇女的土地承包权的特别规定只是一句空话。除了《农村土地承包法》外，不具有可诉性妇女权益的规定在我国的《劳动法》、《妇女权益保障法》等法律法规中还大量存在，这里不再一一列举。

3. 在有些法律中，歧视妇女的条款仍然存在。

法律精神在于正义与平等，相同的情形应当同样对待，不同的情形应当不同对待。在近代以前的父权性别制度时代，男尊女卑，歧视妇女的各种规定和制度普遍存在于各个社会中。其中有些是显形歧视性条款，有些是隐形歧视性条款。③ 从我国现行法律的规定看，我国并不存在明显歧视妇女的法律条款，歧视性条款主要是后者。其中，最为明显的

---

① 魏吉华：《论法治国家对法律的要求》，《安徽大学学报（哲学社会科学版）》2002年第4期。

② 陈敏：《从社会性别的角度看我国立法中的性别不平等》，《法学杂志》2004年第3期。

③ 显形歧视性条款是指在形式和实质都不平等的条款，如我国封建社会的一夫多妻制度；隐形歧视性条款是指那些形式上平等而实质上却不平等的条款。

就是体现在我国法律关于男女退休年龄和女性禁忌行业的规定上。1993 年 10 月，国务院颁布《国家公务员暂行条例》，对国家公务员（事业单位参照执行）退休作了规定："男性年满 60 周岁，女性年满 55 周岁应当退休；男性年满 55 周岁，女性年满 50 周岁，且工作年限满 30 年的以及工作年限满 20 年的，本人提出要求，经任免机关批准，可以提前退休。"而企业职工的法定退休年龄，在 1978 年颁布、现在仍然有效的《暂行办法》和《国务院关于工人退休、退职的暂行办法》等两份文件中对法定退休年龄作了明确规定：男职工年满 60 周岁，女工人年满 50 周岁，女干部年满 55 周岁。这些规定从立法者的本意看或许是为了照顾女性，但从现在执行的客观效果分析，这些规定给妇女的生存和发展带来了众多不利的影响。比如关于男女退休年龄的不同规定就存在严重问题。在干部任用方面，我国不少地方和部门都存在这样一个不成文的做法，任用国家机关干部，女同志超过 50 岁一般不再提名任用，这种男女不同退休年龄的规定实际上严重侵犯了我国女性的政治平等权利、经济平等权利等一切权利。

三、我国立法中贯彻性别意识、实现男女平等的措施

针对上述我国立法中存在的问题，贯彻性别意识，实现男女平等，我认为在我国现阶段采取以下几项措施是必要的：

1. 尽快修改我国立法中已经存在的有关性别不平等的规定，完善不具有可操作性、可诉性的规定。

我国不少关于妇女权益的法律法规是在上个世纪七八十年代制定的，在当时看，规定是符合时宜的，对当时的社会发展和实现妇女地位平等起了积极作用。经过了二十多年的发展，我国的政治、经济、文化环境发生了巨大变化，人们的性别观念也和以往存在很大的差别，许多法律很难适应现在社会的客观需要，为了能够更好的保护妇女的合法权益，真正贯彻男女平等的性别意识，我们必须尽快整理现有的有关法律法规，查找不合适的有关条款，及时做出修正。比如，在关于退休年龄方面，我国立法应当尽快取消男女不同的规定；在女职工的从业范围方面，应当尽快取消现有的劳动禁忌规定，代之以禁止企业强迫女职工从事某种工种，明确女性享有平等的就业权和自主就业选择权。①

随着国际社会政治、经济一体化的发展，妇女问题不再单纯是一个国家内部的问题，越来越成为国际社会共同关注的问题。我国政府一贯重视妇女问题的国际合作，签订了包括《行动纲领》在内一系列重要国际条约和法律文件，因此，我国在修正有关规定时，还要注意和我国现已签订的国际条约和法律文件相协调。

在对我国业已存在的有关性别不平等的法律条文进行修正的同时，还要尽快完善那些不具有可操作性、可诉性的规定。除了一些必要的指导性原则外，立法应当力求具体、规范，避免空洞、花架子式的不具有可操作性的条文再次出现。在修正法律的过程中要力求实现妇女的权益具体化，力求实现权益的程序具体化以及有关责任设定具体化。

---

① 陈敏：《从社会性别的角度看我国立法中的性别不平等》，《法学杂志》2004 年第 3 期。

2. 立法过程中要考虑设定科学的女性立法者的数量和比例。

在西方，女权主义运动的一个重要目标就在于要实现在公共政策的制定上争取实现两性的平等。他们认为，过去乃至现在，公共政策的制定主要是由政府机构和专家智囊团合作的，是权力和知识的结盟。① 由于历史形成的两性地位的差异，无论是在权利群还是在专家群中都由男性垄断，女性处于核心决策层的比例较低，女性利益代言人的缺席现象严重。在制定决策的过程中，由于女性利益代言人的缺席，男性往往会不自觉地将潜意识的性别歧视通过规范的公共政策制定和实施转化为固定的、公开的性别歧视。在国际社会，曾有学者做过研究，结果表明，任何一个群体的代表在决策层只有达到30%以上的比例，才可能对公共政策产生实际影响力。② 女性是有关妇女权益法律法规的直接利益相关者，由于女性的特殊经历和感受，她们能够更好地意识到容易被男性忽视的性别问题，在立法者中增加女性立法者的数量和比例就是要避免女性群体利益的边缘化，避免女性的真实意愿被歪曲、误解。③

在我国，全国人民代表大会和地方各级人民代表大会是我国的立法机关，是法律的制定者，为了保证立法的科学性和广泛的适用性，我国历来十分重视各级代表大会代表人员的结构和组成，其中就考虑了女性参与立法的问题。但由于历史的传统和现实的原因，女性利益代言人缺席的现象并未得到根本改变，包括妇女权益保障在内的立法方面，男性垄断地位的现象仍然十分突出。因此，在我国立法过程中有意识地提高女性立法者的数量和比例，对于贯彻社会性别意识，避免形成不利于女性的条款是十分必要的。

3. 强化与提高男性立法者的社会性别意识。

从当今世界各国的立法实践看，无论在数量方面还是在决策层面，男性在立法上仍然占据支配地位，并且这一现象将在今后一个相当长的时期很难得到根本改变。因此，维护女性合法权益，实现立法的两性平等免不了要在强化与提高男性立法者的社会性别意识，增强他们的性别敏感度上下功夫。提高男性立法者的性别意识，目的在于使男性立法者具备良好的社会性别意识和两性平等的观念，使他们能够在立法过程中意识到社会性别以及男女两性的差别的存在，避免立法可能造成两性的不平等以及给女性带来的不利。

强化与提高男性立法者的社会性别意识，西方不少发达国家采取了不少积极的措施。在加拿大，立法局制定法律的官员必须要经过社会性别意识的培训，另外，还必须考查立法中是否有性别意识的检察人员。④ 相对于西方国家，我国在强化与提高男性立法者的社会性别意识方面是滞后的，既不存在专门的机构，也未建立对立法者进行专门培训的机制。鉴于我国当前的实际情况，我国有学者提出，强化与提高男性立法者的社会性别意

---

① 吴小英：《女性主义认识论与公共政策》，《妇女研究论丛》1998年第1期。
② 刘莉、李慧英：《公共政策决策与社会性别意识》，《山西师范大学学报（社科版）》2003年第3期。
③ 刘莉、李慧英：《公共政策决策与社会性别意识》，《山西师范大学学报（社科版）》2003年第3期。
④ 刘莉、李慧英：《公共政策决策与社会性别意识》，《山西师范大学学报（社科版）》2003年第3期。

识，一方面可以通过妇联的组织网络和高校的妇女研究学者对男性决策者进行社会性别意识的培训，另一方面也可以通过妇女的研究机构和高校承担的一些大型的政府支持的妇女研究项目，对大型政策和立法进行可能性分析和论证，并反馈给决策者，使男性决策者增强社会性别意识。我认为这些意见不失具有可行性，但更重要的是政府需要将社会性别意识纳入到公共政策的高度考虑，必须建立相应的机构和机制，这才是切实提高我国社会性别意识观念，实现我国两性平等的长久之计。

本文作者：莫洪宪，武汉大学法学院教授。

法学教育与性别教育

法律是调整人与人之间法律关系的行为规范。而法律关系的主体——人是由两性组成的。因此，法律的制定、实施和研究离不开两性问题。高等院校法学教育的宗旨是培养法律工作者，这就决定了高等院校法律院系法学教育和性别教育同步进行的必要性。即，在培养法律意识、传授法律专业知识等各方面应高度重视性别教育。

高等院校法学教育的宗旨是培养具有高度法律意识，具有较强的法律逻辑思维能力，系统掌握法律专业知识，为国家的立法和司法工作、为提高全民法律知识水平进行法制宣传的合格的法律人才。同时，为法学理论研究培养一批高素质的研究人才。而法律调整的是法律关系，法律关系是社会关系的一种，是人与人之间的权利义务关系。人类社会由男女两性组成。故，人与人之间的关系必然涉及到两性性别问题，法律的制定和实施同样也必然涉及到两性问题。因此，高等院校的法学教育与性别教育具有密不可分的联系。本文拟从法学教育的宗旨切入，探讨法学教育与性别教育的密切联系，试图呼吁高等院校法律院系在法学教育中提高对性别教育的重视。

一、法律意识的培养与性别教育

高等院校法学教育的首要宗旨可以说是培养一批具有高度法律意识的人才。培养法律意识，首先要培养人本主义思想和"人生而平等"的天赋人权思想。"人生而平等"思想在法律上体现为"法律面前人人平等"思想。"法律面前人人平等"思想是当今法制国家皆由宪法规定的最首要的基本原则。"法律面前人人平等"的"人人"，当然包括男人和女人两性在法律地位上的平等。因此，"法律面前人人平等"意识的培养，包括法律上男女平等意识的培养。

（一）法学理论的基础教育与性别教育应同步进行

高等院校的法学教育一般是从法律基础理论和宪法学等课程的讲授开始。即，学生开始学习什么是法，以及法律面前人人平等等基本理念。为使学生真正树立法律面前人人平等思想，首先就应让学生深刻认识什么是"法"，什么是"人人"，什么是"平等"。关于什么是"法"，通过法学基础理论课程，学生就会有程度不同的认识；关于"平等"，学生也会通过宪法以及其他大学一年级的课程有所认识。但是，对于"人人"，学生的认识只会局限在一般人对"人"的理解上。因为，高中时候我们对学生不进行关于人类学以及性别的教育，在大学阶段法律院系仍然不进行系统教育。只能说高等院校法学专业的学生实际上不真正具体懂得男女两性在生理上有什么差异，这种差异会有什么不同的权益保护需求，科技发展对人类繁衍有什么影响和带来什么变化，法律应怎样采取不同的措施平等保护每个人等。因此，我们培养的法律专业人才对法律面前人人平等的法律基本理念的理解仅仅是对表层的理解，并无深层的理解。而且，这种状况会一直延续下去，直至博士研究生。高等院校的法学教育培养的法律人才也应是先为"人"，后才为"法律人"。所以，应对人和两性问题有较深入的认识，有了"以人为本"的思想和正确的性别意识，才能树立较强的法律意识。总之，要想通过高等院校的法学教育培养一批具有高度法律意识的人才，并真正实现实质意义上的男女法律地位平等，应重视人类学教育和性别教育，使学生真正了解和掌握男女两性在生理上的差异，在真正懂得"人"、"两性"的基础上深刻掌握法律的基本理念，为今后的立法、司法、普法具备高度的法律意识，更好地为"人"提供法律服务。

（二）实现法律地位上的男女平等和社会地位上的男女平等应该同步

实现法律上男女地位平等的最终宗旨是以强有力的法律手段实现社会各个领域里的男女地位平等。法律渗透到社会政治、经济、文化、婚姻家庭等各个领域，是现代法制社会调整各个领域社会关系的最有力的手段。因此，只有实现了法律地位上的男女平等，才能利用法律的强有力的手段在社会政治、经济、文化、婚姻家庭等领域里促进和实现、并保障男女地位之平等，建设男女地位平等的和谐、文明的社会。同时，社会经济、政治、文化、婚姻和家庭领域里男女地位的平等反作用于法律领域，决定和体现法律上男女地位的平等。总之，实现法律地位上男女平等和社会地位上的男女平等应是同步的。

所以，在高等院校进行法学基础理论教育的时候，应重视性别教育，使得学生在从法律的视角关心自己和他人乃至社会的时候，充分认识男女生理上的差异，重视男女生理上的差异所带来的社会地位上的男女差别和性别歧视问题，善于发现和深入研究法律规定的漏洞和法律上的解决方法。培养学生法律意识的同时，树立正确的性别观念，成为建设真正实现男女平等和谐社会的合格的法律人才。

二、法学理论知识的传授与性别教育

高等院校法学教育的主要目的是通过若干年的教育，使学生系统掌握法律专业理论知识，为国家培养立法、司法和法学理论研究工作者。而立法、司法和法学理论研究的对象就是社会各个领域里人与人之间的法律关系。涉及到人，固然就是男女两性，就离不开性别问题。因此，在法学理论知识的传授中，自然就会涉及到性别问题。穿插进行性别教育，将有助于深入掌握法学理论知识，培养高素质的法律人才。其理由可从以下几个方面考虑：

（一）立法与性别观念

法律调整的是社会法律关系，而社会法律关系随着社会的发展而产生、变更和消灭。因此，调整社会法律关系的法律也应在保持稳定性的基础上随着社会的发展而发展、变更和消灭。

社会各个领域的性别认识和男女两性之间的社会法律关系，随着社会的发展有很大的变化。从孕育生命的生物技术到出生，从生长的家庭环境到学习、工作的社会环境，都有新的性别问题产生，同时也有性别观念的变化带来的社会法律关系的变化。因此，应及时制定、变更和废弃相关法律，以维护社会秩序。这就要求立法者有正确的性别观念，关注相关的变化并及时采取有效的对应性法律措施。例如，随着生物技术的发展，女性在生产领域出现了新的人身权益保障等问题和社会性别比例失调等问题。但是，由于尚未形成法学和人类学、性别研究的有机连接，法律规定上尚有诸多的漏洞，不利于维护当事人的利益，也不利于社会秩序的稳定。因此，应积极倡导有关生命科学、生物技术与法学的共同协调发展，制定相关的法律，限制和制止滥用生物技术。加强不正当使用生物技术的防护手段，倡导在新技术应用过程中对女性的关怀，切实保障女性的人身权益。为此，法学理论教育与性别教育的密切结合是非常必要的。这会使得学生从生物学的角度上认识和掌握男女两性性别上的差异、在生命伦理学的角度上了解对男女两性不同的性别关怀、及时把握生物技术的发展动向，为制定真正体现男女平等思想的、具有可行性的行之有效而且比较完善的法律奠定基础。又如，新《妇女权益保障法》中的禁止对妇女的性骚扰条款的规定，从无到有是一个很大的进步。但应反映社会的发展变化所带来的男女地位上的变化，在更高的立法层次上，在以男女两性合法权益维护为宗旨的综合性法律中加以补充规定，以保持法律的实用性与前沿性。因为，虽然女性仍然为社会的劣势群体，但是，随着社会的发展，我国女性的地位有了很大的提高。女性参与社会活动，在社会活动中起着不可或缺的作用。同时，一改以前的单方面受男性侵扰的观念，也有不少男性受来自女老板、女上司、女同事等女性的性侵扰。法律应体现出男女社会地位的变化，人们思想观念的变化。这就要求立法者有正确的性别观念，以理性的眼光关注由男女两性构成的这个社会，及时制定出反映社会发展变化、男女两性实际地位变化的前沿性法律。另外，关于家庭暴力防治法，妇女界一直在呼吁，但是尚未制定出全国性法律，只有十几个地方性条例而已。难道家庭暴力问题只是关系到女性合法权益维护的问题吗？虽然家庭暴力的大多数受害者是女性，但是她们就是男性的母亲、女儿、姐妹，更何况还有少数男性为家庭暴力的受害者。家庭暴力不仅是家庭问题，而且已经成为一个社会的疾患。如果还不采取措施制止家庭暴力，不仅不能建设和睦和谐的家庭，而且严重影响社会秩序。家庭暴力是破坏家庭和睦、阻碍社会健康发展的毒瘤。这颗毒瘤在侵蚀着由男女两性组成的家庭和社会。可是目前在我国扫除这颗毒瘤，唯有女性在拼命呐喊。其中很重要的原因就是因为我们的社会、我们的法学工作者尚未树立正确的性别观念。

总之，培养未来立法者的高等院校法学教育，应充分重视性别教育，使学生正确认识两性的性别差异，树立正确的性别观念，为将来制定谋求实质男女平等的法律、能够及时修订不符合时代要求的法律奠定基础。

（二）法律实务与性别观念

高等院校 400 多所法律院系培养的学生多数走向公、检、法、司等实务部门。而这些实务部门是贯彻国家体现男女平等原则的法律机关，也是实现男女平等的手段，对于社会其他人来讲是无性别歧视或差别，两性和谐共存的一面镜子。同时，在法律工作中，男女两性应充分发挥性别特长，紧密联系，相互协作才能出色完成国家的司法任务，达到维护社会秩序的最终目的。因此，法律工作者应该具备较高的相应的思想业务素质，包括正确的性别观念。而专业素质教育和性别教育应在高校阶段、也只能在高校阶段同步进行。

法的执行、法的适用，其对象都是人，男女两性。不同地域、不同年龄段、不同文化层次的形形色色的男女两性，如果没有正确的性别观念，忽视性别问题，就容易犯法律适用上的错误，很难采取最适宜的执法措施，甚至可能发生侵犯人权的"事故"。如，对于女犯适用法律的时候，要注意考虑性别问题，注意法律对个别女性罪犯的一些特殊情形规定；女监，要充分考虑女性的性别特征，以体现人道主义、人权尊重原则；结婚、离婚登记、继承纠纷的处理，应注意婚姻继承法中关于女性的倾斜规定等。

总之，要培养真正具有人权思想的、高素质的法律工作者，高等院校的法学教育应同步进行性别教育。

（三）法学理论研究与性别观念

法学属于人文社会科学，研究人，研究社会，研究社会活动中人与人之间的法律关系。在研究社会活动中人与人之间的法律关系的时候，其指导思想是现代社会的"以人为本"思想和"人权"思想。"以人为本"，并在研究中体现人权尊重，就应对人有着深入的了解。在目前经济制度下，宏观上还存在哪些性别差别、可行性法律上的解决措施是什么、其理论依据是什么；在具体环节上，同等环境下，实现实质性男女平等，应考虑哪些性别差异、生命学和法学上的理论依据是什么；社会学的角度上，我们的社会还存在哪些性别歧视、其社会原因是什么、采取哪些法律上的措施、如何解决、社会学和法学上的理论依据是什么。所以，为建设法律面前人人平等、男女平等的和谐社会，应进一步完善法制，为法制架构坚实的理论基础，就应掌握或了解相应的生命学知识，树立正确的性别观念，对"人"有着客观深入的了解或研究；结合法学和社会学知识，从宏观到微观，进行深入严谨的法学理论研究。这就要求培养法学理论研究人才的高等院校在传授法学理论知识和研究方法的同时，高度重视对人本身的学习和研究，包括性别差异、社会性别差别在内的生命伦理学和社会学等。

三、法制宣传与性别教育

深入开展法制宣传，提高国民法律意识是目前法律工作的一项重要内容。而法制宣传的中坚力量就是高等院校法律院系的在校生或已经毕业从事法律工作的人员。利用有限的时间和精力，对全民开展有效的法制宣传，就应讲究宣传策略和讲求效果。为此，应针对不同地域、不同文化层次、不同性别的人采取不同的宣传方式、选择不同的普及内容。如，城市和农村女性的受教育层次不同、所面临的社会环境也不同，应选择其能理解的通俗易懂的方式、选择与其生活工作密切相关的法律进行宣传，并创造条件提供相应的法律援助。又如，在内容选择上，不仅考虑地域差异，而且还应考虑性别差异。这样才能在法制宣传中更好地贯穿男女平等思想和法律面前人人平等思想，从理念到具体法律规定提高全民法律意识。

　　因此，高等院校法律院系的学生，作为现在和将来的法制宣传员，只有关注性别问题、树立正确的性别观念，才能进行更加集中有效的法制宣传，为国家的普法工作作出应有的贡献。

本文作者：李玉子，中央民族大学法学院副教授。

中国共产党妇女解放思想的理论与实践

中国共产党诞生后，就把妇女运动作为它所领导的中国革命运动的一部分。在实践中，中国共产党把马克思主义妇女理论同中国妇女解放的实践结合起来，根据每个时期的革命任务和妇女的特殊要求，为妇女运动制定了明确的纲领和具体的奋斗目标，规定了正确的方针、政策，形成了中国特色的妇女解放理论。正是在正确的理论指导下，中国妇女运动迅速发展起来。中国共产党关于妇女解放的思想与实践，鲜明地呈现出以下特点。

一、把马克思主义妇女理论与中国妇女运动实际相结合

民主革命时期，党的第一代中央领导集体领导妇女走上了在民族、阶级解放的斗争中争取自身解放的道路，丰富和发展了马克思主义妇女观关于性别解放和阶级、民族解放的关系。

毛泽东结合中国实际，对马克思和恩格斯关于私有制是妇女受压迫的根源的观点进行了具体而深入的阐发。1927 年他撰写了《湖南农民运动考察报告》，提出了著名的"四权理论"，认为女子除了与男子同受政权、族权、神权三种权力的支配以外，"还受男子的支配（夫权）。"①《湖南农民运动考察报告》被称之为中国马克思主义者第一次对中国妇女解放问题的宏观把握，也是中国化的马克思主义妇女理论产生的主要标志。毛泽东在文中将阶级压迫和性别压迫具体化为"四权"压迫，在阶级分析中纳入了性别的视角，对中国妇女受压迫的根源作了更加全面深刻的揭示。"四权理论"是毛泽东基于对中国国情和妇女存在方式的透彻分析与把握的理论结果，从此找到了妇女解放与阶级解放的结合点，为马克思妇女解放理论的中国化作出了杰出贡献。在此后的革命、建设、改革的实践中，党的历代领导人都对马克思主义妇女观作了不同程度的阐述。特别是在 1990 年在庆祝"三八"国际劳动妇女节八十周年纪念大会上，时任中共中央总书记的江泽民对中国共产党用以指导妇女运动的理论作了明确说明，并且概括了马克思主义的妇女观，指出："马克思主义的妇女观，是运用辩证唯物主义和历史唯物主义的世界观和方法论，对妇女社会地位的演变、妇女的社会作用、妇女的社会权利和妇女争取解放的途径等基本问题作出的科学分析和概括。"江泽民概括了马克思主义妇女观的主要内容：妇女被压迫是人类历史发展的一定阶段的社会现象；妇女解放的程度是衡量普遍解放的天然尺度；参加社会劳动是妇女解放的一个重要先决条件；妇女解放是一个长期的历史过程；妇女在创造人类文明、推动社会发展中具有伟大的作用。② 中国共产党执政后，十分重视妇女的发展与进

---

① 《毛泽东选集》第 1 卷，人民出版社 1991 年版，第 31 页。
② 《江泽民文选》第 1 卷，人民出版社 2006 年版，第 106～107 页。

步，把男女平等作为促进我国社会发展的一项基本国策。

80多年来，在中国化的马克思主义妇女理论的指导下，中国妇女地位不断提高。20世纪20年代轰轰烈烈的大革命时期，在中国共产党的领导下，妇女进祠堂、上街游行，与男人一样分田地，广大妇女干出了千百年来从来没有过的惊天动地的大事。可以说，在整个新民主主义革命时期，中国共产党始终把争取妇女解放作为重要的目标之一，把妇女解放作为革命的一部分，围绕党的中心工作提出妇女运动的具体任务，使妇女解放事业与革命的发展同步前进。新中国成立以后，随着社会主义制度的建立，马克思主义妇女观作为指导妇女运动的理论在中国得到长足发展和广泛实践，广大妇女的社会地位发生了翻天覆地的变化。千百万妇女走出家门，投身于国家建设，经过几十年的发展，男女平等已经深入人心，成为基本国策，并获得了法律上制度上的保证。

二、把妇女解放与社会解放相结合

私有制不仅是阶级压迫的根源，也是性别压迫的根源，是社会一切不平等的总根源。无产阶级的经济地位决定它只有废除生产资料私有制，从而消灭人剥削人、人压迫人的制度，才能使自己摆脱剥削和压迫。而要把妇女从性别压迫下解放出来，也只有废除生产资料私有制，消灭人剥削人、人压迫人的制度，即消除男性特权存在的阶级基础和社会条件。妇女要反抗压迫，争取解放，孤立地去批判男性特权是不行的，必须批判和消灭各种私有制和一切剥削制度。可见，"妇女解放与劳动解放是天造地设的伴侣"①。

妇女解放同无产阶级的解放、人类解放的目标是完全一致的，妇女解放的道路同无产阶级解放的道路也是完全一致的。当然，妇女解放还有不同于男性的自己的特殊要求，这种特殊要求集中表现在常用的一句口号中——男女平等。但是要实现男女平等，必须把妇女解放融入社会解放之中。

中国共产党领导的中国革命分两步走，第一步是新民主主义革命，第二步是社会主义革命。在新民主主义革命时期，反帝反封建的民族民主革命是中国共产党领导的妇女运动的核心内容。因为，在半殖民地半封建的社会条件下，中国人民普遍没有民主权利，更谈不上女权和男女平等权利。对劳动人民和劳动妇女来说，首先要争取的是生存的权利。帝国主义的侵略、封建势力的压迫，是近代中国人民遭受苦难的总根源，也是中国妇女遭受苦难的总根源。帝国主义同中华民族的矛盾、封建主义同人民大众的矛盾，是中国社会的主要矛盾，也是妇女解放面临的主要矛盾。反帝反封建是中国革命运动的主要内容，也是中国妇女运动的主要内容，离开了反帝反封建这个总任务，任何争取男女平等的斗争都是没有实际意义的。各阶级妇女只有同全国人民一起，推翻帝国主义、封建主义、官僚资本主义这三座大山的统治，挣脱政权、族权、神权、夫权这四条绳索的束缚，在获得民族解放和阶级解放的同时，才能获得自身解放。中国妇女从自身经历中懂得：不触动统治阶级政权，是不可能得到妇女的真正解放的，因此，她们才不惜抛头颅、洒热血，为争取民族和阶级的解放而斗争。在新民主主义革命时期，中国妇女投身波澜壮阔的争取民族解放和阶级解放的斗争洪流，她们以无私的奉献精神，积极参与了国内革命战争和抗日战争。正

---

① 《向警予文集》，湖南人民出版社1985年版，第115页。

如中国妇女运动领袖之一的邓颖超所指出的："中国妇女为革命作出了重大贡献和牺牲，没有占人口一半妇女的英勇奋斗和自我牺牲，就不会有中国革命的胜利。"①

因此，中国妇女赢得了社会对妇女价值的承认和尊重，从而提高了自己的社会地位。同时她们在革命熔炉里经受锻炼，不断提高自身素质和主体意识的觉醒程度。

社会主义革命和建设初期，中国共产党领导的妇女运动的中心任务是倡导妇女参加生产劳动。马克思主义妇女观认为，妇女解放的先决条件是妇女参加社会劳动，获得经济独立。而当时一穷二白的国情决定了我们所面临的首要任务就是发展生产，解决人们的温饱问题。因此，党在这一时期的妇女思想的核心内容是鼓励妇女参加社会生产，获得经济独立。在党和政府鼓励和支持下，广大妇女纷纷走出家门，参加社会生产建设，妇女地位获得显著提高。改革开放以来，广大妇女把自身发展纳入社会发展的主流，积极投身改革开放和现代化建设，致力于发展社会生产力，在以经济建设为中心，全面参与社会生活的过程中，在推动经济和社会发展中，谋求自身的解放和发展。帮助妇女提高经济参与程度，增加经济收入，改善经济地位，是新时期妇女运动全部活动的重点。参与国家和社会事务的管理、决策和监督，也是新时期妇女运动的重要内容。在文化、教育、卫生、体育、科技和社区建设、家庭文化建设等各个方面，也努力争取较好的参与机会和较高的参与比例。

通过对国家和社会事务的全面参与活动并在各个领域发挥着重要作用，中国妇女成了推动经济和社会发展的一支举足轻重的力量，被誉为"半边天"。有"为"才有"位"，她们的家庭和社会地位也因此得到提高，自身获得进一步发展。显然，发动妇女参与经济和社会发展，把妇女解放融入社会解放之中，这是妇女解放的必由之路，也是中国共产党关于妇女运动思想与实践的重要特点。

三、把妇女的特殊利益和一般利益相结合

由于几千年封建统治的影响，中国妇女受封建宗法制度、封建伦理道德的束缚十分严重，她们对于改善自身的阶级奴役和性别奴役的地位和处境有着十分迫切的要求。同时，妇女又有着不同于男子的生理特点，并承担着人类自身生产的特殊任务，这给她们带来特殊的问题，需要给予特殊的关心和保护。妇女运动同革命运动的利益是一致的，同时妇女又有其自身的特殊权益，争取男女平等，就是妇女特殊权益的集中表现。

中国共产党在领导民族解放和阶级解放的斗争过程中，始终重视中国妇女解放运动的开展，总是结合不同时期的革命任务，根据妇女的特殊需要，提出提高妇女地位、推动妇女自身解放的种种要求。在大革命时期，提出了诸如男女社会地位平等、男女教育平等、男女职业平等、男女在法律上绝对平等、男女工资平等、女子应有财产权与继承权、女子应有参政权、反对司法机关男女不平等的裁决、反对大家庭制度、打破奴役妇女的礼教、反对一夫多妻制、反对童养媳、结婚离婚自由、保护母亲、保护童工、赞助劳工妇女等口号。当时的妇女组织十分关心妇女的特殊权益，注意解除妇女的痛苦。在省港大罢工中，一些妇女组织联合发起制定女工保护法，规定了诸如产前产后工资照发、男女工资平等的

---

① 邓颖超：《中国妇女运动史》序言，《中国妇女运动史》，春秋出版社1989年版，第2页。

保护女工利益的具体条文。北伐战争时期，两湖、浙江、江西妇女组织帮助妇女解除封建婚姻的压迫，开展剪发、放足运动和识字运动，处理虐待妇女、迫害童养媳的案件，关闭"敬节堂"、"保节堂"等囚禁寡妇的牢笼。西安妇女协会还推动政府制定了大革命时期第一部成文的婚姻法——《陕西暂行婚姻条例》、《陕西暂行婚姻条例细则》，使婚姻自由有了法律保障。妇女组织还协同政府封闭妓院，帮助妓女走上了新的生活道路；焚毁卖身契，使被迫为婢的女孩恢复自由。

土地革命战争时期的苏区，不仅在《中华苏维埃宪法大纲》中明文规定男女平等，还特别注意农妇的特殊要求。如按照《土地法》规定，妇女同男子一样，获得了平分土地的权利，包括结婚的妇女可以带走属于自己份额的土地、寡妇可以分田等，从而保证了男女农民经济地位的平等。《中华苏维埃共和国婚姻条例》确定的男女婚姻自由和实行一夫一妻制的原则，以及反对包办婚姻、禁止童养媳等规定，把广大农妇从封建婚姻迫害下解放出来，从根本上保护了妇女利益。毛泽东于 1934 年在江西瑞金召开的第二次全国苏维埃代表大会上的报告中谈到这种婚姻制度时指出："这种民主主义的婚姻制度，打破了中国数千年束缚人类尤其是束缚女子的封建锁链，建立了适合人性的新规律，这也是人类历史上伟大的胜利之一。"①

抗日战争和解放战争时期的根据地，继承和发展了苏区关心妇女特殊利益、推动妇女解放的经验，十分重视把妇女从封建婚姻压迫下解放出来，还反对打骂欺压妇女和缠足、溺婴等封建习俗，注意保护妇女走出家门、参加社会活动和参政参战的权利。这时的妇女运动，突出了如何使妇女获得同男子平等的经济地位问题，提出从经济丰裕和经济独立入手，提高妇女的政治地位和文化水平。

新中国宪法规定：国家保护妇女的权利和利益，注意保护母亲、婴儿和儿童的健康。从而使女性公民的一般权益和特殊权益得到国家根本大法的确立和保障。上述种种，不仅使妇女自身解放程度不断获得进展，而且由于注意从解放妇女的切身利益问题入手，解除她们受到的封建压迫和束缚，提高她们的政治、经济地位，这就使她们感到革命、建设同自己的命运息息相关，反过来又大大激发了她们参加革命斗争和社会主义建设的积极性，并心甘情愿地为革命和建设奉献一切。

四、以广大劳动妇女为主体

革命依靠谁，为了谁，直接关系到中国革命道路的选择，同样，妇女解放主要依靠哪个阶层的妇女以及主要为哪个阶层的妇女服务，也直接关系到中国共产党妇女运动的道路选择。就近代中国妇女整体而言，劳动妇女人数最多，受压迫最深，革命的要求也最迫切。中国共产党通过对中国国情的分析和研究，指出劳动妇女是阶级革命和妇女解放运动的主要依靠力量。

早在 1925 年中共四大《对于妇女运动之决议案》就明确表示："本党妇女运动应以工农妇女为骨干，在妇女运动中代表工农妇女的利益，并在宣传上提高工农妇女的地位，

---

① 中华全国妇女联合会编：《毛泽东周恩来刘少奇朱德论妇女解放》，人民出版社 1988 年版，第42 页。

使工农妇女渐渐成为妇女运动中的主要成分。"[1] 正如斯大林所言："在人类历史上，被压迫者的任何一次伟大的运动都少不了劳动妇女的参加。劳动妇女，一切被压迫者中最受压迫的劳动妇女，从来没有而且也不会站在解放运动大道的旁边。"[2] "五卅"惨案后，中国共产党组织 200 多万劳动妇女参加了政治示威，使之成为"五卅"反帝风暴中极其重要的革命力量。而在各地的罢工中，广大女工也在党的领导下充分显示了劳动妇女英勇的革命气概。

1927 年大革命失败后，中国革命重点由城市转入农村，中国共产党领导的妇女运动的主体也就更多地倾向于农村妇女。1928 年中共六大在《妇女运动决议案》中指出："党在乡村中的任务是吸收劳动妇女到革命方面来，以造成和巩固工人阶级与农民的联合战线。"

土地革命时期，毛泽东针对根据地劳动力不足，提出要研究与帮助边区妇女群众广泛地参加劳动生产的问题，使一切多少可以从事劳动的妇女都走上生产战线，和男子一同解决生产的大问题。为保证前方战士的物质供应，党发动福建上杭才溪区 80% 的妇女参加了生产劳动，长冈乡的生产也绝大部分依靠女子。[3]

抗日战争时期，大量青壮年男子参战支前，劳动妇女成为生产战线中必不可少的生力军，就此，党中央及时确立了根据地妇女运动以生产为中心的指导方针。仅陕甘宁边区1939 年就有 10 万妇女参加农业生产，到 1942 年参加纺织的妇女就多达 15 万，从而有效地解决了边区用布问题。

解放战争时期，在"男子前线打胜仗，妇女后方大生产"、"男子前线立战功，妇女后方立富功"的口号下，党领导广大劳动妇女承担起了生产的重任。1948 年解放区妇女参加农业生产的人数一般占妇女劳力的 40% ~ 50%，有的高达 70% ~ 90%，有效地缓解了根据地劳动力缺乏的局面。[4] 1946 ~ 1948 年，中国共产党动员全解放区的妇女共做军鞋 5000 多万双；淮海战役期间，鲁中南妇女做军鞋 170 万双，军袜 110 万双，军服 460万套，有力地解决了军队穿衣问题。

正是中国共产党在新民主主义革命的不同时期，适应党中心任务的需要发动和组织起广大劳动妇女共同为抗战和生产奋斗，才最终取得了新民主主义革命的胜利。

新中国成立特别是社会主义制度确立后，铲除了妇女被压迫的经济基础，同时为妇女参加社会主义劳动开辟了广阔前景，妇女们投身到农业、工业、工商业的社会主义建设中，作出了重大贡献。为此毛泽东给予了高度评价，他说，中国妇女是一种伟大的人力资源，必须发掘这种资源，为建设一个伟大的社会主义国家而奋斗。[5] 几十年来社会主义建设的实践也证明，占"半边天"的妇女自尊、自重、自强、自立，艰苦奋斗，勤于创业，为中国的现代化建设作出了巨大贡献。拿我国的情况来说，目前我国城乡有劳动能力的妇

---

① 中华全国妇女联合会妇女运动历史研究室：《中国共产党第四次全国代表大会对于妇女运动之决议案》，《中国妇女运动历史资料（1921 ~ 1927）》，人民出版社 1986 年版，第 279 页。

② 《斯大林全集》第 7 卷，人民出版社 1958 年版，第 43 页。

③ 《毛泽东农村调查文集》，人民出版社 1982 年版，第 312 页。

④ 李慧秋：《毛泽东关于妇女解放的理论及伟大意义》，《历史档案》1993 年第 3 期。

⑤ 《毛泽东周恩来刘少奇朱德论妇女》，人民出版社 1988 年版，第 64 页。

女大约有 80% 以上在从事物质生产，大约占我国城乡劳动者的 40% 以上，① 我国劳动妇女已在物质生产中发挥"半边天"的伟大作用。

在中国共产党所领导的妇女解放运动中，劳动妇女始终是中国妇女运动的主角，她们的觉醒和崛起，对中国妇女运动的发展产生了极其深刻的影响，拓宽了妇女解放运动的舞台。以往资产阶级民主革命时期以及"五四"时期妇女运动最终归于失败，从某种意义上说，与它们只是由少数知识妇女参与发动的"精英"妇女运动不无关系。历史表明，在民族民主解放运动中，只有争取占中国妇女人口绝大多数的劳动妇女参与到无产阶级妇女运动中来，才能形成强大的力量促进妇女解放事业的成功，也只有劳动妇女在革命生产中发挥了重要作用，妇女的地位才会得以提高。民族意识、阶级意识的觉醒，必然会促使广大劳动妇女从家庭走向社会，从而促进妇女主体意识的逐步形成。同样，中国妇女主体意识的觉醒及其实践，必将推动中国革命的成功。正是在这个意义上，毛泽东指出："全国妇女起来之日，就是中国革命胜利之时。"② 毛泽东的这段名言对于社会主义建设与改革同样适用。

总结与回顾中国共产党妇女解放的思想与实践可以从中得出一些重要的启示。

第一，必须坚持中国共产党的领导。近代中国妇女曾追随资产阶级投身旧民主主义革命，但是资产阶级的软弱性决定了他们没有能力和胆识把妇女运动引向深入。资产阶级政党终究不能真正代表广大劳动妇女的切身利益，因而也就不可能领导妇女运动朝着正确的方向发展，而只有中国共产党才能领导中国妇女获得彻底的解放。这是因为，中国共产党是马克思主义的无产阶级政党，能把马克思主义妇女解放的理论与中国妇女解放的实际结合起来，能够代表无产阶级和广大劳动人民包括受压迫最深的广大妇女的利益。党的性质决定了它不仅必须承担起领导中国妇女运动的重任，而且完全能够担当起这一重任。正是因为有了中国共产党的领导，中国妇女仅用几十年的时间就走完了西方国家妇女解放运动几百年的历程，事实雄辩地证明了这一点。在今后妇女解放漫长的征程中，要继续坚持中国共产党的领导。

第二，不能把男女平等绝对化。男女平等不是绝对的"男女都一样"。争取男女平等并不是要抹杀男女性别差异。因为妇女承担着人类自身再生产的特殊任务，有着与男子不同的生理特点。男女平等是在承认性别差异的前提下，男女并肩作战，反对与消除性别歧视，使男女在权利和地位上平等，最终实现男女两性全面而自由的发展。"男女都一样"和"男女有别"二者在某种意义上未见有本质的冲突。前者是社会因素，强调两性在政治权利、经济地位和人格上的平等。后者是自然因素，旨在强调生理、心理和行为方式上的差异。只有相互尊重各自性别特点，才有可能达到真正的平等。在我国妇女运动的发展过程中，曾经有过把男女平等绝对化的现象，一定程度上使妇女运动误入歧途。因此，在妇女解放的长过程中，一定要树立正确的妇女观，科学地对待和实践男女平等，千万不能把男女平等绝对化。

第三，进一步增强妇女的主体意识。要实现妇女解放首先要妇女自己解放自己。如果妇女没有觉悟到妇女应该自己解放自己，没有这个主观条件，妇女的解放也是不可能的。

① 李静之等：《马克思主义妇女观》，中国人民大学出版社 1991 年版，第 117 页。
② 《毛泽东主席论妇女》，人民出版社 1978 年版，第 8 页。

当然我们强调妇女觉醒对妇女解放的意义，并不排斥男性对妇女解放事业的支持和参与，妇女解放必须在女人自己要求、男人也拥护的条件下才能实现。由于历史和现实的种种原因，中国妇女的整体素质一直偏低，缺乏自我解放的主动性和积极性。因此，在中国妇女解放的过程中，党和政府发挥了巨大的作用。在思想理论、政策措施、组织机构、运行机制、人员保障及外部环境等方面，都为男女平等和妇女发展提供了良好的条件。但要真正解放妇女，还必须进一步提高妇女素质，强化妇女的主体意识。使广大妇女获得争取解放、全面进步的内在动力。

本文作者：丁俊萍，武汉大学政治与公共管理学院教授；
虞花荣，中国政法大学马克思主义学院讲师。

马克思主义妇女观

马克思主义妇女观，是运用辩证唯物主义和历史唯物主义的世界观、方法论，对妇女社会地位的演变、妇女的社会作用、妇女的社会权利和妇女争取解放的途径与过程等基本问题做出科学分析的理论。江泽民在 1990 年 3 月 7 日招待中外妇女庆祝国际"三·八"妇女节讲话中，首次科学地阐述了马克思主义妇女观。马克思主义妇女观是争取妇女解放的理论，是实现性别平等的理论基础。江泽民根据辩证唯物主义与历史唯物主义理论分析妇女问题提出了五条基本原理①，这五条基本原理是马克思主义理论的当代化和中国化，是马克思主义思想的结晶。我们仅尝试依据这五条基本原理学习、领会马克思主义妇女观。

一、妇女受压迫是人类历史发展的一定阶段上的社会现象

妇女受压迫是人类历史发展的一定阶段上的社会现象，这条原理指出了妇女受压迫的暂时性。妇女受压迫不是盘古开天就有的现象，不是与历史并行始终的现象，它只是人类历史发展到一定阶段的特有现象，它也将在历史发展的某个阶段必然消失。男人女人是社会发展的主体，两性的和谐发展才能促进社会最大速度地前进。男人女人的关系发展是一个否定之否定过程。远古时代男女基于性别分工的伙伴关系是社会和谐发展的需要，是社会发展的肯定阶段。后来，男人依靠从事外部世界劳动的条件垄断了社会事务，把女人排斥在社会生产之外，又通过舆论夸大从事外部生产劳动的重要性，贬低妇女从事的人类自身生产和家务劳动的价值，这就使社会走向了它的对立面。正如早期马克思主义者李达先生在其《女子解放论》② 中所说，"男女最初的自然分业"是"男子专以畜牧业为主，女子专以哺育生儿兼营他事为主"。这种最初的自然分业本没有"差别意味"。"女子分娩前后，不能求食，男子替她代觅食物"，"这是鸟类兽类也这样的"。但随着时间的流逝，"这种自然分业，变成了社会习惯，于是有些圣贤大盗出来……说女子本领薄弱，是全靠男子过活的，以为人类只有男子有能力，把男子作了本位，这社会遂成了男子的社会了"。男女自然分业，成为习惯，本无可非议，并非产生歧视妇女的根源，关键是"圣贤大盗"的有意歪曲，贬低女子，抬高男子，社会便以男性为本位。由于社会以男子为本位，这样"支配社会的一切道德、风俗、习惯、法律、政治、经济都以男子为中心"了，

---

① 江泽民 1990 年 3 月 7 日《迎接国际"三·八"妇女节讲话》，《中国妇女报》1990 年 3 月 7 日第一版。

② 李达：《女子解放论》，《中国妇女运动文献资料汇编》第一册（1918～1940）第 12 页，中国妇女出版社 1987 年版。

以维护男子利益为转移。这是社会发展的否定阶段，这也是至今为止的社会现实。一个更高的和谐阶段，即否定之否定阶段，那时，两性的分工是在两性真正志愿基础上合理分工，而这种分工是有利于两性的和谐发展，它是在生产力发展的更高阶段上的两性伙伴关系。那时的工作不只仅仅是一种特权，一种谋生的手段，而是人的全面发展的需要。那时，有利于两性全面发展的一切工作与思想观念就会是全社会欣然接受和赞赏的；而一个性别强迫另一个性别，一个性别依赖另一个性别会成为一件可耻的事情。建立两性和谐发展的伙伴关系，正是（美）著名文化人类学家艾斯勒在其名著《圣杯与剑》中，以大量历史文化证明了的远古时代人类社会的两性关系以及对未来社会两性关系的科学预测。

以上所述表明，妇女受压迫是人类社会发展的否定阶段特有现象，而在人类社会发展的肯定阶段和否定之否定阶段两性是和谐的平等的伙伴关系。人类社会从开始形成时没有性别压迫，社会发展的更高阶段也没有性别压迫，性别压迫只是人类社会发展的某一个阶段上才有的特有现象。这就是江泽民阐述的妇女受压迫是人类历史发展一定阶段上的社会现象，暂时现象！妇女受压迫本身是一种文化现象，不是自然的必然如此的现象，这种文化是由社会政治、经济建构的，它有其产生，也必将有其消亡，它并非与人类社会共始终。

二、妇女在私有制下处于受压迫地位实质是
阶级压迫的一种特殊表现形式

妇女在私有制下处于受压迫地位实质是阶级压迫的一种特殊表现形式，这条原理指出了妇女受压迫的性质：阶级压迫的一种特殊表现形式。人类历史上曾有三大歧视可以并行谈论其性质，这就是阶级歧视、种族歧视、性别歧视。有人将它们与诸如年龄歧视、身高歧视、长相歧视一概而论，这如果不是糊涂那就是有意混淆是非。阶级、种族、性别三大歧视是性质相同的歧视，年龄、身高、长相三大歧视完全是另一类性质的歧视。后三者都没有绝对被歧视的特质，以身高而论，高和矮在不同情景不同地域有不同的优势，上天的宇航员就不能超过1.7m，小个子还有优秀人种之说，年龄、身高、长相谁优谁劣要看具体情况，要具体情况具体分析。就是长相也不能绝对化，丑星就比一般人强。以年龄而论，从退休看，年龄大好像是劣势，但老人有经验，受人尊重，是社会的财富，这又是优势。所以我们不能用任何其他的歧视来混淆阶级、种族、性别三大歧视，这三类歧视性质是相同的，都具有阶级歧视的性质。而且，歧视的一方处于绝对优势，被歧视的一方处于绝对劣势，歧视与被歧视是不可能转化的。它们都是以先天的不变的不以人的意志为转移的东西作为歧视他人的资本。种族与性别是不能由自己选择的先天的东西。科学从来也没有证实某些种族比另一些种族优秀，更没有证实一个性别比另一个性别聪明能干。阶级之间、种族之间、性别之间的歧视完全是人类文化的结果，是后天的、人为的、文化的。它直接违背了天赋人权，不同阶级、不同种族、不同性别应该完全平等，而不平等就是歧视和压迫。

马克思主义者将性别压迫视为阶级压迫的一种特殊表现形式，它的实质就是一种阶级压迫。恩格斯指出："母权制的被推翻，乃是女性的具有世界历史意义的失败。丈夫在家

中也掌握了权柄，而妻子则被贬低、被奴役，变成丈夫淫欲的奴隶，变成生孩子的简单工具了。"① 又说，"在历史上出现的最初的阶级对立，是同个体婚制下的夫妻间的对抗的发展同时发生的，而最初的阶级压迫是同男性对女性的奴役同时发生的"②。"丈夫占居一种无需有任何特别的法律特权的统治地位。在家庭中，丈夫是资产者，妻子则相当于无产阶级。"③ 将马克思主义中国化的中国马克思主义者们，特别是毛泽东思想发展了这一思想，毛泽东曾指出④："这四种权力——政权、族权、神权、夫权，代表了全部封建宗法的思想和制度，是束缚中国人民特别是农民的四条极大绳索。"又说："……女子的劳苦实在比男子要厉害。……她们是男子经济……的附属品。男子虽已脱离了农奴的地位，女子却依然是男子的农奴或半农奴。她们没有政治地位，没有人身自由，她们的痛苦比一切人大。"

为什么马克思主义者将性别压迫视为阶级压迫的一种特殊表现形式呢？阶级压迫的实质就是压迫者剥削了被压迫者的劳动力，榨取了被压迫者的剩余价值，被压迫者养活了压迫者，反倒被歪曲成被压迫者是靠压迫者养活的。迫使女性离开外部世界，专做家务和生儿育女，抬高物质生产的价值，将家务劳动和生儿育女视为家庭内的私人事务，贬低其价值。由此制造男人养活女人的神话。丈夫的经济基础决定了其家庭统治地位，夫权无需特别法律的保护，它比法律更高更直接更普遍。就妇女失去经济地位，男子握得经济权柄这点上而言，男子能压迫女子就如有产阶级对无产阶级能行使压迫权一样，性质一样，理由一样。

三、参加社会劳动是妇女解放的一个重要先决条件

参加社会劳动是妇女解放的一个重要先决条件，这条原理指出了妇女争取解放的正确途径：参加社会劳动。妇女解放重要先决条件是参加社会劳动，而不是仅仅从事家务劳动，这是由于妇女仅仅从事家务劳动与外界隔绝是她们受压迫的一个重要原因。因为：

1. 只有"经济独立，才是妇女解放的基础"⑤。经济自立是妇女解放的物质基础，朱德指出："只有妇女积极地参加生产建设的工作，才能获得经济地位和独立性，妇女解放的事业也才能有稳固的物质基础。"⑥ 没有一定的物质基础，何谈解放，伸手找他人要，何谈独立。妇女的自立只能依靠自己，而不是任何其他人，包括称为亲密伴侣的丈夫，夫妻间要相互帮助，相互依赖，但不是经济上的依靠。经济上的一方依靠另一方，就只能变成政治上地位上人格上的一方从属于另一方。朱德在总结十月革命经验时指出，"中国妇女要能够真正独立地生活，就必须首先打破经济的束缚……妇女的解放不能依靠男子，只

---

① 恩格斯：《马克思恩格斯列宁斯大林论妇女》，人民出版社 1978 年 11 月，第 111 页。
② 恩格斯：《马克思恩格斯列宁斯大林论妇女》，人民出版社 1978 年 11 月，第 119 页。
③ 恩格斯：《马克思恩格斯列宁斯大林论妇女》，人民出版社 1978 年 11 月，第 128 页。
④ 毛泽东：《毛泽东周恩来刘少奇朱德论妇女解放》，人民出版社 1988 年版，第 27、31 页。
⑤ 周恩来 1948 年 11 月《在军队干部家属代表会上的讲话》，《毛泽东周恩来刘少奇朱德论妇女解放》，人民出版社 1988 年版，第 75 页。
⑥ 朱德 1948 年 9 月《在解放区妇女工作会议上的讲话》，载《朱德选集》，中共中央文献研究室编辑委员会编，第 250 页。

能依靠自己"。妇女解放必须在经济上独立，要有自己的物质基础，要依靠自己，不能依靠男子。这就必须参加社会劳动，取得劳动报酬。经济上自立是妇女解放的前提和先决条件。

2. 家务劳动只占妇女劳动极少工夫。"只要妇女仍然被排除于社会的生产劳动之外而只限于从事家庭的私人劳动，那么妇女的解放，妇女同男子的平等，现在和将来都是不可能的。妇女的解放，只有在妇女可以大量地、社会规模地参加生产，而家务劳动只占她们极少的工夫的时候，才有可能"①。妇女只有在大量地、社会规模地参加生产，创造社会价值，不创造社会价值的家务劳动只占她们很少工夫的时候，她们的价值才真正显示出来，这时，她们可以靠自己的劳动生活，她们可以主宰自己的命运，而成为真正的人，与男人平等的人。因此，"只有在妇女摆脱了这种琐碎的、使人愚钝的非生产性工作而同我们一道从事新工作的时候"，才能实现真正的男女平等。② 而且也"只有在废除了资本对男女双方的剥削并把私人的家务劳动变成一种公共的行业以后，男女的真正平等才能实现"③。因此，家务劳动只能占妇女极小工夫，如果占较大工夫，那么妇女就没有时间从事社会劳动，就不可能获得能使自己独立的经济基础。如果妇女必须从事家务劳动，那么妇女必须将主要精力用在社会生产上，用在创造社会价值上，否则妇女的解放是不可能的。

3. 如果只从事为小家庭的家务劳动，妇女永远只能处于被奴役地位。根据马克思主义原理，家务劳动在不同社会经济条件下具有不同性质。公有制经济与私有制经济制度下家务劳动性质截然分成"为公"与"为私"两种。原始共产制家庭家务劳动具有"公共"性质。恩格斯指出："古代共产制家庭经济中，委托妇女料理的家务，正如男子获得食物一样，都是一种公共的、为社会所必需的劳动"。④ 这就告诉我们，在共产制家庭经济中，妇女从事的家务劳动具有社会价值。原始社会的妇女由于她们既从事采集食物，又从事家务劳动，对大家庭做出特殊贡献，她们获得社会的特别尊重，掌管了氏族大权，管理着共产制家庭。这种社会被称为母系氏族社会。

共产制家庭妇女从事的家务劳动具有"公共"性质是因为：第一，氏族社会与家庭同一，为家庭劳动也就是为社会劳动。第二，妇女从事家务劳动是性别分工，是自然分工。没有在"家庭之外"禁止妇女劳动，没有形成家庭以外：男人的天下；家庭以内：女人的领域。第三，公有制经济基础决定了家务劳动的"公共"性质。恩格斯指出："这种十分单纯质朴的氏族制度是一种多么美妙的制度啊！"⑤ 没有阶级，没有压迫，没有剥削，没有国家，大家亲如一家人。无论从事何种劳动都没有高低贵贱之分，都为社会所必需，都具有社会价值。也无论你能否劳动都同样分得产品。而在家长制家庭中家务劳动具

---

① 恩格斯：《马克思恩格斯列宁斯大林论妇女》，人民出版社1978年版，第152页。

② 列宁：《论苏维埃共和国女工运动的任务》，《马克思恩格斯列宁斯大林论妇女》，人民出版社1978年版，第296页。

③ 恩格斯：《致盖尔特鲁黛·吉约姆—沙克》（摘录），《马克思恩格斯列宁斯大林论妇女》，人民出版社1978年版，第156页。

④ 恩格斯：《马克思恩格斯列宁斯大林论妇女》，人民出版社1978年11月，第127页。

⑤ 恩格斯：《马克思恩格斯列宁斯大林论妇女》，人民出版社1978年11月，第140页。

有"私人"性质。恩格斯指出①："随着家长制家庭，尤其是随着一夫一妻制个体家庭的产生，情况就改变了。家务的料理失去了自己的公共性质。它不再涉及社会了，它变成了一种私人的事务"。在家长制家庭中，丈夫是一家之主，他享有绝对权威，因为他占有经济。"丈夫都必须是有收入的人，赡养家庭的人……这就使丈夫占有一种无需有任何特别的法律特权的统治地位"②。夫妇的平等已被彻底否定，妻子本身成为丈夫的占有物。在共产制家庭中妇女从事家务劳动是由于性别分工，妇女由此受人尊重。而在家长制家庭中，妇女包揽家务劳动是由于被局囿于家庭，是由于"被排斥在社会生产之外"，因而"成为主要的家庭女仆"③。自然的性别分工被性别歧视否定。在家长制家庭中，"丈夫是资产者，妻子则相当于无产阶级"。家长制家庭对共产制家庭的否定表现在：一是否定了夫妻平等；二是否定了妇女参加社会生产的权利；三是否定了公有制经济基础。从此，妇女被局囿于家庭，"足不出屋"，家庭成为她们活动的唯一天地。家长制家庭家务劳动成为"私人的事务"，这是因为：首先，家庭与社会相对分离，使为家庭并不一定为社会。第二，私有制经济决定了家务劳动的"私人"性质。第三，家务劳动由丈夫评说，决定了它的主观随意性和缺乏公正性。

从事具有"公共"性质的家务劳动使妇女受人尊重，从事"私人事务"的家务劳动使妇女成为家庭女仆。所以个体家庭建立在"公开的或隐蔽的妇女的家庭奴隶制之上"④。家务劳动的性质决定了妇女的社会地位和家庭地位。其主要原因是"家庭以外的分工已经不同了"，"从前保证妇女在家中占统治地位的同一原因——妇女只限于从事家务劳动——现在却保证男子在家中的统治地位"⑤。这是因为"妇女的家务劳动现在同男子谋取生活资料的劳动比较起来已经失掉了意义；男子的劳动就是一切，妇女的劳动是无足轻重的附属品"⑥。

如果妇女只从事为小家庭的家务劳动，妇女永远只能处于被奴役地位，为什么呢？道理很简单，一个群体在社会事务决策层中如果没有30％的代表，他们的利益就不可能得到同等程度的关注，她们的利益就会被边缘化。家务劳动者无论怎么优秀，也不可能参与社会政策的决策，参与国家大事的发言。只有平等地从事社会劳动，同时平等地享有政治权利和地位，使其代表在国家事务中至少需占有1/3的席位，才能表达出这个群体的声音，他们的利益才不会被忽视和遗忘。未来社会妇女不仅不能专门从事家务劳动，必须参加社会劳动，同时其代表在社会事务决策层中至少占有1/3的席位。毛泽东同志指出⑦，"妇女权利在宪法中虽有规定，但是还需要努力才能全部实现"。1956年全国人大代表女同志只占12％，毛泽东同志说："女同志的比例至少要和男同志一样，各占50％。"伟大的马克思主义者认为女同志应该与男同志一样参与国家事务完全符合社会发展规律。远在1956年，半个世纪前，毛泽东同志就提出了参政男女比例应该一样，各占一半。50年

① 恩格斯：《马克思恩格斯列宁斯大林论妇女》，人民出版社1978年11月，第127页。
② 恩格斯：《马克思恩格斯列宁斯大林论妇女》，人民出版社1978年11月，第128页。
③ 恩格斯：《马克思恩格斯列宁斯大林论妇女》，人民出版社1978年11月，第127页。
④ 恩格斯：《马克思恩格斯列宁斯大林论妇女》，人民出版社1978年11月，第128页。
⑤ 恩格斯：《马克思恩格斯列宁斯大林论妇女》，人民出版社1978年11月，第152页。
⑥ 恩格斯：《马克思恩格斯列宁斯大林论妇女》，人民出版社1978年11月，第152页。
⑦ 毛泽东：《毛泽东周恩来刘少奇朱德论妇女解放》，人民出版社1988年版，第61页。

过去了，我们离一半的参政指标还相差多么遥远啊！我们的社会比起 50 年前进步多了，但在男女平等与性别关系、性别观念方面的进步显得非常不相称，我们的社会在日新月异，唯独性别观念没有太大变化。这也说明妇女解放是一个长期的历史任务。

四、妇女解放是一个长期的历史任务

妇女解放是一个长期的历史任务，这条原理指出了妇女解放的长期性。为什么说妇女解放是一个长期的历史任务呢？

1. 妇女经济上自立是一个长过程。没有经济上的自立，妇女必然依赖他人，而依赖他人的人不可能是解放的，不可能有独立人格和地位。妇女要达到经济上的独立，一是需要社会生产力的发展，妇女依靠自己的劳动报酬能够自立；二是人类社会文明的进步，人们能以正常心态看待妇女就业，特别是面对强大就业压力时能如此；三是妇女自身的进步，妇女自身克服了依赖思想、从属思想，树立了自立自强思想；而这需要一个较长的过程。列宁指出："女工运动的主要任务是要使妇女获得经济平等和社会平等，而不仅是形式上的平等。"①

2. 妇女解放必须打倒夫权。刘少奇指出："不只是打倒地主的神权、财权、地权，还需要打倒夫权，这是今天妇女解放的一个条件。"② 毛泽东也曾将夫权与政权、族权、神权并列为束缚中国人民的四条极大绳索。政权已于 1949 年打倒了，族权也成为新中国文化所痛斥的对象，神权在共产主义无神论旗帜下无处藏身，唯有夫权没有经过任何运动的批判和洗涤，至今仍以较完整形态保存下来。政权、神权、族权都可以打倒，都能以运动方式去解决，唯独夫权不能，夫权被认定为内部矛盾。且夫权已经密织为强大的男权文化与社会结构，文化上的清理是一个相当困难的工作，需要一个相当长清理过程，这既要克服文化上观念上的清理困难，更需要清理男权的社会结构。因此，"真正的男女平等，只有在整个社会主义改造过程中才能实现"③。

3. 妇女解放的任务是我们奋斗的目标。刘少奇指出："我们党一贯地关怀和支持妇女解放运动，把妇女的彻底解放看作我们事业的重要目标之一。"④ 在男女平等没有实现的今天，它仍然是我们事业发展的重要目标之一。由此，江泽民提出了男女平等基本国策，以胡锦涛为首的新一届党中央决心从经济的、法律的、行政的方面贯彻基本国策。中国共产党真正做到将妇女解放作为我们的奋斗目标。

4. 与旧观念斗争的长期性。毛泽东指出："还需要与轻视妇女运动的观念作斗争，因为他们看不出妇女的作用，忽视妇女在革命中的伟大力量。"⑤ 轻视妇女是男权文化温和表现，歧视妇女的旧观念在社会生活中大量存在，男权文化的存在本身就是轻视妇女。要清除千百年来密织起来的男权文化，是一个相当艰巨的任务，是一个相当长的过程。儒家

---

① 列宁：《马克思恩格斯列宁斯大林论妇女》，人民出版社 1978 年 11 月，第 309 页。
② 刘少奇：《毛泽东周恩来刘少奇朱德论妇女解放》，人民出版社 1988 年版，第 94 页。
③ 毛泽东：《毛泽东周恩来刘少奇朱德论妇女解放》，人民出版社 1988 年版，第 64 页。
④ 刘少奇：《毛泽东周恩来刘少奇朱德论妇女解放》，人民出版社 1988 年版，第 100 页。
⑤ 毛泽东：《毛泽东周恩来刘少奇朱德论妇女解放》，人民出版社 1988 年版，第 44 页。

思想统治中国两千多年，五四运动提出"打倒孔家店"口号，算是轰轰烈烈的一场载入史册的大运动，但也收效甚微。更何况男权文化，它维护着一半人的特权，对它说个"不"字也需要勇气，彻底清除轻视妇女的旧观念谈何容易。人们可以在理论上批判男尊女卑，但不会在实践上真正认可社会不是尊男卑女，更不会在实践上接受人们否定"男主外女治内"传统模式。让妇女或让社会从旧观念下解放出来是一个异常艰巨的任务！我们要准备消灭不平等的物质基础，更要准备消灭不平等的思想观念，两个消灭相辅相成，相互依赖，相互促进，相互创造条件，但都是一个相当长的过程。无论任务多么艰巨，妇女是要解放的，因为，"世界要和平，国家要稳定，经济要发展，社会要进步，妇女要解放，男女要平等，已成为各国妇女的普遍愿望，也是不可抗拒的历史潮流"①。

五、妇女在创造人类文明、推动社会发展中具有伟大的作用

妇女在创造人类文明、推动社会发展中具有伟大的作用，这条原理指出了妇女在两个文明建设中的巨大作用。妇女在人类社会发展的两个文明建设中起着他人无法替代的伟大作用，这些作用表现在：

1. 社会发展的酵素作用。马克思指出："每个了解一点历史的人也都知道，没有妇女的酵素就不可能有伟大的社会变革。社会的进步可以用女性……的社会地位来精确地衡量。"② "酵素"，指起发酵作用，催化剂的作用。妇女们在经济建设中顽强努力和不怕苦不怕累的精神，在革命战争中支撑着后方生产支援前线，同样英勇无畏。没有她们就不可能有伟大的社会变革。她们也在社会变革中不断进步。"在任何社会中，妇女解放的程度是衡量普遍解放的天然尺度"③。

2. 妇女在革命战争中的伟大作用。斯大林指出："苏联妇女在保卫祖国事业中具有不可估量的功劳，她们忘我地为前线工作，以刚毅精神忍受战时的一切困难，鼓舞我们祖国的解放者红军军人去建立战斗功勋。"④ 苏联妇女在伟大的卫国战争中建立了不朽功勋。中国妇女正如毛泽东指出的，"假如中国没有占半数的妇女的觉醒，中国抗战是不会胜利的"。"全国妇女起来之日，就是中国革命胜利之时"。⑤ 在革命战争中，我国妇女的伟大力量充分表现出来了，她们成了"决定革命胜败的一个力量"。朱德同志在自己亲身经历中认识到，"中国妇女对于中国革命事业做出了伟大的贡献"⑥。伟人们从不同角度肯定了妇女在革命战争中的伟大作用。中国妇女在中国共产党领导的革命战争中在后方搞生产建设支援前线，不少妇女直接上前线，或送子（夫）参军，她们的伟大功绩是不可抹杀的。

3. 妇女在经济建设中的伟大作用。毛泽东同志指出："妇女的伟大作用第一在经济方

---

① 江泽民：《男女平等是促进我国社会发展的一项基本国策》，《中国妇女报》1996 年 3 月 8 日。
② 马克思：《马克思恩格斯列宁斯大林论妇女》，人民出版社 1978 年 11 月，第 59 页。
③ 恩格斯：《马克思恩格斯列宁斯大林论妇女》，人民出版社 1978 年版，第 74 页。
④ 斯大林：《马克思恩格斯列宁斯大林论妇女》，人民出版社 1978 年版，第 374 页。
⑤ 毛泽东：《毛泽东周恩来刘少奇朱德论妇女解放》，人民出版社 1988 年版，第 44、45、30 页。
⑥ 朱德：《毛泽东周恩来刘少奇朱德论妇女解放》，人民出版社 1988 年版，第 115 页。

面，没有她们，生产就不能进行"，又说："中国的妇女是一种伟大的人力资源。"① 开发这一伟大资源，让这一资源充分涌现出来是我们的责任。特别在我国加入世贸组织后，就业市场由过去的体力型向智力型转化，是妇女人才资源发挥最大作用的好时机。如果说过去以体力劳动为主的时代妇女是一种伟大的人力资源，那么，在今天以智力为主的时代，妇女就是一种更伟大的人力资源。

4. 世界上的事情不能没有妇女。毛泽东指出："妇女的力量是伟大的。我们现在打日本要妇女参加，生产要妇女参加，世界上什么事情，没有妇女参加就不成功。"妇女本是人类社会的主体，没有妇女参加，什么事情能办成呢！又说："时代不同了，男女都一样。男同志能办到的事情，女同志也能办得到。"② 过去将这句话理解为要女人与男人比体力一个样，铁姑娘就是那个时代的牺牲品，这是不科学的，也不是毛泽东的本意。毛泽东同志是说，时代不同了，男女都一样，都一样是国家的主人，都具有同样的人格和地位，男人能办到的，女人也能办到。人格和地位不是去比体力达到一样，而是在建设我们的国家中发挥同样的作用而达到一样，管理国家的能力达到一样，男人可以管理国家，女人一样能管理国家，男人能管理好，女人也一样能管理好，也许还更好，不是有一种说法吗，如果社会让女人管理也许会更和谐一些。因为女人没有那么好斗，处理问题要温和些，而且就是有不同意见也只限于斗斗嘴，不轻易动手。如果能那样，世界上不是要减少许多国内战争和世界战争吗？管理家庭男女共商才和谐，管理社会也只有男女共商才会和谐。我们要建设和谐社会，建设节约型社会，建设效能社会，建设环保社会，都必须男女共商共营。男女由于生理上的差别，某些体力上的事不具有可比性，男女智力上能力上虽各有优势，但没有本质差别，发挥所长，为建设好我们的国家，女人已经超越了许多界限，使许多认为只有男人才能办到的事，女人也办到了，而且还办得更好。妇女在两个文明建设中的伟大作用不可忽视。

综上所述，妇女在人类历史上受着如同阶级压迫性质的压迫，但这只是人类社会一定历史阶段上的社会现象；社会文明发展，妇女必将走向解放，虽然妇女的解放是一个长期的过程；妇女的解放必须是全体妇女参加社会劳动，而不是仅仅从事家务劳动；妇女在人类历史上为创造两个文明做出了伟大贡献，因此她们与男人具有同等人格和尊严，同等的权利和地位，这是马克思主义妇女观的核心内容。学习马克思主义妇女观就要认真领会这些基本原理，并用这些基本原理分析社会生活，认识妇女问题，并探求解决妇女问题的方法和途径，开发妇女人力资源，促进社会和谐发展。

本文作者：罗萍，武汉大学社会学系教授。

---

① 毛泽东：《毛泽东周恩来刘少奇朱德论妇女解放》，人民出版社 1988 年版，第 46、64 页。
② 毛泽东：《毛泽东周恩来刘少奇朱德论妇女解放》，人民出版社 1988 年版，第 49、68 页。

性别诗学系统机制中的"性别"概念

由中外理论思潮发展的实际情形不难看出,女性主义学科作为学术事实已经存在,它与"女性主义运动、女性主义理论三者结合在一起,互相推动。女性主义理论研究是指导思想,女性主义运动和女性主义学科建设分别为女性主义理论研究的社会实践和学术实践的平台。"① 在三者的协同努力下,女性主义理论将有可能发展成为一种新的观感世界方式,一种能够不断添加能量的意识形态,并且已由单纯的妇女问题,"越界"到未来文化建设与人类生存质量和可持续发展的走向等大问题。其真理形态是与发展着的马克思主义历史唯物观有机统一的。

与女性主义学科既相关联又有一定区别的性别诗学,由于其总体形式还表现为初始状态,所以目前还不能算是一门严格意义上的学科,但至今已大体构成一门学科形态。本文指涉的性别诗学,就主要是强调确立一种从性别这一维度来研究文学的审美理念,以及相应的性别文学与文化阐释行为,敞开一类有别于传统习以为常的从政治、经济、阶级等维度认知文学的层面,既拓宽文学的阐释视野,又揭开人类文化史中体现历史必然性和现实迫切性的一页。中国性别诗学研究则运用马克思主义唯物史观,重视性别审美意识形态的高格目标,追求每个人都自由而全面发展的"完形文化",以期实现性别(人际甚至人与自然)差异中的平等与和谐。

在此,"性别"一词是指男女两性的区别,更多的时候是指一种基于自然性别基础之上的社会、文化性别。"诗学"一词取学界已经约定俗成的文学理论义,是从广义上理解关于文学的科学理论,不只是诗歌研究。性别诗学合起来就是一种文学理论的新形态。首先,它是诗学的,是有审美文化诗意的,它不能够脱离开文学艺术作品,必须有别于哲学、历史、经济等其他非诗意的理论领域;其次,它的研究和批评的视野,又是基于性别文化层面的。

文学是人类感性生命绽放的花朵,从性别维度审视文学,也就是在打量人类成长着的生活过程的原发情状,体认人类自身与天地万物千丝万缕的"剪不断,理还乱"的复杂性。因此,尽管性别诗学目前看似不成熟,也许还未成形,但学界同仁们正在努力的足迹还是可寻的,性别诗学作为学科存在还处于"正在进行时"。作为一个概念,一种处于建构状态的准学科术语,它是女性主义学科发展到一定阶段必然出现的。因为,上下左右、古今前后地"张看"人类性别文化与文学情形,相比只是蹲守在女性性别一隅的画地为牢状态,显然是明智多了,女性文化与人类文明的重构事实,也在提醒女性主义,一味的政治批判反而不如社会批判来得彻底和幅度大。从"女性主义"到"性别",是一种发展

---

① 本刊记者:《西方女性主义理论研究及其借鉴意义——何萍教授访谈》,《国外理论动态》2005年第10期。

进程的同构异形的转变，女性主义总的精神目标并未因为视野的拓宽而发生动摇。其间，"女性主义"、"性别"以及二者共时存在，都是极为自然的命名需要。

因为，针对女性主义发展过程中业已出现的"剑走偏锋"情形，为了避免过度男权或女权造成的性际或人际伤害，"双性化"意识正越来越引起真正对社会文化伦理负责的女性主义者的重视。性别的相对方，在性别平等文化建设的过程中，决不是可有可无的。也就是说，性别平等文化教育并不意味着拒绝多元化、多样性，而是要在尊重自然性征的前提下平等发展。性别平等决不是简单地表现为形式和程度的同等，而是人格的平等，是双性差异中的平等与和谐。那种以为性别无差异就是平等的认识是有害于社会和谐发展的，社会真正需要的是与性别自然属性相吻合的个性化发展：即马克思主义理论所说的每个人都自由而全面的发展。不论是男性还是女性，都应在发挥自己自然"性别"优势的同时，注意向异性学习，克服自己性格上的弱点，促进身心的健全发展和人格的完善圆满。"双性化"正是在保留先天性别固有特征基础上，糅合异性优质特征的发展。"双性化"发展是一种优秀的人格发展，"双性化"教育本质上是在保留自有性别特征基础上的人格平等教育。自然界有生态平衡问题，社会领域也一样，我们不能逆自然规律而动。审美领域也是如此。

那么，围绕性别诗学学理本身，究竟存在一个怎样的概念系统机制呢？不弄清它的构成系统机制，我们显然只会让原本就是核反应堆式的女性主义学科越发浑沌，招致更多意想不到的误解与费解。

"概念"一词，中国社会科学院语言所词典编辑室所编写的《现代汉语词典》修订本第404页，是这样解释的："思维的基本形式之一，反映客观事物的一般的、本质的特征。人类在认识过程中，把所感觉到的事物的共同特点抽出来，加以概括，就成为概念。比如从白雪、白马、白纸等事物里抽出'白'来概念。"① 李行健主编的《现代汉语规范词典》第420页关于"概念"的释义大同小异："理性思维的基本形式之一，是客观事物的本质属性在人们头脑中的概括反映。人们在感性认识的基础上，从同类事物的许多属性中，概括出其所特有的属性，形成用词或词组表达的概念。概念具有抽象性和普遍性，因而能反映同类事物的本质。"② 两种释义都说出了"概念"一词能反映同类事物本质的特征。

"术语"一词，中国社会科学院语言所词典编辑室所编写的《现代汉语词典》修订本第1174页，是这样解释的："某门学科中的专门用语。"③ 李行健主编的《现代汉语规范词典》第1214页的解释则相对而言要详细一些，"各学科的专门用语。常用确定的词或词组表示确定的概念。如语言学里的"主语""时态"，政治经济学里的"生产关系""剩余价值"等。④

① 中国社会科学院语言所词典编辑室：《现代汉语词典》（修订本），商务印书馆1997年版，第404页。
② 李行健：《现代汉语规范词典》，外语教学与研究出版社，语文出版社2004年版，第420页。
③ 中国社会科学院语言所词典编辑室：《现代汉语词典》（修订本），商务印书馆1997年版，第1174页。
④ 李行健：《现代汉语规范词典》，外语教学与研究出版社，语文出版社2004年版，第1214页。

从上述的"概念""术语"定义出发，那么，"性别诗学"的概念系统机制应该说大体是可以把握的，本文有必要从抽象性和普遍性以及同类事物的本质意义上对之做出一些规定。

关于"性别诗学"这一确切的理性思维基本形式的抽象性和普遍性，本文已有前述的指涉，但目前最要紧的是弄清这一概念系统内各术语的分布情形，以便在感性认识的基础上，深入了解究竟是哪些"确定的词或词组"在表达"性别诗学"的"确定的概念"。因为，诸多术语将构成"性别诗学"作为一门学科存在的专门用语，从而以区别于其他。

如果说泛指义上的文化——人类一切创造物的总和是一个大系统的话，那么，在这个大系统中，性别同政治、经济等一样，是同属于人类精神层面的文化。撇开"文化"自身总体本体不论（那是专门的文化学研究范畴），组成文化的这些子系统如物质文化、精神文化系统之间，当然并非打上了绝然分明的界标的，但为了清晰地说明性别诗学的理论路径，本文的"性别"一词将限定在精神文化层面，而由性别文化辐射开来的器物文化层面，是可以相对忽略的，因那已是社会学、人类文化学等学科涉足的领域。

一、性/性别、自然（生理）性别/社会（心理）性别

对于这两组术语的分别，应该说是中国式的女性主义发生和演变的必然产物。因为在西方，SEX 与 GENDER 词义区分明确，无论西方理论思潮的语言论转向何方，这两个词在西方文化圈内，人们的语义理解都不会出现强刺激的差异。但一旦进入中国语境，情形就有些复杂了。在汉语语言圈内，人们对这些词的理解总是暧昧，打上了深厚的汉文化传统沉积的历史感性烙印。在中国人约定俗成的前理解中，抑或是在词典中，"性别"确切的含义就是"雌雄两性的区别"，这一点不言自明，性别"通常指男女两性的区别。"①"性"则包含有 6 层意思，其中之一就是"性别"义，但除此之外，还有性格，物质所具有的性能、物质因含有某种成分而产生的性质，在思想、感情等方面的表现，有关生物的生殖或性欲的，表示名词以及代词、形容词的类别的语法范畴。这就是说，"性"的外延和内涵大于"性别"。

如此错综复杂的中文"性"语境，看来难免导致中西方译语语义之间出现错位。很明显，GENDER 语义在中国是外来的，是女性主义输入到中国现实土壤后再生或新生的内涵。为了避免含糊的表达，在已有汉语"性别"这一词语的基础上，中国女性主义者格外标注出后一组术语：自然性别和社会性别，这是顺理成章的中国性别理论再生或新生，还原具体的文化语境之后来看，决不是多此一举。当然，由女性主义理论关于"性别"是受社会文化因素影响构成的这一理念出发，中外女性主义者都一针见血地指出，孤立地从生物生殖的性别、社会生成的性别、性欲行为上的性别的任何一面去理解和把握"性别"概念，都是有失偏颇的。如此一来，与西方相参照，中文关于"性"和"性别"的释义，原有的"性别"外延小而"性"外延大，那么，如何有效地发挥女性主义意识形态所需要的"性别"意义呢，这里，新的"性别"理论概念由此萌生了，那就是：将

---

① 中国社会科学院语言所词典编辑室：《现代汉语词典》（修订本），商务印书馆 1997 年版，第1412 页。

生物生殖的，性欲的，社会生成的这三类"性别"内涵整合一体，作为性别诗学的概念系统机制。这一机制强调，社会文化不仅直接地对社会性别和性欲行为加以构建和制约，而且通过社会生成的性别掌控和合法化那些建立在生物生殖基础上的差异。于是，性别的社会文化形塑无处不在，以致生物生殖的、社会生成的、性欲行为上的这三类性别意思是彼此相关的，因此说女性主义反对把生物的性别和社会的性别分离、反对社会的性别全然基于生物的性别。

举一例子来说，中央电视台综合频道"今日说法"2005年12月7日中午讲述了这样一个故事，在我看来，就很可以拿来做分析性别理论的案例。故事发生在四川省万县一个十分偏僻的农村，姚姚有些弱智，出嫁到镇上一户人家，那家的儿子的脑筋同样有点毛病，但在中国习俗看来，这些并不影响到他们传宗接代，生儿育女。时间一天天过去，嫁到镇上的姚姚却还没有生养的迹象，一查，是她丈夫有问题。出现这样的情形，对在中国"不孝有三，无后为大"观念仍较浓厚的偏远乡村来说，这是万万不能容忍的。于是姚姚的婆婆急了，她设计了一个借腹生子的方案。在婆婆的带领下，不知内情的姚姚被当地一位中年男子在旅社实施强奸，幸好由于旅社老板的警惕，报了案，强奸未遂，但姚姚的身心显然受到了伤害，她没通知娘家人就出走他乡了。留给自己的妈妈一脸无奈。这里，三位主角：婆婆、姚姚和那位中年男子，男女两性性别角色显然是十分复杂的，单纯用哪一种固有的性别内涵来描述似乎都无济于事。

婆婆是女性，从生物性别来看，她生过儿子，是母亲，是妻子，甚至也是曾经的女儿，但是复杂的民间人伦生成的文化权威，使她油然产生掌控媳妇的意识，当她滋生借腹生子这一念头时，这时她分明已是男权文化传统的化身，其社会的性别，心理的性别早已发生位移。能说她是单纯的女性性别角色吗？能泾渭分明地还原她目前的社会性别样态如何演变成的吗？仅用约定俗成的中文语境性别意思，是没法理解她急切充当这种比男性还"男性性别"化身的行为的。

姚姚因为自身有些轻微的精神残疾，在她身上，生物生殖的性别角色更突出，这既是家庭社会寄予她的，也是生物生殖性别先天赋予的，但由于文化生成的性别因素，在这个故事中，她的性别身份更加斑驳陆离，她只是充当了生物生殖的性别道具，女性主义性别理论对此有着由衷的关怀与同情。不用说，中年男子被公安人员审问时，一脸无辜，还以为是在替婆婆家做善事哩，他的性别定位，也已不是简单的生物生殖的性别、性欲行为的性别解释得清的，这里，文化生成的性别身份同样在主宰着他的社会意识和行为。仅从法律角度归结他们是法盲，显然无法探测到这些角色的行为举止深层的缘由何在，而用女性主义性别理论来分析，强调前述的彼此相关的三类中文语境中的性别意蕴，就显得尤其必要。

因此，当女性主义使用"性别"一词时，人们最好自然链接到关于女性主义性别理论的术语系统机制，不然，会有切割各个术语的确定概念之嫌。由此不难看到，性别诗学的作用之一包括，从"性别"视野考察文学作品中的潜伏的形形色色的性别样态——既不是单一的自然性别，也已不是简单的社会性别，而是咬合了汉语语境中三类性别意蕴的性别术语系统机制。

应该说明的是，前述的性别理论辨识，是由各学科领域自然而然地交叉共生的，内含文学、哲学、社会学、心理学甚至自然科学研究成果如生物学等，孤立地归档某一学科，都有使各术语衍生的语义挂一漏万之嫌。但是，这又并不排除各学科在使用这些术语时可以带有自己的主体投射，就像在性别诗学概念系统机制作用下，性别理论的这些跨学科的、语义相互纠缠的术语，其实引入到性别诗学中来时，最好与女性主义的价值目标"同心同德"。女性主义发展到一定阶段，势必会由基于女性性别的立场，主体外投，以男性性别为参照，出现"只缘身在此山中""只缘身不在山中""置身山外更山中"等多重观望，使处于行进状态的女性主义意识形态日渐深入人心，当然，这一切都是在文学这一根据地内发生的，由文学而越界到性别审美意识形态，再上升至精神财富的创造，然后反作用于人类物质财富的创造，进化文化。

文学的世界是人类感性生存样式的全面敞开，所以，文学之不同于其他学科，乃在于她总是在一种扑面而来的人类生态审美精神光芒中，并不刻意地呻吟和控诉，而是透过感性化的悲悯和追问，"拐弯抹角"地展示她那源远流长的另类人文风度：生态审美中的"文学性"将既关注自然生态，也在意人的文化生态；执著于能否和怎样兼顾生存（包括子孙后代和自然万物的长久生存）与发展的逻辑，致力于促使科技发展走上真正对人类和整个生态系统负责的人性化道路。① 由此，女性主义与性别理论联袂出入文学"根据地"，自然拓垦了文艺美学甚至是影响到整个科学研究领域里的一方新天地，那就是女性主义诗学、性别诗学。

总之，为了避免把"性别"概念复杂化或狭隘化，性别诗学试图清晰地区分上述这些术语的微妙差别，既不同意将女性主义意识形态的"性别"定义拘泥在雌雄两性的差别上，也不抛弃英语"性"的生物生理本义，更不将西来的"社会性别"一词狭隘化，而是反复强调，在"性别"概念和术语系统机制的共生作用下，美学领域出现了一种新的文化诗学生成意义上的"性别"内涵。在此，对性别文化，下文也有必要做些简要交待。

二、性别文化/先进性别文化、"完形文化"

从马克思主义唯物史观来说，社会主义社会的性别文化应是迄今为止最进步的性别文化。但是，由于资本主义社会和社会主义社会的发展，在全球范围内事实上有交叉与平行，所以人类社会发展的这两种社会形态，在性别文化方面也难免出现交叉、平行。生活在社会主义新中国的人们不难发现，这主要表现在以下几个方面：

其一，资本主义是在私有财产神圣不可侵犯的基础上调整性别关系的，社会主义是在公有制及男女共同占有财产基础上进行性别关系革命的；其二，资本主义经过了数百年的斗争才确立了男女平等的法律规范，社会主义一开始就在法律上确立了男女平等的原则；其三，资本主义社会妇女追求平等花费的时间长、代价大，社会主义社会则是在较短的时间内，以较小的代价赢得了妇女的发展，推动了男女平等的进程。从历时的角度来看，社会主义社会的性别文化具有明显的先进性，其核心是确立了男女平等的社会制度，表现为政治文明和制度文明。以共时的角度来看，中国目前的性别文化依然是多样的和层次参差

---

① 万莲子：《"文学性"遭遇碎裂之后——我看传媒变革时代的文学》，《人文前沿》，中南大学出版社 2005 年版，第 141 页。

的：多元的性别理论，交相共存；法律政策体系还有待在建设中趋向完善；大众文化领域里，人们的性别观念结构错综复杂。

在实际的性别文化活动中，女性主义或性别理论、大众文化实践，由于人类固有的"趋真向善"本性而总是保有超越现实的成分，以至"女性主义运动和女性主义学科建设都是在女性主义理论研究基础上发展起来的"，女性主义运动和女性主义学科建设都得益于女性主义理论和精神上的准备。①

应该说，中国现阶段性别文化的复杂性，不仅表现在整个文化结构内，也表现在每一个人的身上。我们很难说生长在新中国的每一个人从理论、思想、认识到行为，都拥有了先进性别文化的元素，因为事实上，他/她很有可能在认识态度上确立了男女平等的性别观念，但具体行为举止却依然停留在男女不平等的传统男权思维体系的掌控中。正是意识到这一现实悖论，从 20 世纪 90 年代以来，笔者一直倡导在中国文化现代性重建方面，全面确立"完形文化"② 这一理念。"完形文化"意指没有任何性别歧视，符合马克思主义唯物史观"每个人都自由而全面地发展"的社会指标的文化生态。显然，它表现在性别文化方面，则是理想形态，是人类正待努力的切实方向——以公民女性主义践履双性（人际）差异中的平等与和谐。

另外，文化全球化带来双刃剑效应，国与国之间交往的便利使性别文化互动时产生或正面或负面的影响，具有发生良性的或恶性的互相渗透特点。女性主义、性别意识、社会性别、平等这些术语、概念，就是在西方发达国家首先被提出来的，经过在不同国家的流传和实践，目前影响正越来越广泛和深入，福兮？祸兮？一切尚未确定，还须拭目以待。所以，社会主义中国性别文化建设，在开放拿来的同时，也得警惕全球垄断资本主义的商人共和国的阴谋，中国本土女性主义，力求建设切实的先进性别文化，为全球文化伦理秩序"添加能量"，走向"完形文化"。

社会主义中国的性别文化，是以马克思主义唯物史观/妇女观为指导，以男女平等为目标，面向世界、面向未来的，民族的、科学的、大众的性别文化。最近，美国《科学与方法》2005 年 1 月号发表了一组关于马克思主义女性主义的专题文章，高屋建瓴地提出，当今女性主义的发展离不开对"马克思的遗产、20 世纪 70 年代及 80 年代早期的社会主义和唯物主义女性主义思想的重新发现和承认。更重要的是，它可能会加强和凸显出一种使自身关注于工人阶级妇女的困境的女性主义，这种女性主义超越了各种意见和身份分裂。"因此，社会主义中国的女性主义，不是更有必要"让女性主义回到唯物主义"么？1998 年笔者参加中国当代女性文学第四届学术研讨会的论文《20 世纪中国女性文学发展的误区》③，揭橥的正是中国女性主义行进当中不经意地对于底层女性忽视的倾向，"这种忽视导致流行的女性主义除与学者和富裕的人相关外，日益与大多数妇女的解放无关。"本人的思考比西方女性主义的觉悟还要早多年，这多少表明了女性主义的中西方共性因素，是能够突破单一的西方文化导师意味的，性别问题的世界性参照，允许不同文化

① 本刊记者《西方女性主义理论研究及其借鉴意义——何萍教授访谈》，《国外理论动态》2005年第 10 期。

② 万莲子：《论一种以完形文化为逻辑起点的女性主义诗学》，《贵州社会科学》2001 年第 2 期。

③ 万莲子：《20 世纪中国女性文学发展的误区》，《湘潭大学学报（哲社版）》2001 年第 1 期。

背景、民族、国家、政治意识形态差异的女性主义者，同步思考和关注相类的性别文化议题，以及基于其上的已然"越界"的全球文化伦理问题。全球化视域里的中国性别诗学，谁说是注定摆脱不了亦步亦趋西方之境的命运呢？中西方"二者的深度互动，必将引发理论与实践上的不断探索，产生更多的学术生长点"①。

　　总之，本文特地对"性别"概念，做些辨析，正是为了防止中国女性主义出现性别文化价值使命上的偏离。当然，性别诗学的概念系统总体构成是：性/性别、自然性别（生理）/社会性别（心理），性别文化/先进性别文化、"完形文化"，女性文学/女性文学研究、女性主义文学（亦可称性别文学）/女性主义文学批评，女性诗学/女性主义诗学、性别诗学、性别文学等这些专门术语。由文学审美现象切入，其术语分层的范畴是：文学→性别文学→女性文学、女性主义文学等；从诗学层面入手的术语分层范畴则是：诗学→性别诗学→女性诗学、女性主义诗学→女性文学研究、女性主义文学批评等。正如同提及"文学"系统，人们立马想到的是由诗歌、小说、戏剧、散文等词或词组构成的各个术语；说到政治经济学，人们头脑里很快闪出的是价格、必要劳动时间、剩余价值等术语内涵。从学理上进行概念、术语辨析，目的还在于当人们提及"性别诗学"时，能够渐渐了解它的各个术语层次以及相关联处，让各术语相对地各安其位，各有自己的边界，免得囫囵一团，出现语义结构上的人为缠绕，搅浑了中国性别诗学流向中理应清澈见底的水。至于对其他几组术语的具体辨析，已是另文的内容，在此从略。

　　本文作者：万莲子，暨南大学文学院博士。

---

① 关爱和：《在第七届中国女性文学学术研讨会上的发言》，孟庆澍：《性别理论视野下的多元对话》《湘潭大学学报（哲社版）》2006 年第 1 期，第 154 页。

女性职业发展特点

自 20 世纪 90 年代中后期以来，随着女性地位的不断提高和职业女性的崛起，女性在经济、政治、法律、参与社会生活方面发挥着重要作用。据中国女企业家协会对 2000 名会员进行的问卷调查，2001 年，中国妇女劳动力对中国 GDP 的贡献已超过 40%，妇女已成为我国经济发展的主要力量。目前我国女性从业人员已达 3.3 亿人，女干部人员占总干部队伍总数的三分之一，在全国各级党政领导班子中女性比例呈较大幅度提高；女科技人员比例达 36.9%，其中具有高级职称和中级职称的专业人员比例分别占同比的 20% 和34%，女院士 70 名，占同比 6%，居世界领先水平；职业女性后备力量日渐雄厚，目前在校女研究生和女大学生分别占同比的 30.35% 和 36.4%。在世界范围内，女性企业家的比例也正出现不断上升的趋势。在美国，每 18 位妇女中就有一位拥有自己的企业，而在过去几年中，女性企业家的增长速度几乎是企业平均增长速度的两倍。

随着知识经济的发展，女性在参与、推动社会经济、政治和文化建设的同时，自身如何适应复杂环境的变化，如何克服各种职业发展瓶颈，冲破"玻璃天花板"，充分发挥女性的优势，在职业生涯中出现灿烂和辉煌，成了职业女性职业发展研究的一个重要课题。

目前，国内外学术界纷纷从不同角度、运用不同方法来探讨女性及自身发展问题。我国学者对女性发展问题的关注目前主要在职业生涯发展管理和规划方面，且更多的是属于传统社会学框架中的运做，多是一种纯学术的研究。国外关于女性职业发展瓶颈的研究，主要是基于"女权主义"出发，从政治、经济、文化等角度来分析，比起国内相关研究而言要完善一些，但缺乏具体的指导作用和借鉴意义。因此，本文拟从管理学的角度，综合运用其他学科的知识，并采用实地访谈的调查研究方法，来研究女性职业发展问题，探讨女性职业发展中相对于男性而言的独特优势和劣势，从而为女性科学规划其职业生涯发展道路提供借鉴和帮助。在职业女性成为 21 世纪女性主流的背景下，无疑具有很强的现实意义。完善女性的职业发展对提高全体女性素质、推动整个妇女发展的进程亦能产生重要影响。

一、职业与职业生涯发展理论概述

职业生涯发展指个体逐步实现其职业生涯设计的目标，并不断制定和实施新的目标的过程。职业生涯本身的涵义与特点决定了职业生涯管理必然是一个动态发展的过程。每一个人的职业生涯都会经历一系列的发展阶段，在不同的职业发展阶段中，个人对职业的认知、需要、追求发展的方向以及采用的行为方式等都存在较大的差异。经过长期研究和分析，目前对于职业生涯发展阶段主要有以下一些相关理论：

1. 达尔顿与汤普森的四阶段职业发展论

达尔顿与汤普森按人在职业发展阶段所从事的主要工作和职业发展任务，将职业生涯发展分成四个阶段。在第一阶段，个人作为一个或多个导师的助手，在专业人员的指导下学习和工作；在第二阶段，个人逐渐积累经验和能力，能单独工作；第三阶段，个人除了独立工作外还可能充当指导他人工作的导师或顾问；到了第四阶段，个人能为组织提供未来应遵循或可发展的方向，并行使各种权力，发挥影响力。

达尔顿与汤普森对职业生涯的划分在一定程度上仍是以个人的职业角色转变为线索，但他们在这个基础上更为详细深入地分析了处于不同职业生涯阶段的个人的职业角色特点，重点在于剖析和阐释个人在某一阶段与其他个人或社会组织之间的关系和相互作用。

2. 苏珀和波恩的职业发展六阶段模型

美国著名心理学家苏珀（D. E. Super）和波恩（M. J. Bohn）认为，职业发展的本质是人的自我概念与外在环境的现实合为一体的过程，而驱动这一过程的根本动机就是人的自我概念的实现与完成；人的职业也一直是其自我概念的核心，是人自尊的源泉。他们提出了职业发展六阶段模型，将职业发展阶段划分为探索期、现实测试期、试验与实验期、立业期、守业期、衰退期六个阶段。

这一理论将关注的目光投向职业生涯发展与管理中最重要、也是最根本的主体，即"人"的本身，从心理学的角度阐述了个人的自我意识在其职业生涯发展中的重要作用，强调了人的主观能动性对于职业生涯发展的重要影响，揭示了个人的主观概念与外界的环境条件相互作用、相互影响的客观规律。

3. 雪恩的多阶段职业发展观

美国著名组织行为学家、职业心理学家埃德加 H. 雪恩（Edgar. H. Schein）将人的发展周期分成三个大的方面，即生物周期、家庭周期、职业周期，这三个方面总是在一起发挥作用，相互影响；其中职业周期较之于前两者更具有挑战性和压力，是一个人生命价值的最高体现。如果三者的关系处理得好，个人的发展就比较顺利，否则就会遇到障碍。

雪恩根据生命周期的特点和不同年龄阶段的人所面临的主要心理、生理、家庭问题及职业工作的主要任务，将人的职业生涯划分为 9 个阶段，他的理论由于系统、仔细、深入，具有很大的实际指导意义。值得注意的一点是，雪恩所划分的各时期的年龄跨段是大致的，并有所交叉或重合，具体情况则必须视人而定、因人而异，这与现代的开放社会和经济环境下人力资源的复杂性、多样性等特点也是相符合的，故这一理论在现代职业生涯管理中得到较为广泛的肯定和应用。

二、两性职业选择与发展对比研究

在英文中，"men"既可指男性，也可指人类，但"women"只特指女性。长期以来，在男性文化为中心的社会里，男性可代表人类，他们的意志与行为可推及全人类，男性的声音几乎是垄断的，女性的声音细若游丝。前述的职业生涯发展理论主要是以男性职业发展为研究对象，而现实中，男性的职业生涯发展状况难以全部涵盖女性职业发展特点。女性职业发展与男性相比有着显著的特殊性。

1. 女性职业选择特点

（1）女性职业选择生理特征

两性在人类繁衍中是一种自然分工，女性的生理结构与功能，使其担负起怀孕、分娩和哺乳的义务。由此，他们的身体会发生一些重大变化，体质有可能下降，对工作环境也有一些特殊要求。同时，孕育和哺乳的过程势必占用女性很多时间（时间花费成本）。

诸如此类的性别生理差异是形成女性职业角色的一个基础性因素。女性在选择职业、企业在选择女性的双向选择中，都有不少的考虑或限制。如：电子行业需要心灵手巧人员、窗口岗位需要沟通能力强的人员，就容易形成女性优势行业（职业）；而建筑业需要较强体力，驾驶员需要较好的方向感，这些容易成为女性劣势行业（职业）。

（2）女性职业选择的心理特征

人们对性别有许多刻板印象，规定了男性气质与女性气质（表1）。人们普遍认为，男人是理性的，处于主动地位，女人感性占主导地位，常常处于被动地位；女人的道德观念藏于感性中，而男人的道德观念基于理智；男人渴望理性形式的感性，而女人则向往感性形式的理性。但实际上美国斯坦福大学的两位女心理学家在《性别心理差异学》一书中，公布了她们对人们历来公认的 50 项男女之间的心理差异研究结果，认为两性之间的心理差异是存在的，但两性之间的心理类似性比差异性更为明显。

表1 **男性气质与女性气质**

男性气质/主体	女性气质/主体
认知主体/自我/独立体/主动性	认知客体/他者/依赖性/被动性
主体性/理性/事实/逻辑/阳刚	客体性/情感/价值/非逻辑/阴柔
秩序/确定性/可预见性/控制性	无序/模糊性/不可预见性/服从性
精神/抽象/突变性/自由/智力	肉体/具体/连续性/必然/体力
文化/文明/掠夺性/生产/公众性	自然/原始/被掠夺性/生殖/私人性

（3）女性职业选择文化特征

传统文化是一种以男性为中心的文化。表现在以下几个方面：

①家务劳动天经地义应由妇女多承担，女性或多或少、或愿意或不愿意地已接受这种观点和现实。男性和女性虽然都参加工作，但男性通常将社会角色作为自己的主要角色，他们在评价自己的工作时往往把是否有利于个人发展、升迁及收入水准提高作为首选标准；而女性往往把家庭角色作为自己的主要角色，他们在考虑工作是否理想时往往把孩子、家庭照料等的便利程度，是否轻闲、舒适，收入多少、人际关系是否好处作为选择的指标（表2）。

表2　　　　　　　　　　　　女职工与其丈夫对工作选择的条件

择业条件	妻子（%）	丈夫（%）
工资高、福利好	57.7	56.0
工作稳定	36.9	26.2
工作轻松	19.8	5.6
离家近	26.5	8.9
技术性强	13.7	28
能施展才能	13.6	35.2

②夫唱妇随，女性的职业选择与丈夫的职业性质、工作地域、工作收入密切相关。当出现两地分居时，女性调动的比例远远高于男性。

③传统的劳动分工模式认为男性应倾向于有酬的市场工作，而女性应倾向于无酬的家务劳动。

④传统文化惯性作用往往使人们形成一些贬低女性职业地位的世俗观念，女性为了避免"可畏"的人言，在选择职业时，更看中是否"适合女性"的工作，在职业评价时更偏重于单位名声。

（4）女性职业选择时代特征

由于时代特征不同，女性职业选择表现也不同。主要体现在职业选择的自主性、自由度和职业选择倾向上。20世纪80年代前，女性较多选择从事群团工作，但90年代后，从事群团工作的女性都宁愿选择收入较高的白领阶层或时间上较为自由的高校教师、律师、自由撰稿人等。跨世纪进入知识经济时代，白领阶层令人羡慕，女性首选到金融保险业、到公司当白领丽人，到高校当教师。2001年女性最青睐的十大职业是：教师（15.1%）。公司职员（1.3%），医生、药剂师（11.5%）。会计（9.1%），秘书（5.6%），律师（4.9%），厂长经理（4.0%），个体经营者（3.9%），行政管理人员（3.1%）和商店店员（2.4%）。

2. 女性职业发展阶段特点

女性职业生涯发展阶段可粗略地按职业生涯发展阶段理论来划分，但在具体表现上男女相形有所不同。生命周期和受教育程度对女性职业发展影响程度要比男性大得多。

（1）职业女性生命周期特征与职业发展阶段

女性生命过程阶段包括出生、学龄前、初潮、就业、结婚、生育、子女成长独立、退休（离开工作岗位）、绝经、丧偶、死亡等，所出现的时间与时间长度作为一个整体，组成女性生命周期。在个人的生命周期中，允许个人作出广泛的选择，因此，在许多方面，似乎都很难组成一个简单的程序，但在不同的社会条件下，女性作为一个群体，在其生命过程各个阶段上的行为特征有所区别；不同的经济发展水平和社会开放程度也形成不同的生命周期。

（2）女性教育年限与职业发展阶段特点

女性受教育程度影响着女性生命过程的走向与质量，尤其是职业生涯发展阶段。首先，女性的文化教育程度直接关系到就业年龄和就业状况。受教育年龄与就业年龄成正相关，也与职业选择范围、职业地位成正相关。即受教育年限长，就业年龄随之增高，职业选择范围也扩大，获得职业地位高的职业可能性增加。其次，女性能受教育年龄与生育年龄呈负相关关系。受过良好教育的妇女在生育问题上能够有自己独立的认识，并易于接受优生优育的观念和知识，因此，生育子女数比没有受过高等教育的妇女要少，甚至自愿不要孩子，建立"丁克家庭"。再次，女性受教育年限与女性平均初婚年龄呈正相关关系，即女性初婚年龄随着受教育年限的增加而提高。初婚年龄提高，可以延长生育前人力资本积累的空间，职业适应期完成较好，为今后职业发展奠定坚实的基础。最后，女性受教育年限与婚姻适应度成正相关关系。已婚妇女受教育年限越长，受教育水平越高，越能理解婚姻的真谛，越善于建设、维护和调适婚姻，表现出婚姻适应度越高（表3）。婚姻适应度高，表明婚姻质量高，女性较满意。婚姻对女性的情绪、创造力和工作热情影响很大，女性心情愉悦地参加工作，减缓了角色冲突，积极推动了女性职业发展。

表3　　　　　　　　　不同教育水平的婚姻适应人数比例　　　　　　　单位:%

已婚妇女受教育水平	婚姻适应情况			
	很不适应	较不适应	适应	完全适应
研究生	0.0	4.6	38.7	56.5
大学	9.2	18.9	22.9	48.9
中学	14.4	16.3	32.2	37.1
小学	33.3	25.9	25.9	14.8

（3）女性就业模式

在就业模式上，女性因声音及社会文化等因素，呈现几种与男性不同的就业模式。男性就业模式大多是自就业一直工作到退休，而女性的就业模式则表现出多样性。

首先，从女性整体参与率来考察，女性就业存在单峰型和双峰型两种模式。西方国家和日本等国家女性就业为双峰型，女性从学校毕业后再就业率较高，一般在23岁左右形成第一个就业高峰；其后10年大部分会因结婚、生育而离职，待孩子长大，他们又会重新就业，约在45岁左右形成第二个高峰，但双峰型的后一个高峰低于前一个。因为生育中断工作后重新就业时，绝大多数妇女难以找到正规工作，成为部分时间工作者，如美国分时间工作者占到82.1%，英国占81.4%，澳大利亚也占到81.1%。我国女性就业年龄别在业率曲线呈现明显的单峰型状态，15岁开始，年龄别在业率随年龄升高迅速提高，在35~39岁组达到峰值，高年龄组逐渐下降。

其次，从个体就业状况来考察，女性就业模式有以下几种（见下图）：

第一种是一阶段模式，即倒L型，其特点是女性参加工作之后，持续工作到退休，结婚生育后女性承担工作和家庭双重责任。如中国女性现在的就业模式。

第二种是二阶段模式，即U型模式。其特点是女性结婚前就业，进入劳动力市场，结婚特别是开始生育后退出职场。反映出传统家庭分工：男性挣钱养家糊口，女性婚后做家庭主妇。如新加坡、墨西哥等国的女性就业模式。

第三种是三阶段模式，即M型模式。其特点是女性婚前或生育前普遍就业，达到一

一阶段就业 （倒 L 型）	二阶段就业模式 （U 型）	三阶段就业模式 （M 型）

多阶段就业模式 （波浪型）	隐型就业模式 （倒 U 型）

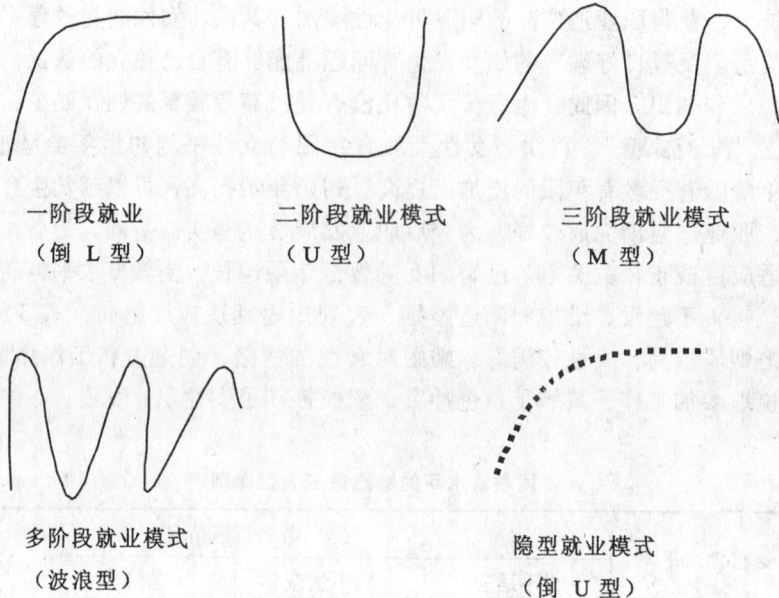

个就业高峰，婚后或生育后暂时性地中断工作，待孩子长大后又重新回到劳动力市场。如美国、日本、法国、德国等发达国家的女性就业模式。

第四种是多阶段就业模式，即波浪型。其特点是，女性就业是阶段性就业，女性根据自身的状况选择进入劳动力市场的时间。这种模式是近 10 年中出现的，社会福利高的北欧国家开始流行的女性就业模式。

第五种是隐性就业模式。其特点是，女性主要从事家庭经济劳动，结婚后女性只是换个家庭继续工作。家庭经济劳动一般不被官方纳入就业统计范畴，因而属于隐性就业。如较落后的发展中国家的女性就业模式。

3. 两性职业发展比较分析

（1）两性就业状况比较

从就业人数比较，自新中国成立初期，我国就开始提倡男女平等，女性职业无论在规模上还是范围上都得以极大的解放。女性参与到各行各业的经济活动和社会活动中去，各种职业都有女性的身影。第二期中国妇女社会地位抽样调查统计结果表明，2000 年末，18 ~ 64 岁的城乡女性在业率为 87.0%，比男性低 6.6 个百分点。与 1990 年相比，城镇男女两性在业率都有所下降，但女性在业下降幅度高于男性。（表 4）

从就业结构比较，在产业结构上，在我国，三次产业中女性就业分布比例分别为 73.74%、12.82%、3.44%，女性就业比例在产业分布在第一、第二、第三产业依次大幅度下降，呈现典型的上窄下宽的金字塔形的产业分布状态，而第三产业的就业比例远远小于男性所占比例和低于发达国家。劳动力从第一产业向第二、三产业转移，是世界各国普遍的发展规律，也是衡量女性就业状态的一个综合指标。由此可见，我国的女性也在从第一产业向第二、第三产业转移，但转移速度较为缓慢，大格局没有发生根本改变，我国女性尚处于低水平的就业层次。

表4　　　　　　　　　　10年间男女两性在业率比较　　　　　　　　单位:%

区域 性别 年 份	全国		城镇		农村	
	男	女	男	女	男	女
1990年	96.1	90.5	90.0	76.3	97.4	93.9
2000年	93.6	87.0	81.5	63.7	97.3	94.8
比较	-2.5	-3.5	-8.5	-12.6	-0.1	+0.9

从行业分布看,根据2001年人口变动抽样调查资料显示,我国女性相对集中在商业服务、文教、文艺和农业,但没有形成明显优势行业;男性相对集中在国家机关、党政机关、社会团体以及采掘业、建筑业和交通运输、仓储、邮电通讯业。女性在卫生体育和社会福利等行列超过50%,其余都没超过女性人口比重(48.54%)。16个行业中女性就业比例不超过35%的行业就有8个。女性占统治地位的行业主要是社区、社会和个体服务业。

(2)两性职业高度比较

在职业高度上,世界许多国家女性存在"玻璃天花板"现象。美国劳动部"联邦玻璃天花板委员会"给"玻璃天花板"下的定义是:女性和少数民族的提升认为被设置障碍,这种障碍是看不见的,然而确实使女性和少数民族无法登上组织阶梯上层的不可逾越的障碍——不管他(她)们的资格和成就如何。科特根据联邦玻璃天花板委员会的定义提出判定"玻璃天花板"的四个标准:

第一个标准,"玻璃天花板"不平等中表现出来的性别或种族差异无法用雇员的其他与职业有关的特征来解释。

第二个标准,"玻璃天花板"不平等中表现出来的性别或种族差异高层比低层更严重。

第三个标准,"玻璃天花板"不平等中表现出来的性别或种族差异在人们晋升时表现出来,而不仅是不同性别或种族目前在高层职位中所占的比例。

第四个标准,"玻璃天花板"不平等中表现出来的性别或种族差异在职业的发展过程中不断增加,对职业生涯的发展轨迹进行观察就可检验性别差异是否随着工作经验的增加而扩大。

研究表明,从事同一工作的男女,即使妇女的受教育水平更高也更合格,但为了得到晋升,她们仍然不得不比男同事工作更努力,表现更好。对妇女来说,要获得更高职位,一个非常真实和实际的不利因素来自她们所承担的抚养孩子和照顾家庭的责任。事业发展方针与结构的设计经常将30~40岁的年龄段强调为事业发展的最重要阶段。但是这也恰恰是女性抚养孩子过程中最紧张的几年。因而,家庭与事业都不想放弃的妇女,便不得不像玩杂耍似地对付这双重的重任。另外一个比较微妙的不利因素是,即便是没有家庭负担的妇女也仍然会被看做是潜在的母亲或家务劳动重担的自然承担者,而使其接受培训与事业发展的机会少于男同事。

（3）两性在业人员收入比较

男女两性的经济收入同其所从事的职业和所在的行业有紧密联系，不同的职业就有不同的工资、津贴、奖金和福利待遇。我国女性在行业分布中所处的地位较低，收入也低于男性。由全国妇联和国家统计局联合组织实施的第二期中国妇女社会地位抽样调查结果表明，1990 年至 1999 年 10 年间，在业女性的经济收入有了较大幅度增长，但与男性收入的差距却明显拉大。1999 年城镇在业女性年均收入 7409.7 元，男女两性的收入差距比1990 年扩大了 7.4%；以农林牧渔业为主的女性 1999 年年均收入为 2368.7 元，收入差距比 1990 年扩大了 19.4%。从收入分布看，低收入的女性比男性高 19.3%，中等以上收入的女性比男性低 6.6%。说明 10 年来女性在经济领域就业层次有所提高、职业结构趋于合理、就业自主性增强，但女性在业率降低、男女两性收入差距正逐步扩大。

三、女性职业发展的优势与劣势

大自然造就了男女两性，在赋予两性不同的构造和功能的同时，也赋予两性各自的性别优势。但是，在长期的社会发展进程中，以男性为中心的性别文化却贬抑了女性的自然优势，构建起男尊女卑、男优女劣的社会观念，并通过社会教化等手段使这种观念得到了整个社会乃至于女性自身的认同。因此，重新分析和认识女性的性别优劣势，对于摆脱传统性别观念的束缚，树立女性自信，促进女性的发展，具有十分重要的意义。

1. 女性职业选择的影响因素

女性在现代社会中扮演双重角色，即家庭角色与社会角色。而女性在选择职业时受到很多方面的影响和限制，主要体现在女性与家庭的关系中。女性对于家庭的作用直接体现在，一是生育，二是家庭事务。这既是由生理因素造成的，也是由社会因素造成的。同时，这两个原因直接使得女性更多地被排除在职业之外。

（1）在生理上，相对于男性，女性表现出了其特殊性：第一，女性的五个特殊生理时期是不可避免的，即经期、孕期、哺乳期、更年期和后稳定期，各个时期又对女性的正常行为起到了影响与干扰作用，甚至产生严重的副作用。第二，从体力上看，女性明显不如男性体格健壮，在身高、体重平均而言都不及男性，基础代谢的能力也低于男性，但女性的持久力比男性要强得多。第三，从智力上看，男性善于逻辑推断，进行抽象思维，善于创造；而女性则在观察能力、记忆能力以及形象思维能力方面却有相当的优势。

（2）从社会因素来看，中国的文化传统要求女性以弱者的身份生活在男性世界里，"女子无才便是德"是其集中表现。男权制社会服务于男性世界，形成男性与女性的分层，并将女性置于从属与低下的地位。因此，女性职业选择障碍体现在女性自身特殊的条件与用人方对女性的挑剔。同时，这种制约对职业女性的职业发展也造成了负面的影响。此外，在大多数人的心目中，优柔寡断、缺乏理性、缺乏冒险精神、逻辑分析能力差也常常会和女性错误地画等号。

（3）职业女性在劳动过程中还受到其他因素的干扰，包括家庭角色与社会角色冲突形成的角色压力；中国的职业女性在教育程度上具有很大的落差；职业女性的自觉意识发展参差不齐，不利于形成强有力的意识形态。

（4）男权世界对女性的压抑不仅表现为给女性带来了社会环境压力，还表现于使女性在信息获取的数量和机会上都比男性要差很多；以及在机会占有上比男性也弱很多；导致女性在整个社会环境中社会资源的累积低于男性。

（5）女性自身的素质与思想观念落后。这是由女性的社会经济地位和传统的家庭结构决定的，女性受教育程度低，职业价值观念落后，这些都是与传统的家庭结构与女性的社会经济地位紧密相关的。

2. 女性职业发展的优势

女性的劣势主要是生理上的和心理上的，女人比较感性，而职业本身很多时候是非常理性的，自信心等也影响着职业发展。尽管女性职业发展存在以上劣势，但女性也具有本身独特的优势。科学研究结果表明，女性在智力上并不比男性差。在政治、经济、文化、艺术、科学研究等领域，杰出的女性不胜枚举，绝大多数的职业岗位上女性比男性丝毫不差。如企业各种生产技术和管理岗位，机关事业单位各项业务、领导工作岗位，社会各项服务事业岗位等等，女性和男性一样可以胜任。同时更要看到，在许多领域，女性有着男性不可比拟的特点。女性职业发展的优势主要表现在以下几个方面：

（1）从生理上看，女性具有很强的忍耐力

由于生理上的差别，女人具有男人无法比拟的忍耐力。女人的身体脂肪量大，抗饥饿能力高于男人。这就是为什么在面临困难和挫折时，女性往往能够吃苦耐劳，例如，当发生一些家庭变故或灾难时，男人往往容易一蹶不振，失去了生活的信心；而女人往往能够以惊人的毅力度过难关。

（2）女性善于言辞，沟通能力强。有丰富的情感以及对他人情感的感知力

人们一般认为，男性理解空间的因子一贯是出色的，在数字、几何、逻辑推理方面，男性表现比较突出，而女性方面一贯优越的是语言因子。女性语言表达比男性发育早，在语言的流畅性、叙述文的长度、语法、造句、阅读能力等方面，也是女性较为出色。同样条件、同样年龄的小孩，女性在词汇积累方面比男性强。一般女性比男性口齿要伶俐，在听觉上，女性比男人灵敏，女性对色彩、声音等方面的敏感度比男性高40%左右，所以在沟通能力方面，女性占有明显的优势。

（3）女性管理中的优势。

无数历史事实和科研的结果证明，女性在管理方面有着独特的优势。妇女既有强烈的事业心，又有不甘示弱的好胜心，希望自己的个性在领导活动中得到充分的体现，在事业的成就中得到进一步完善。美国佐治亚洲教育中心心理学博士门得尔松在经过大量调查后得出结论：女性担任公司的经理不可缺少的品质是——精力旺盛、敬业精神强、办事果断、有智慧、善于思考问题，敢于承担风险，待人接物讲求分寸，为人随和。

（4）女性性别优势中很重要的一点是善于向男性学习

长期以来，人们在对待男女两性的态度方面有不同的标准，并以此形成固定的性别刻板印象。一般认为男性应该坚强、勇敢，有事业心，雄心勃勃，而女性应该温柔、细腻、依赖、善解人意，所以，女性要和男性平等竞争，必须以男性标准为榜样，向男性学习，而且社会上对于女性向男性学习总是持宽容和鼓励态度，但对于男性向女性学习却持鄙夷

和轻视态度，这原本是一个男性文化占统治地位中的性别不平等现象，但在客观上却为女性优化自己的性别结构提供了广阔的空间。

四、结　论

职业女性在劳动关系中所处的状况，是由职业女性的自身条件和社会对职业女性的期望所造成的。职业女性在家庭中的作用束缚了职业女性的职业发展，使得职业女性在劳动关系中处于男性的依附品。伴随着现代化的发展，职业女性越来越要求提高自身的发展，实现自身的价值。这种趋向要求改变对传统职业女性角色的定义，要求男性世界为职业女性安排足够的发展空间。现代社会的发展不仅仅是经济上的发展，而且还是人与人之间实现平等的体现。职业女性在男性世界中颠覆传统角色，以一种现代的职业女性劳动关系，建立与强化职业女性的现代角色。抓住时代发展机遇，通过自身努力，以新的观念和意识形态突破女性职业发展的瓶颈，职业女性的更高发展将有赖于以下几个方面：

第一，女性发展的意识形态要能够得到更高、更大范围的发展，提高女性的觉醒意识；

第二，女性应当能够在现代社会中克服角色期望，处理好家庭与工作、爱情与事业之间的关系，协调安排好两种角色的职能与意义；

第三，转变思想观念，提高自身素质以减轻角色负担，形成女性的幸福观；

第四，妇女解放运动是社会进步的体现，女性的发展是现代社会发展的一部分，只有社会整体地发展了，妇女的发展才有根本的保证。所以应鼓励女性走出家庭，走向职场；树立尊重女性的社会文化与风气；克服对女性的偏见，正视女性对现代社会的贡献；完善法律制度，保障女性合法权益；对女性开展多层次的教育。

本文作者：关培兰，武汉大学经济与管理学院教授。
黄艳芳、李晗，在读博士。

妇女社会工作

根据《2000 年第五次全国人口普查主要数据公报》提供的数据，在我国的总人口 129 533 万人中，女性为 61 228 万人，占总人口的 48.37%，女性的地位举足轻重。社会工作一直把妇女作为自己关注的焦点，并在实践中发展出了一套妇女社会工作的理论与方法，以下简略介绍妇女社会工作的基本概念、理论与方法，以及我国妇女社会工作的现状。

一、什么是妇女社会工作

妇女社会工作又称妇女服务，但妇女社会工作至今还没有统一的定义。笔者认为，妇女社会工作就是针对妇女在自我成长的过程中，在参与政治、经济、社会、文化与家庭生活中遇到的群体或个体问题而开展的社会服务性工作，其目的是为妇女的全面发展创造有利的社会条件与社会环境。由于妇女社会工作是研究妇女社会现象与运用社会工作的理论、方法解决妇女的具体问题为工作内容的，因此，它具有如下特征：

第一，综合性。综合性是指妇女社会工作涉及的内容非常广泛与复杂，它要求妇女社会工作者能够运用多种学科的知识、多种工作方法与技能去解决妇女的社会问题。比如，对妇女权益的保障，涉及经济学、法学的知识；对妇女生理疾病的防治，涉及生理学、医学的知识；对妇女人际关系的辅导，涉及社会学、心理学的知识；对妇女婚恋家庭的指导，涉及女性学、家政学、社会学、心理学的知识；对妇女社会工作的组织与领导，涉及行政管理学、公共行政及领导学的知识。

第二，科学性。无论是妇女社会工作的知识基础、专业理论，还是具体的工作方法、技能，都具有科学性。具体地说，妇女社会工作的基础知识有医学、社会学、心理学、法学、行为科学等，这些学科都有专门的系统理论与科学的知识。此外，妇女社会工作还有自己的专业理论与工作方法，这些理论与方法经过长期的工作实践证明是行之有效的，因而也具有科学性。

第三，服务性。妇女社会工作在本质上具有服务性，其基本任务或职能是对有困难与有需求的妇女提供有效的服务，帮助她们走出困境与误区，促使她们能够保持独立与尊严，健全并全面地发展自信、自决、独立的人格。这些服务性工作可以是有偿的，比如社会上为妇女服务的营利机构，也可以是无偿的，比如政府及第三部门为妇女提供的服务。

此外，根据不同的标准，还可以将妇女社会工作划分为不同的类型。比如，从工作任务上看，可以将妇女社会工作划分为提供帮助型、科学研究型和行政管理型的妇女社会工作；从工作方法上看，可以将妇女社会工作划分为个案、团体、社区三大妇女社会工作；从工作领域上看，可以将妇女社会工作划分为宏观社会政治层面的工作（包括推进妇女的参政与男女平等、动员妇女投身于社会发展、加强不同族群妇女的团结以及维护世界和平等），与微观社会服务层面的工作（即主要围绕妇女在自我成长、就业、婚姻家庭、子女抚育、赡养照顾老人等方面出现的困惑与危机，向求助妇女提供具体帮助，以发挥她们的潜能，促进妇女的发展）。

二、妇女社会工作的理论与方法

妇女社会工作的理论基础是指开展妇女社会工作的女性主义理论。女性主义理论是20世纪70年代兴起的一种妇女社会工作的根本指导理论。其主要观点有：关注男权制度对两性的影响，尤其是对女性的压迫，如男权制度对两性的性别定型及其对女性的压迫（行为表征）；认为性别定型有"男尊女卑"的涵义，表现为男性社会将女人限制在私人空间（即男主外、女主内）；女性扮演照顾者的角色，并要承受家庭与事业的两重压力；女性的生活圈子狭窄，其活动空间及个人发展受到限制，如此，女性的自我形象低落；对女性主义来说，社会问题（尤其与女性有关的问题）的成因与男权制度有关。因此，改变男权制度，使社会迈向两性平等，是女性主义者的渴望。女性主义有很多流派，粗略来说可以分为自由主义女性主义、社会主义女性主义、激进女性主义等。这些不同的流派，分歧在于对男权制度的成因及改变方法有着不同的理解。

首先，从自由主义女性主义来看，自由主义女性主义认为，男权制度的原因在于社会化，这样，它主张谋求文化上的渐变。

其次，从社会主义女性主义来看，社会主义女性主义认为，资本主义生产是一切问题的核心，男权制度也从属于资本家的利益。比如，妇女在家庭的无偿劳动，促进了劳动力的再生产并降低了其成本。此外，家庭主妇是剩余劳动力，也致使资本家能压低劳工阶层的薪金水平。因此，取消资本主义制度、建立社会主义便成为这一派解放女性的步骤。

最后，从激进女性主义来看，激进女性主义认为，男性对女性的控制才是男权制度出现的原因。男性是女性的死敌；直接谋求取消男权制度才是改变女性困境的良方。部分激进女性主义者甚至提倡同性恋，以及拒绝与男性交往等策略。

以上述女性主义的基本观点指导社会工作实务，便形成了"女性主义的社会工作"。对此，女性主义社会工作坚持以下原则：承认女性是独立的个体，有独特的生活经验；承认社会上权力分配不均及资源不足的现象，而这些现象常使妇女处于不利的境况；进一步，应将妇女的困境提升至社会改革的层面，并视妇女问题为个人与社会运作失调的结果，而不应将问题个人化。在以上女性主义社会工作原则的指导下，妇女社会工作形成了个案工作、团体工作与社区工作三大基本方法。个案工作是指妇女社会工作者运用个案社会工作的方法与技巧，针对每个妇女的不同特征，为其提供个别化服务，以充分发掘其潜能，促进其身心健康，促使其过上正常生活的工作过程；团体工作是指妇女社会工作者利用团体社会工作方法与技术，为妇女提供服务，增加其参与社会活动的机会，并通过妇女在团体中的娱乐、交往、学习、意识醒觉的提升或者治疗等，增加其生活情趣，治疗其人际关系失调，促使承担其公民的责任，以及形成妇女的互助体系；社区工作是指妇女社会工作者以地域社区或功能社区为单元，充分利用社区资源，并通过地区发展模式、社会策划模式及社会行动模式等，借助合力解决社区内的妇女问题，让妇女在社区参与中培养自助、互助、自决的精神以及增加其对决策的影响力，并进而推进妇女能力建设的提升。

三、我国妇女社会工作的现状

我国妇女社会工作主要由妇女工作机构来承担，这些妇女工作机构主要有：各级民政系统、各级妇女联合会、各级工会女工委员会、各级妇女工作委员会以及民间妇女组织。不仅如此，我国妇女社会工作者根据不同时期国家的不同任务与妇女的不同问题，开展了大量卓有成效的工作。概括地说，我国妇女社会工作的主要内容有：颁布保障妇女权益的法律法规，在城市女职工中开展"巾帼建功"活动，在农村广大妇女中开展"双学双比"活动，对广大妇女进行"自尊、自信、自立、自强"的"四自"教育，开展创建"五好家庭"活动，以及组织实施"巾帼系列行动"等。毫无疑问，随着我国经济建设的发展与体制改革的深入，妇女社会工作的作用将会日益增加。但是，目前我国妇女社会工作仍存在一些问题，并影响着妇女社会工作的开展，它们主要是：妇女社会工作方法的单调，妇女组织官方色彩浓厚，妇女社会工作整合化程度低，妇女社会工作整体专业化水平不高，以及缺乏系统的理论素养等。不仅如此，与西方的妇女社会工作相比较，我国的妇女社会工作在注重妇女的全面发展的同时，更注重爱国主义、集体主义教育，着力于教育、引导、指导，而西方的妇女社会工作则较为注重不同妇女的自身需要，注意照顾不同妇女团体类型的人的需要，"助人自助"。此外，我国妇女社会工作手法的特点在于充分发挥妇联、工会、民政等机构的组织优势，比较注意大型、全国性、地区性活动，而西方妇女社会工作的手法则更注意针对个人的潜能发展与特殊需要，注重团体、小型的活动。

为了使我国妇女社会工作更好的适应市场经济的发展与社会转型的需要，更好地为妇女提供服务，以及与国际上专业妇女社会工作接轨，需要加强以下几个方面的工作：

第一，妇女社会工作整合化是我国经济体制改革与政治体制改革的迫切需要，也是妇女社会工作自身发展的必然规律。在市场经济条件下，妇女社会工作具有普遍性、复杂性与需求多样性的特点。为此，我国妇女社会工作的发展，不仅需要工作方法上的整合，更需要妇女社会工作部门与专业社会工作者力量的整合，并要培育妇女社会工作的志愿者队伍，以及大力推进我国妇女社会工作的官方机构与妇女社会工作的非政府组织的伙伴关系的建立。

第二，妇女社会工作法制化是整合的前提，也是我国妇女社会工作完善与发展的重要标志。制定统一的法律、政策与法规，明确各部门、社会组织在我国妇女社会工作中的职责及合作制度，是促进整合的法律保证。而没有法制就没有规范化与行之有效的妇女社会工作。

第三，产业化是在市场经济条件下发展我国妇女社会工作的必由之路。妇女社会工作以帮助、调节与解决妇女问题为己任，但如果没有一定的经济条件为后盾，不但不能解决问题，而且连自身的生存与发展也成问题。因此，我国妇女社会工作应该由纯福利型、纯服务型向产业型转化，走有偿服务与无偿服务相结合，注重工作绩效的评估。

第四，妇女社会工作专业化是提高工作质量与效果的需要，也是我国社会发展的必然要求。没有妇女社会工作的专业化，就不可能造就一支训练有素、操作熟练的专业队伍，也不可能提高妇女社会工作的整体质量水平。因此，专业化必将是我国妇女社会工作的选择。

展望我国妇女社会工作的未来，笔者认为，我们主要应在以下三个方面取得突破：一是在妇女社会生活的不同领域发展出多样化的妇女社会工作；二是在推进妇女社会工作本土化的研究工作中，建立具有中国特色的并与国际接轨的妇女社会工作理论与方法；三是针对我国妇女出现的新问题，在创新性的实践活动中提供专业妇女社会工作服务。毫无疑问，专业妇女社会工作在推动我国城乡和谐社区的建设、支持家庭体系、扶助妇女中的弱势群体、关注全体妇女的成长与发展、回应传统家庭功能的弱化、增强家庭情感功能及家庭赡养或抚养功能等方面，是可以发挥重要作用的。

本文作者：李晓凤，武汉大学社会学系副教授。

性别差异与女权运动的人类学

1972 年，人类在与天外可能存在的智慧生物尝试着联络时，设计了代表地球人类的最基本信息。信息储存在一张镀金铝片上，其最显著的图案是一男一女的裸体像，这说明地球人类最主要的特征是具有男女性别的差异。

一、性别的差异与相似

1968 年，罗森克兰兹通过大量的调查，发现美国人所期待的男子气质和女子气质的性格特征如下。

男性特征：强烈的攻击性，强烈的自立性、情绪稳定、不外露、客观性强、不易受外界影响、支配感强，十分爱好数学和科学，在一般情况下能够临危不惧、好动、竞争心强、逻辑性强、谙于处世、善于经商、直率、感情不易受打击、冒险精神强、能够果断地做出决定，从不哭哭闹闹、往往以领导者自居、自信心强、对于攻击性行为往往满不在乎、抱负宏大、能严格区分理智和情感，无依赖性，从不因相貌而自负。

女性特征：喜欢聊天、做事得体、分寸感强、雅淑温柔、对他人的感情十分敏感、虔诚笃信，陶醉于自己的容貌，起居方面清洁干净、文静、对安全有强烈的需要，欣赏艺术和文学，善于表达，脉脉含情。①

从上面列举的看，差别相当大，有的是可以成立的，如男性攻击性强。有的则历来有争论，如认为男人的智力（数学、科学、逻辑）比女人强，心理学家们做过许多次的系列实验，仍不能下结论。的确，历史上的科学家、哲学家、政治家等成功者中，女人微乎其微。但是研究表明，女孩在 6~8 岁时智力明显比男孩发育得快，12 岁左右男女的智力发育达到平衡，14 岁以后，男孩的智力发育明显快于女孩。原因是什么呢？有人认为是女性具有优越的语言技巧，而男性因为语言上的劣势而发展了逻辑推理的能力，这种能力使男性在事业上成功率高。而女孩离开学校后就"从来没有再学过什么"。

男女在心理、能力上的差异是生物因素决定的，还是环境造成的？长期的研究和争论已形成了"性差心理学"、"性角色社会学"、"性别学"等专门的学科分支。1974 年，美国心理学家麦克比和杰克林合著了一本《性别差异心理学》，他们认为，过去的研究，夸大了男女性别心理的差异，他们认为真正明显的差异只有四项：1. 女孩的语言表达能力较好；2. 男孩的视觉、平衡能力较强；3. 男孩的数学能力较高；4. 男孩更为好斗。还有 6 个方面可能存在差异，还不足以肯定：1. 女孩的触觉更敏感，对爱抚特别需要；2. 男孩更主动，特别在交友结伴方面；3. 女孩更容易表露和述说害怕、焦虑等行为和体验；

---

① ［美］海登：《妇女心理学》，云南人民出版社 1986 年版，第 85 页。

4. 男子更富于竞争性；5. 男孩更喜欢支配；6. 女孩更倾向于顺从。

他们的书在 1976 年受到珍妮·布洛克的严厉批评，认为他们醉心于发现无性别差异。布洛克认为，他们选取的实验对象，有 75% 是 12 岁以下的孩子；40% 的论述局限于对学龄前儿童的研究。布洛克指出，许多性别差异要到青春期以后才显露出来，局限于研究儿童心理，会得出片面的结论。麦克比和杰克林则说，当学者们纷纷醉心于研究性别差异时，应该提醒大家要注意到性别相似是更重要的一面，比如在正直、良心、诚实、社交这些方面，显然相似性是主要的。

二、跨文化比较

跨文化的比较研究，是人类学家经常使用的方法。假如我们详细地考察别种文化，就会发现那里的性别角色与我们社会所存在的性别角色非常不同。美国人类学家玛格丽特·米德对新几内亚三个原始部落所作的出色研究，说明了这一点。她在《性别与气质》一书中记录了一些有趣的例子。

阿拉佩什人是新几内亚的一群山区居民，他们几乎不存在着性别差异。他们的孩子受到这样的影响，长大后也没有表现出性别差异。男子的攻击行为几乎不存在，那里没有杀戮也没有战争，男人像女人一样彬彬有礼。每一个人都要求懂得爱与关心他人，连货物交换也被称为"馈赠礼物"。这个部落有"养新娘"的风俗，青年男子娶一个十岁左右的新娘，先像兄妹一样生活，没有性生活，等新娘长大以后才真正过夫妻生活。这个部落的女人在做爱时不存在性高潮，因为她们处于极度被动的状态。在这个社会中，男子和女子一样，有教养、有责任感、互助、乐于自我牺牲，这些品质是美国社会对女性所期待的。

另一社区蒙枯古马人嗜血成性，敌意、憎恨、猜疑是他们的性格特征。他们中不管男人、女人，都是进攻型的人。性交前男人的"爱抚"，竟是疯狂的抓挠和撕咬，有时甚至弄出血来。配偶的饰珠被扯断，遮体的草裙也被撕碎，她们很容易获得性高潮。这也是一个男女没有性别差异的社会。

第三个部落是西布里人，他们男女之间的性别差异较大，但这差异与我们社会的性别差异不同。他们的妇女盛气凌人，讲求实际，不循私情，是养家糊口的人。他们的男人都表现出敏感、柔弱，喜欢打扮自己，追求艺术。他们男女性别特征与我们社会的似乎相反。①

通过跨文化的研究，人类学家发现，性别差异与其说是被生物性决定，还不如说更多地是被文化变迁所决定的。不过，美国恩伯夫妇在《文化的变异——现代文化人类学通论》一书中，认为米德所叙述的三个部落的情况，很可能属于"例外的个案"。换句话说，恩伯夫妇不赞成夸大环境和文化对性别差异的影响，他们根据"六种文化研究计划"的权威调查资料，坚持男孩比女孩具有更多的攻击性，并且用雄性荷尔蒙对动物做试验，证明了激素与攻击性有联系。②

---

① 参见［美］玛格丽特·米德：《性别与气质》，宋正纯等译，光明日报出版社 1989 年版。
② 参见［美］C·恩伯，M·恩伯：《文化的变异》，杜杉杉等译，辽宁人民出版社 1988 年版。

三、两条普遍原则

尽管存在米德所发现的特殊部落现象，但人类学家的跨文化研究，发现男女性别存在着两条普遍的原则。第一，每个社会都确认性别差异并使之日趋繁杂。没有哪个社会一视同仁地对待男性和女性，无论是在个性要求上、劳动分工上，还是在服饰上，总有一些区别。第二，不管从事什么工作，男性性别角色总是受到更高的评价。例如在新几内亚某些地区，妇女们种植甜薯，男人们种植甘薯。甘薯被认为是荣耀食物，常常被用于重要的仪式上。

对这两条普遍原则，人类学家往往从历史渊源上给予解释：远古时代，已建立男女体力差异上的性别角色。男子肌肉发达，力气大，担任了狩猎的角色，并掌握了社会的权力。女子体力差一些，只能采集食物和养育子女，她们只好服从男子的领导。养育子女使她们从事内务，男子从事外务并更多地负责公共事务，因而比女子赢得更高的评价。如今，科学的发展使人的体力已经不那么重要了，但是历史上遗留下的性别角色仍继续存在。

作为普遍原则的体现，我们发现每个社会的政治舞台上，领导人物通常是男子而不是妇女。跨文化的研究表明，有85%的社会只由男子担任领导。为什么男人占优势呢？第一种说法是男子参加战争，掌握了武器。第二种说法是战争像狩猎一样，需要力气，妇女很难胜任。第三种说法，高个子当领导的可能性大，男子普遍比女子身材高大一些。以上这些似乎都不是很有说服力。

作为普遍原则的又一体现，我们必须承认和认知不同的性别角色，知道自己性别角色所应尽的责任和行为规范。例如在两性活动中，遇到了歹徒或危险，男性角色就要求男子挺身而出保护自己的女友，而绝不能抛弃女友自己逃命。但性别角色是多样的，复杂的，不能简单地归结为男女对立的两种。米德在1961年列举了在不同文化中，能够区别的11种正式的性别角色：生育过的已婚妇女，生育过并供养过子女的已婚男子，不打算结婚和生育的男子、独身、禁欲、节制生育的成年男子，扮演女性角色的成年男子，扮演男性角色的成年女子，为男子做情妇维持生活的成年女子等等。

由于性别角色的复杂性，常常会遇到性别角色冲突的问题，例如女人事业有成者，像领导干部、经理、高级知识分子等，都存在一个社会角色与家庭性别角色的冲突。社会角色要求她果断、有魄力、能领导男人工作；而家庭性别角色要求她温柔、随和、注意打扮自己等等。两种角色错位则往往大祸临头，将社会角色搬到家里，其结果往往是以离婚告终。将家庭性别角色搬到单位，则往往不能胜任工作，事业会失败。

四、性 别 歧 视

不同的民族与社会中都存在着性别歧视。人类学家查格龙在描述委内瑞拉的印第安人时说，女人必须对丈夫的要求做出迅速的反应。当男人狩猎归来，女人不管在做什么，都得立刻回家，马上为丈夫准备饭菜，倘若动作缓慢，丈夫有权揍她。惩罚大多使用柴棒……有的用有倒钩的箭射进她们的臀部或腿部。①

爱斯基摩男人把女人当成独占的物品一样使用，虐待与交换。一个男人看上某个女人，只需上前抢夺她的腰带。如果她反抗，就强行占有。男人为了与贸易伙伴建立联盟，就让妻子为他们提供性服务。

《美国传统辞典》给性别歧视下的定义是："一类性别成员对另一类性别成员，尤其是男性对女性的歧视。"在几十年前可能没有人对这个定义提出异议，但是目前，在西方国家出现了"反向性别歧视"以后，有人提出了批评。反向性别歧视就是女性歧视男性，这种现象在今天世界里的确存在。美国、法国的一些男人抱怨说：妻子打丈夫一耳光，没有人会同情那个"窝囊废"；丈夫打妻子一耳光，则有可能被告上法庭甚至会坐牢。2002年有媒体报道，德国近年来家庭暴力案件增加，多数是悍妇打骂丈夫。因此，在性别歧视的定义中强调男性对女性的歧视，似乎没有必要。还有一种情况，女性之间也有性别歧视者，她们瞧不起自己，瞧不起妇女。中国古代有许多女性接受和宣传儒家的男尊女卑思想，写了《女经》等著作。

在现代西方国家，出现过英国首相撒切尔夫人、法国女总理克勒松、葡萄牙女总理玛丽亚、土耳其的女总理奇莱尔、加拿大的女总理坎贝尔等，说明女性 参政有了很大的进步。但在大多数国家里，妇女参政是有困难的。1984 年，瑞士社会民主党推荐著名女经济学家丽莲担任部长，但议会讨论没有通过。理由是女人太容易动感情，不能承受高职务的紧张。

女子地位在各国都有提高，但仍然有贬低、排斥、压迫女性的现象。女性就业难、从政难、与男性同工同酬难的现象比较普遍。性别歧视还表现在性别商品化倾向，在报纸、杂志、电视、广告中充斥着女人的大腿、乳峰和半裸体形象。美国广告商在和男人做生意时，最有效的办法是将商品与一个有魅力的女人形象联系在一起，这种联系无论多么牵强也没有关系。在各国商界，公关小姐非常活跃，她们利用自己的性别角色去拉关系，做广告，促销售。这些都是歧视女性的表现。

五、"平等"的试验

人类学家只发现了极少数的男女平等的社会，它们往往是未开化民族。如美国内华达州的哇斯哈印第安人、非洲坦桑尼亚的哈德扎人等。在绝大多数男女不平等的社会，由于时代的进步与女权运动的结果，男女正在走向平等，有的国家还开展了平等的试验。在改变角色以求男女平等方面，现代以色列的吉布茨（集体农庄或聚居区）是最有意义的尝试。那里的生活完全公共化，财产是集体所有，而不是个人或家庭所有。那里实行集体用餐和儿童公共保健，使妇女从养育子女和繁琐家务中摆脱出来。妇女可以从事任何职业，包括服兵役，从事建筑行业，消除性别歧视是吉布茨试验的最重要目标之一。那里的舆论宣传和居民意识，都认为男女在智力、能力、技巧上是没有高低的。尽管如此，研究者发现，传统的性别角色一度好像不存在，但现在却逐渐恢复。心理学家对吉布茨 55 个村落最早的居民和 918 名第二代成年人进行访问，发现第一代妇女回到厨房、洗衣店等服务行

---

① 转引自邹勤译《无声的交流》，西南交通大学出版社 1992 年版。

业中。第二代妇女似乎希望回到传统的女性生活方式。

中国在计划经济制度下，女子就业率极高，但工资收入很少。但因为那时男子的工资也很少，女子在家庭中的地位相当高。但是在社会主义商品经济制度下，女子下岗的比男子多，男子赚钱明显比女人多，因此，男子在家庭中的地位比过去要高。女人也更多地回到传统的性别角色上。①

斯堪的那维亚的试验曾经引起世界的注目，大家都认为那里的男女平等制度走在世界的最前列。新闻报道曾介绍那些国家的传统性别角色已不复存在。问题在于我们发现，几十年以后的今天，重要的、受人尊敬的职业和职位仍然被男人占有，女人尽管像男人一样努力工作，但是却没有太多的成功者。这是否证明女人在智力、能力上的确不如男人呢？否则为什么机会均等，没有歧视，而最后的结果仍然是男人占优势呢？或者还有一种解释，那就是尽管在男女平等的试验区里，实质上还是没有真正做到男女平等，那么真正的男女平等是什么呢？

于是又有一种理论出现了，说平等不等于相同。有一种认识误区，即认为男女平等，就是让女子跟男子相同。女子要像男子一样肌肉发达，选美时她们也要凸起全身的肌肉。女子要像男人一样富于进攻性，成为冷血硬汉。女子要像男子一样从事危险的职业，如当兵打仗等，以色列人说这只是形式上的平等。本质上的平等是指法律上的平等，是指男女在职业和特性方面受到平等的待遇。如果要求女人跟男人一样地工作，从事繁重、危险的职业，女人的体力是吃不消的。长期像男人一样生活和工作，她们会特别劳累和疲倦，那个时候她们会回到传统的性别角色。这样的时候，她们是离男女平等更近一些，还是更远一些呢？

六、女 权 运 动

美国是现代女权运动的发源地。第一份《妇女权利宣言》于1848年在纽约州发表，标志着现代妇女权利运动的正式开始。它要求全体妇女的选举权和其他平等权力，这个要求最初遭到公众的敌视和嘲笑。21年后，怀俄明州率先给予妇女选举权，而在1920年，整个美国都给予了妇女选举权。第二次世界大战对于女权运动的兴盛起了决定性作用，大批男人走上战场，使美国有500多万妇女从事社会各种职业。她们中间许多人在战后仍然在工作岗位上，后来又有更多的妇女加入了就业的行列。到70年代，妇女就业人数已占自身总数的60%。因此，与其说是女权运动造就了大批职业妇女，还不如说是这批职业妇女创造了女权运动。

引人注目的女权运动出现于20世纪60年代末期。1968年发生了一位美国小姐的露天表演，被称为"当众烧乳罩"事件，此事件受到舆论媒介广泛的宣传。1970年，一次重要的妇女示威游行吸引了好几万游行者，妇女运动成为报刊媒介比较突出和稳定的报道内容。运动者的反抗主要指向性别歧视。女权主义者的词汇库中最关键的术语是"选择"、"自主"和"真实"。其中心目标是"妇女在与男子真正平等的同伴关系中具有完全平等的权利"——这是全国妇女联合会的宗旨所在。

────────────

① 参见［美］L. 达维逊、L. K. 果敦：《性别社会学》，程志民等译，重庆出版社1989年版。

女权主义者要求得到选择的权利，即有权选择她自己是成为一个家庭主妇还是成为一个职业妇女，是否当母亲，是过异性爱还是过同性爱或是独身生活。"自主"是指她们有做出这些选择的自由，而不是受制于社会、政府、丈夫或雇主的意志。通过自己做主进行选择，妇女才成为一个"真实"的人——她认识到自己的存在，而不再扮演某个角色，不必朝传统形象看齐。当代妇女运动有哪些类型呢？她们的信念和理想是怎样的呢？美国达维逊和果敦合著的《性别社会学》一书概括了四条①：

1. 妇女应该更像男人

这种观点可以说是多数美国女权运动反映出的共同观点，它认为妇女得到受人尊敬的职业、受到提升以及担任报销账单工作等，是最公正的。随着妇女得到的利益越来越多，她们最终成为与男人平等的人。女人也能取得男性一样的成就，是她们的口号之一，这个口号承认男性的成功并作为女性的目标，因此被认为是传统的观点。这派观点的特征是：妇女通过使她们个人的才能得到承认的合法行为来达到目的，她们比较注意妇女个人的酬劳和权利。这一类型的女权运动在舆论媒介中被广泛地介绍和描述。

2. 女权制

这种类型的运动主张变更父权制，用女权制取而代之。它的理论根据是强调妇女在生物学上比男性更优越，因为女性具有男性没有的生育能力。男性的生命是女人给的，男人也是女人养育大的。父权制被解释为男性害怕和妒忌妇女而制定的制度。这种观点认为，未来是女人统治天下的时代，女人管理国家的能力也超过了男子。表现在男女之间的关系上，往往是大女子主义态度，它跟大男子主义态度是针锋相对的。这种类型的女子可能会讨厌男人，憎恨男人。她们的口号是：没有男人，女人会活得更好。

3. 男女同体主义

它提倡将旧式的、固有的女子气和男子气的特征和行为综合到一个个体之中。一个人应该既有男子气质，如果断、自信、有竞争性，又具有女子气质，如以柔克刚、善解人意，沟通能力强等。男女同体主义强调个人的可变性，并且主张，男人与女人一样也应该"得到解放"。②

4. 男人和女人应该分享社会的和政治的权力

这种类型要求在现代政治权力机构中寻求根本的改革，以清除目前由清一色的男性进行政治决策的状况。女人将与男人一样，成为社会上起支配作用的群体。这种观点非常重视妇女从政，但突出的特点是强调男女互助协调。

女权运动也受到一些人的反对，称之为反向运动。它由抵制做人工流产的力量和一种更广泛的要求妇女具有一定传统意识的力量所组成。他们认为，女权运动走过头了。在美国父亲节那一天，总有男人上街游行，抗议妇女不养育孩子。法尔威尔创立了一个松散的

---

① 参见 ［美］L. 达维逊，L. K. 果敦：《性别社会学》，程志民等译，重庆出版社1989年版。
② ［美］渥伦·法若：《男性解放》，郑至慧等译，台湾妇女新知出版社1987年版。

"道德多数派"组织，参加者不少于 50 万。它反对女权运动伴随出现的人工流产、婚前性行为、轻率离婚、性文化泛滥。为了达到这个目的，道德多数派准备走政治和法律的道路，并争取公众舆论的支持。

七、妇女人类学

妇女人类学是女权运动的直接产物。自 20 世纪 60 年代女权运动以后，西方比较著名的大学纷纷成立妇女研究中心。女权运动和对妇女问题的研究，影响了许多学科。人类学受到的影响，就是产生了妇女人类学。人类学家中有不少杰出的女性，例如 20 世纪有本尼迪克特、米德、帕森斯、布莱克伍德、塞利格曼、韦奇伍德、理查兹、卡伯里、邦泽尔、杜波依斯等。

未开化民族是人类学的主要研究对象，而未开化民族中，女人占了人数的一半，她们的文化与生活，在传统的人类学中不占重要地位，但在妇女人类学中却成为最基本的研究内容。女权运动的一个基本思想是：在古代的母权制社会，妇女掌握权力，或者她们与男人共同掌握权力。父权制时代以后，她们丧失了权力，被男人所压迫。女权运动的目标是使她们重新掌握权力，获得平等和独立。

由于历史上曾经有过母权制阶段，所以当今的女权运动似乎有了一个根据。但是，人类学家的认识与女权主义者的认识有差距。马克思主义者一般都根据摩尔根的调查和思想，认为母权制是人类社会早期的普遍形态。而西方人类学家一般都持否定态度，他们认为人类早期社会也是以男权为主的社会，母权制是一种个别形态。在《妇女·文化与社会》一书中，西方 16 位有影响的女人类学家一致认为，没有证据证明母权社会曾经普遍存在过。她们认为："妇女人类学势必要以男性普遍居于领导地位——至少在社交和政治方面——作为前提，这是最重要的一点。妇女要想取得完全的解放，必须开创各种前所未有的对策，不可诉诸古老母权神话。"①

在几乎所有的民族中，女性都被要求顺从。男性的领导地位是源于人类的生物性，还是后天的文化的结果？某些个体生态学家宣称女性的顺从和性别角色是出于基因和生物化学的原因。女权主义者宣称性别角色完全是社会文化的影响，但是这两种极端的意见可能都是片面的。生物性因素和文化因素都存在着，只是这两方面的关系太复杂。罗莎多认为，生物性基础加上文化，塑造出性别角色。妇女承担养育儿女的任务，使所有社会都有内外之别。女性的角色在家内和家务方面，公共领域主要是男人的天地，这是男主女次的基本原因。有些部落妇女的地位和权力相当高，但她们仍然要顺从男性，哪怕是表面上的。在约鲁巴族，妇女虽然控制着交易与经济，却必须跪着服侍丈夫，假装出无知与顺从的样子。

有些学者认为，男性占领导地位，是因为男性嫉妒女性的生育能力而导致的。男人是脆弱的，他们害怕女人，所以创造了一套观念体系和制度使自己优越。精神学家贝特尔海姆认为，男性的割礼——包皮割除、阴茎割裂等，是模仿经血和女性生殖器，模仿的原因是出于嫉妒。新几内亚北方沃吉欧岛的男人定期割裂阴茎流出血液，明显模仿月经。人类

———————————

① ［美］R. M. 基辛：《文化·社会·个人》甘华鸣等译，辽宁人民出版社 1988 年版，第 570 页。

学家邓迪斯认为，男性对女性生殖力的嫉妒，表现在神话中一再出现的肛门生殖幻想上。男人喜欢发表著作，是对自己不能创造生命的一种精神补偿。奥特纳认为，男性对女性的生殖能力产生了嫉妒、威胁、爱憎交加的情绪。男人不能创造生命，便发明技术创造了相当持久、卓越的器物，来肯定自己的创造力。①

　　性别学介于自然科学与人文科学之间，因为人类的性别差异既是生物学上的生理现象，又是环境与文化的产物。人类学也是这样，它的分支学科有体质人类学与文化人类学，如人类学家沃尔夫所说，人类学在科学与人文之间架起了沟通的桥梁。人类学的主题是人，这个人既是自然生态学的组成部分，也是从自然界超越出来的文化人。由于人类学与性别学的这种共性，使得人类学家对男女性别问题有着持久的兴趣，并取得了大量的研究成果。在 21 世纪，还会有许多性别问题在人类学的范围内争论，如人类的变性问题，环境污染使男性精子弱化问题，人口的性别比例严重失调问题，性别歧视中日益增多的男性受歧视问题等。

　　本文作者：宫哲兵，武汉大学哲学学院教授。

---

① [美] R. M. 基辛：《文化·社会·个人》甘华鸣等译，辽宁人民出版社 1988 年版，第 573 ~ 574 页。

重建中国女性高等教育体系

一、我国女性高等教育中存在的问题

1. 传统性别意识存在偏差，降低了社会对女性的价值认同。淑女班的创建，是对传统性别意识形态下的女性教育的一种冲击。传统的性别意识，又表现为一种性别刻板印象，是一种女性社会化过程中的角色定位和价值判断。在人类长期的共同生产和生活过程中，男女各自承担了不同的角色和任务，通过对他们各自在生产和日常生活中所起作用进行观察和分析，人们逐渐认识到，在身体方面，男性体魄健壮有力，女性则较为纤细柔弱；在性格方面，男性具有较强的攻击性，意志相对较为坚强，而女性则显得安静、随和。因此，在社会职能和分工上，男性多从事一些繁重的生产劳动、抵御外敌侵犯、与野兽搏斗等，女性则主要从事琐碎的家务、照顾孩子等一些较轻的体力活动。这种不同被封建的伦理道德加以强化，把男女之间的差别绝对化，并扩大到性格和能力方面，认为女性不如男性，从而形成了"男尊女卑"、"男强女弱"、"男主女从"等一些社会性别观念。这些传统社会性别观念长期以来一直阻碍着女性自身的发展和社会地位的提升。也正是由于这种传统的性别意识的存在，使得女性学在近年来的发展中一直是步履维艰，女性学至今尚不能作为一门正宗的学科得到学术界的一致认同。同时，女性学在高校中至今没有形成自己独立的学科门类和学科体系。这主要体现在两个方面：一是在学校教育过程中，不具备创立学科体系和促进学科发展的相应的教学、研究编制、经费和设施；二是学校教育过程中，无论是教学计划、教学大纲，还是课程设置和教材内容等，都很少体现女性自身的特点和发展要求。因此，造成了女性教育一直得不到重视和发展，导致女性与男性的差距拉大。

2. 表面平等的学校教育暗含着对女性的限制和歧视。近代以来，随着自由和民主进程的不断向前推进，教育领域中的男性特权也被打破，女性获得了接受教育的权利和机会，她们与男性一起，在相同的教育目标下接受同样的教育内容和教学方式。从形式上来看，男女在受教育方面似乎已经实现了平等，性别歧视已得以根除。殊不知，在这同一化的、形式上平等的学校教育体系里，从教学计划、教学大纲、课程设置及教材内容等方面来看，却很少体现女性自身的特点和发展要求。心理研究早已表明，女性在思维方式方面有自身的特点。一般而言，女性较男性发育早，其学习方法和思维方式也较男性定型早。小学阶段的学习多为一些机械记忆类的内容，女孩的学习方法尤其适合这个阶段的学习，而小学阶段教师又多习惯于采用注入式的教学方法，这也正是由此阶段的教学内容自身的特征决定的，这时候，学生只要认真听讲，多看、多读就能取得很好的成绩，女孩在这个阶段的学习中，只要充分发挥自身的优势就能取得优异的成绩。但是，随着学习内容逐渐趋于抽象化，女孩的学习不适逐渐显现出来，而此时教师却只是一味地认为女生天生智力不行，而不去考察导致女生成绩下降的根本原因，对女生在学习方法和思维方式上表现出的特征也置之不理。这种状况直接导致了女生的学习成绩不断下降，使女生心理上产生自卑感，进而影响着女生的学业成就，造成了恶性循环。① 这种既定的教育模式从根本上是按照男性的生理和心理特征及思维模式特征设计的，更多地考虑的是男性的利益和教育需求，却很少有人认真研究怎样结合女性的特点，给女性提供适合她们自身特点和有利于开发她们智力和能力的特色教育。而女性要在以男性特征为中心设计的教育体系中获得自身的良好发展，往往需要付出较之男性更多的努力和更大的代价，甚至是扭曲自己的本性。② 这种男女整齐划一、一刀切的教学方式和教育目标对女性的发展显然不利，对女性而言也显得极为不公平。一个生命，无论其生命力何等顽强，若是生长的环境极为不适，这个生命终究也要夭折的。

3. 女性自身的女性意识薄弱，缺乏足够的自我认同观念。所谓女性意识，是指相对于男性意识的一种性别观念，指女性对自我价值的肯定、自我解放的认识与追求。自古以来，由于女性社会地位低下，以及社会中两性分工的不同，社会上早已形成了一种约定俗成的看法，认为男性比女性更为聪明，智力更高，能力更强。这种观点也早已深深地植入女性的头脑中，阻碍了女性对自我的正确认识和价值评判，致使女性中"小鸟依人"、"夫贵妻荣"等一系列庸俗思想的蔓延。这些思潮在当今女大学生的就业过程中表现十分突出。近年来，随着就业形势日趋严峻，女大学毕业生在求职过程中遭受了重重阻力，给她们的从业信心和自我价值实现的计划造成了巨大的打击，面对这种情况，许多女大学生开始动摇自己的决心和信心，逐渐放弃了自己的事业理想和价值追求。相应地，在我国目前的高等教育体系中，针对女性的自我认识和价值理想定位等方面的教育十分缺乏，女大学生在求职过程中遭受着双重压力，一方面，在现实中处处碰壁，自信心被一点点吞噬；另一方面，遭遇挫折时又得不到正确的就业指导和受挫后的心灵补偿，从而导致许多女大学生不得不向世俗的观念妥协，做一个温柔贤惠、相夫教子的合格妻子。女性自身女性意识薄弱，缺乏自我认同感，在心理上表现为自卑情结较浓，在行为上多表现为消极服从，这显然已对女性的发展造成严重的影响，不利于女性自身优势的表现和发挥。

4. 针对女性教育的投资力度不够。长期以来，女性在教育中的地位之所以上升比较缓慢，与女性教育投资的多少不无关系。男女教育投资的比例不平衡，最显而易见的例子是，学校运动设施的投资与建设。高校的运动设施建设上，似乎形成了一种不约而同的统一标准：篮球场、足球场、跑道等等，而这些运动设施多为男生所占用，这也正是迎合男生的运动嗜好而建造的。相反，针对女性的运动设施在校园里确是极为罕见。从专业设置和建设上来看，女性比例占多数的专业设置，通常在一个学校中都是较为薄弱的专业，这在很大程度上也跟对女性教育不重视和投资力度不够有着极大的关联。

浙大淑女班的开设，一方面既是我国女性高等教育存在严重缺失的反映。同时，又为

① 潘云军：《学校教育中"女性教育意识"的缺失、错位与构建》，《内蒙古师范大学学报》2006年第1期。

② 潘云军：《学校教育中"女性教育意识"的缺失、错位与构建》，《内蒙古师范大学学报》2006年第1期。

我国女性教育的发展开创了先例，指明了方向。当然，淑女班的建设并不是十全十美，无懈可击的。从培养内容上来看，其注重对现代女性进行传统女性特质的训练，以使其适合社会选拔女性的传统标准，表现出一定的局限性。因此，我国女性高等教育的建设不是一蹴而就的，而是一项极为长远而艰巨的工程，这就需要我们认清形势，把握时机，重新规划和构建具有发展前景的女性高等教育体系。

二、重建女性高等教育体系，促进女性教育的发展

1. 打破传统性别偏见意识，纠正教学体系中存在的性别偏向。学校教育中男优女劣的性别偏见观念的存在，造成了教育中女性被忽视，女性的自我认同感和自信心不足。研究显示，大学女生较少被叫起来发言，即便是有机会发言，得到的直接反馈也较少，且经常被打断，而男生则从教授处得到较多的鼓励和非正式指导。学生的成就就是教学成功与否的重要指标之一，而男生似乎更会学以致用。因此，男女教师都认为将时间与关心多给予男生比较值得。一项针对美国 300 所学校 20 万名学生所作的研究显示，女生从入学到毕业，"自我批评"倾向大为加强。相反，与女生相比，即使男生的成绩比女生差，男生的知性及人际自尊能够在大学期间得以维持或增强①。

有教育家认为，男生往往会抑制女生在科学和技术上的发展，夺去了许多表现机会，所以主张分开教学，在美国已经实行起男女分班制度，课本中以男性为主人翁的内容和以女性为主人翁的内容一样多，教材中还体现出提高女孩角色的地位和工作的重要性，她们中也有人担任组织团体中的最高领导者，支配着男人的活动。教材中增添一些这样的内容，目的是让她们从小树立男女平等的思想。在国内，许多教育机构也开始做出了因性别施教的尝试。上海市第八中学在 2001 届新入学的高一年级中选择了 4 个班级进行"构建按性别编班的办学模式，促进男女生和谐发展的研究"课题试验，分为一个男班，一个女班，两个混合班。这项研究试验试图构建一种男女同校而分班教学的组织形式，开设男女系列课程，实行按性别施教研究，研究高中按性别编班教育对男女素质发展的影响。北京华夏女子中学从 2002 年 3 月起，也开设了"社会性别与自我成长"课程，挑战传统角色定性模式，培养学生的自信。为了从根本上改变教材中的性别角色定型现象，我国教育界有关专家提出了以下几点发展意见：第一，在国家课程政策方面，应用社会性别角色制定、编写和审查课程标准、各科教学大纲和教材，把男女平等原则渗透进中小学各科教学中；第二，把性别教育纳入素质教育整体改革中，将性别平等作为现代社会成员所需要的基本素质，并体现在中小学教学和课程中；第三，在中小学各科教材的编写、审定委员会的人员中，要规定一定的女性比例；并制定审定和检查教材和大纲的性别指标；用性别平等的视角对现行课程和教材进行清理和反省，并及时清除现行教材中的性别偏见和歧视；第四，重视中小学潜在课程中所反映的性别倾向以及对中小学生的影响，例如校园文化、班级活动、学生团体等对中小学生性别意识的影响，同时研究当前的各种大众传媒对青少年的影响。②

---

① 国家统计局编：《中国统计年鉴（2004）》，中国统计出版社 2005 年版。
② 罗慧兰：《女性学》，中国国际广播出版社 2002 年版，第 115 页。

基础教育中重视女性教育的改革虽然不能照搬到高等教育体系中来，但其对于改善我国女性高等教育现状有一定的借鉴意义。在高等教育领域中的课程设置方面，应该增设一些引导女性成功成才的课程，给女性走向事业成功提供一些可以借鉴的经验。在课程内容方面，应该增加女性形象的成功典范，从而激励女性的成就动机，增强她们追求成功的自信心。除此之外，学校教育中还需要不断探索适合女性的课程，创建符合女性特点的教学模式，使学校教育模式中的单性化局面得以改观。

2. 加强女大学生素质教育，提高自身能力水平。"淑女班"的创办，最大的目的就是，在综合考察女性自身的优势和特点的基础上，加强针对女性自身的教育，提高女性自身素质，增强女性能力优势，从而为女性在激烈的社会竞争中有立足之地。对女大学生进行素质教育，帮助当代女大学生学会用现代妇女观，正确地认识女性性别意识、平等意识，女性在社会发展中的地位、作用和价值，摆脱传统习俗与观念的束缚，认识社会性别形成的原因和消除历史必然性；帮助女大学生们树立正确的性别观念和性别知识，以改变沿袭已久的性别刻板印象和性别偏见，培养女大学生的性别自豪感，树立正确的女性人生观、价值观，使之具备"自尊、自信、自立、自强"的精神；为女大学生提供一个认识自我，认识社会的女性视角，增强主体意识和自信心，把女性个体的、感性的、下意识的性别经验，提升为女性群体的、共同的、理性的自觉认识和行动，提高女大学生的个人素质；要求女大学生自觉地进行人生定位和自我设计，不仅要掌握知识技能，学会做事，更要学会做人。注重女大学生的意志品质、素质修养、个性能力的培养，提升女性道德修养，开启女大学生的创新意识和创造能力，使之能够在未来的职业生涯中努力打造属于自己的一片蓝天。

3. 开展性别意识教育，帮助人们正确理解男女差异。男女两性存在差异，这一点是毫无疑问的，但是这种差异并非人们一贯所认为的区分男女孰优孰劣的差异，而是一种自身具有的、与其他同类相区别的特征表征性差异。男女的这种差异主要表现在生理、心理与行为的差异。生理方面的差异是客观存在的，不受人的主观意志的左右，因此有关这方面对人的影响讨论较少。而通常的男女性别偏见、性别歧视，多为男女心理和行为方面的差异所造成的。首先是智能方面的差异。男女两性的在智力和能力上是否有差异，一直是心理学家们关注的问题。对于男女智能方面的差异，社会上一般的认识是，男性在智力和能力方面都优于女性，男性有能力主宰这个世界，包括世上的一切，甚至还包括女人。这也是人们"男主女从"、"男主外，女主内""男强女弱"封建传统思想的根源。然而，世俗的看法虽然广为流传，影响面大，但并非科学。许多心理学家的研究结果对在智力方面这种男优女劣的看法给予了否定的答复。大量的研究结果显示，典型的智力分布曲线是一条两头偏，中间突起的正态曲线。分析考察男女两性的智力分布曲线，发现男性智力发育水平很高和很差的人数都多于女性。就是说，男人智愚较为悬殊，而女人的智力发展较为均匀。但男女智力在总体水平上是平衡的。男女的智力差异没有优劣之分，他们的智力差异主要体现在认知方式、言语能力、记忆能力和思维方式等方面。就认知方式而言，心理学家哈曼·威特金和他的同事在20世纪50年代和60年代曾进行过一系列与认知方式有关的实验并得出结论，认为妇女的认知活动属于场依赖型的，而男子则属于场独立型的。场独立者在信息加工中对内在参照有较大的依赖倾向，他们的心理分化水平较高，在加工信息时主要依据内在标准或内在参照，与人交往时很少能体贴入微。而场依存型者在加工信息时，对外参照有较大依赖倾向，他们的心理分化水平较低，处理问题时往往依赖于"场"，与别人交往时较能考虑对方的感受；场独立者的认知重构能力强，在认知中具有优势；而场依存者社会技能高，在人际交往中占优势。就言语能力而言，女性大脑的言语功能比男性强，女性更善于言语表达。就记忆能力而言，女性的机械记忆和形象记忆能力比男性强，但是对逻辑加工不是很注意。而男性却在逻辑记忆方面比女性更胜一筹。就思维方面而言，目前的研究表明，男女思维能力是有差异的，但这种差异主要表现在男女思维能力的各自特色上，而从总体水平上看，则没有显著差异。国外研究表明，女性偏于形象思维，男性则偏于抽象逻辑思维。①

开展男女性别差异的教育宣传，使男女认清这种差异，树立正确的性别观念，消除男生对女生的无端歧视和女性自我贬低。同时，提高女生自我肯定、自我欣赏的自信心，帮助她们树立自我认同感，使其能够充分发挥自身优势，做好适合自己的工作，为社会发展做出应有的贡献。从而使社会发展走到双性力量共同作用的轨道上来，促进社会更快、更好地持续向前发展。

从以上研究和分析可以看出，男女之间的差异多为一些自身特征表征的区别性差异，这种差异各有特色，但绝非是人们一贯所持有的优劣差异。正确认识男女两性间的差异，不仅仅有助于女性重新认识自己，发现和发挥自身的优势，而且还有助于消除社会对女性长期形成的偏见意识，有助于整个社会对女性认识水平的提高。

本文作者：周　艳，华中科技大学教育科学研究院副教授、博士；

　　　　　　王晓亚，华中科技大学教育科学研究院 2005 级，硕士。

---

① 罗慧兰：《女性学》，中国国际广播出版社 2002 年版，第 85～87 页。

反对家庭暴力　构建和谐社会

家庭暴力并非简单的"家事"，而是关涉妇女人权保障和社会文明程度的大事。从国际妇女人权的角度来看，联合国和部分国家的法律，都明确规定了有关防止家庭暴力的内容。我国提出要构建社会主义和谐社会，而和谐社会理应包括两性关系的和谐和家庭关系的和谐。在现阶段，家庭暴力已成为构建社会主义和谐社会中的不和谐音符。因此，反对家庭暴力刻不容缓，应从思想观念、法律制度及社会工程等方面着手。

一、家庭是社会和谐的基础，两性平等是和谐社会的重要标志

胡锦涛同志在省部级领导干部研讨班上指出，社会主义和谐社会应该是民主法治、诚信友爱、充满活力、安定有序、人与自然和谐相处的社会。

社会主义和谐社会既是一个社会理想，又是一个动态的历史发展过程；既包括宏观的制度建设，也包括微观的家庭、社区建设。其中，和谐家庭的构建是和谐社会的基础。

公平正义观念包含性别平等。公平指全体社会成员不论其性别、身份等差异而平等地享有权利。社会的主体是人，而人是由两性组成的。虽然两性在生理、心理等方面确实存在差异，但并不能因此决定他们享有的权利不平等。十六大报告强调"以人为本"，人是社会发展的目的，而人的发展当然包括男人和女人的发展。单有男人的发展或女人的发展，必定是畸形的发展。真正的文明社会必然是男女两性共同平等发展的社会。

家庭是社会生活的细胞，维护平等、和睦、文明、稳定的婚姻家庭关系是构建和谐社会的基础。家庭作为"社会的细胞"，在任何社会中都是一种基本的社会设置。作为处于个人与社会之间的中介，家庭的稳定，既为个人提供了私人生活的场所，又是社会稳定的基础。同时它还是实现人的社会化的第一个驿站。家庭具有性爱功能、生育功能、经济功能、情感功能等。① 家庭作为社会整合的初级群体，对社会生活的影响既是直接的，也是深层次的。家庭担当的生育功能，使其在人的社会化上起着基础性作用。很多青少年犯罪的原因往往会追溯到其家庭教育的弱化。两性关系也会最直接地体现在家庭关系之中：或"夫唱妇随"，或"男女平等"。在男女不平等的情况下，婚姻的大厦往往会解体，导致离婚率上升，从而带来社会不稳定，反之，家庭会较稳固，整个社会也会安定。

二、阻碍我国妇女人权发展的原因

妇女人权问题并不是一个简单的法律问题，而是有着广阔的社会背景。一个国家的妇

---

① 童星：《现代社会学理论新编》，南京大学出版社 2003 年版，第 47 页。

女人权状况，反映的是一个国家总体的社会关系结构，它反映了该国家政治、经济、文化、道德等方面的种种特点，反过来，后面的这几个因素是否合理又直接影响到妇女人权发展的程度。

我国自1949年新中国成立以来，即提出解放妇女、实现男女平等的政策。中国共产党始终将妇女解放作为中国人民解放事业的一部分，毛泽东同志曾深刻地指出：束缚中国妇女的有四大权力：即政权、族权、神权和夫权。因此，我们在建党之初，即提出了解放妇女、实现男女平等的革命纲领。新中国成立后，我国进一步采取措施，鼓励妇女摆脱家庭束缚，走向社会，投入到社会主义建设的各项事业中去。

2005年8月，国务院新闻办公室颁布了《中国性别平等与妇女发展状况》白皮书，全面总结介绍了我国妇女人权事业取得的成就。经过半个多世纪的努力，中国妇女的政治地位、经济地位及社会地位显著提高。据该书统计，目前，我国以中小企业家为主的女企业家，已占企业家总数的20%。2004年底，国有企事业单位专业技术人员中的女性比例达43.6%，比1995年的37.3%提高了6.3个百分点，其中高、中级职务的女性比例分别由20.1%、33.4%提高到30.5%和42.0%。全国人民代表大会代表中，女代表的比例一直保持在20%以上。中国共产党第十六次全国代表大会代表中女性占18%，比上次代表大会提高了1.2个百分点。十六届中央委员会中，女性委员和候补委员达7.6%，比上届提高了0.3个百分点。在中国八个民主党派中，女性占有较高比例，其中有七个党派女党员比例超过30%。全国政协副主席中有4位是女性，十届全国政协一次会议委员和常委中的女性分别占16.7%和11.7%，比上届一次会议提高了1.2和1.7个百分点。

上面这些数字说明，我国的妇女人权发展事业取得了巨大进步。在看到成绩时，我们也不可否认，我国妇女人权保障事业还存在许多问题，而影响妇女人权发展的因素是多方面的，概括起来，主要有三个方面：

第一，经济发展水平制约了妇女人权状况的改善。

在当今中国，由于物质水平和精神文明状况发展的制约，经济价值仍然是人们对事物进行评价时运用的重要标准之一。因此经济独立仍是实现妇女解放最实际、最根本的途径。但我国是一个发展中国家，而且各地、各行业经济发展水平极不平衡。在某些贫困地区，人们不得不为温饱而挣扎，为生计所奔忙。因为贫困，妇女得不到最起码的生育和卫生保障，早婚多育、营养不良，严重威胁着她们的生命健康权；因为贫困，妇女缺乏平等地接受教育和技术培训的机会，从而影响到她们自身发展的自由；贫困还使妇女经济地位、政治地位、社会地位低下，使她们丧失了作为人的尊严、价值和权利。总之，经济上的贫困使妇女无暇顾及自身的解放及价值实现。

第二，社会文化传统影响了妇女人权事业的发展。

中国几千年的封建社会历史，既创造了光辉灿烂的中华文明，也带来了不少封建文化糟粕。其中，"男尊女卑"思想尤为突出。它以"三纲五常"、"三从四德"为主，强调妇女的依附性、屈从性。妇女完全无独立人格可言。中国妇女从最初的思想束缚到后来身体也遭受摧残——裹小脚，出现了对妇女人格严重扭曲、变态的一种普遍社会心态。"千百年来这种封建的文化传统沉积成强大的习惯性驱动力，成为妇女受摧残、受奴役的意识形态上的总根源"。① 新中国成立以后,我国妇女在政治、经济及社会地位方面有了长足的发展,但由于历史传统的惯性和现实社会发展的局限,封建观念仍然在起作用,尤其是在贫困落后地区,仍然把妇女作为一项财产来看待,而不是作为一个"人"来对待。

第三,现实法律政策的不完善阻碍了妇女人权事业的发展。

我国从宪法到刑法、婚姻法等部门法,都贯彻了男女平等原则,着力加强对妇女人权的保障。但这些相关立法普遍较抽象,可操作性不强,尤其在妇女权益受到侵害后如何救济方面,更是存在诸多疏漏,具体体现在两个方面:

一方面,宣示性条款居多,可操作性不强。《宪法》第四十九条第四款规定:"禁止破坏婚姻自由、禁止虐待老人、妇女和儿童。"《婚姻法》第三条第二款规定:"禁止家庭暴力。"《妇女权益保障法》第二条规定:"禁止歧视、虐待、残害妇女。"第三十四条规定:"妇女的生命健康权不受侵犯。禁止溺、弃、残害女婴;禁止虐待、遗弃老年妇女。"第三十六条规定:"禁止拐卖、绑架妇女。"第三十九条规定:"妇女的名誉和人格尊严受法律保护,禁止用侮辱、诽谤、宣扬隐私等方式损害妇女的名誉和人格。"以上这些条款都属于宣示性条款,而相应的保障条款则显得不足,或者呈缺失状态,或者无操作的程序规定,使妇女人权在现实生活中难以保障到位。

另一方面,救济措施过于刚性,使妇女人权保障难以真正落实到位。对妇女权益的保障除了宪法保障外,主要依靠刑法、诉讼法等部门法的保护。我国主要散见于刑法、治安管理处罚法、婚姻法等具体法律之中。《刑法》第 260 条规定了虐待罪,第一款规定:"虐待家庭成员,情节恶劣的,处两年以下有期徒刑、拘役或者管制。"第二款规定:"犯前款罪,致使被害人重伤、死亡的,处两年以上七年以下有期徒刑。"第三款规定:"第一款罪,告诉的才处理。"可见,在"虐待罪"中,将"情节恶劣"视为一个必要的构成要件。但究竟何为"恶劣"却没有界定。而且对此罪实行的是自诉制度,只有造成重伤、死亡的,才由检察机关提起公诉,这就大大削弱了对妇女等弱者的保护力度。

在《婚姻法》中,仅仅规定因家庭暴力而离婚的,无过错方有损害赔偿请求权,而对普遍存在的侵权责任则无规定。

在《民事诉讼法》中,对家庭暴力的证据采信、证明标准、反证责任、司法鉴定的程序等无相应规定。致使受害方在家庭暴力案件中难以胜诉。据有关资料统计,在家庭暴力事件中,只有约 2% 受到法律的严惩。②

三、加强妇女人权保障的对策及建议

妇女人权保障事业是一项系统的社会工程,它不可能单方面发展,也不可能在短期内一蹴而就,必须依赖整个社会文明进步的提升。就目前而言,我们应从观念、制度及社会三个层面加强该项事业的建设。

1. 要从社会主义和谐社会战略目标的高度,认识妇女人权问题

① 李小红:《夏娃的探索:妇女研究论稿》,河南人民出版社 1988 年版,第 17 页。

② 张剑:《家庭暴力的法律规制及其社会救助》,《中华女子学院学报山东分院学报》,2004 年第 4 期。

深刻认识男女平等的基本国策，把两性平等的公平正义观念贯彻于构建社会主义和谐社会的事业之中。妇女占世界人口的一半，她们既是人类自身生产的创造者，也是人类走向进步与文明的强大生产力。任何一个民族和社会的发展都离不开妇女人权的发展。"妇女解放的程度是衡量普遍解放的天然尺度。"① 资产阶级启蒙思想家早在几个世纪之前就提出"人人生而平等"的口号。认为"女人和男人一样属于共同的人类"。"天赋人权"思想激励着一代又一代妇女为争取自己的尊严和自由而奋斗。她们将妇女解放从政治口号变成了制度化、法律化的权利，从《女权宣言》、《权利和要求宣言》到爱尔兰的《男女就业平等法》、英国的《同工同酬法》和挪威的《男女平等地位法》。社会主义制度的确立使妇女人权事业跃上了一个新的历史阶段，中国的妇女人权保障形成了以《宪法》为基础、以《妇女权益保障法》等为主体的法律法规体系。现在，我国又提出了构建社会主义和谐社会的重要目标，而和谐社会的构建必然包含妇女人权事业的发展。

同时，家庭是和谐社会的基础，只有家庭关系的和谐，才有社会关系的和谐。现代社会，竞争日趋激烈，家庭的和谐幸福，已成为人们的强大的精神动力和内在的心理渴求。家庭成员之间的和谐幸福，必定会为社会的人际关系提供蓝本，将这种关系类比推展到整个社会，从而构成和谐社会得以实现的逻辑起点。

2. 加强制度建设，从政策和法律上为妇女权益提供制度保障。

第一，完善立法。

应从国内和国际两方面入手。国内方面，首先要加快制定统一的《反对家庭暴力法》等新的法律法规，同时对已经出台的法律法规要从实体和程序上加以完善，尤其是要加强法的可适用性和可操作性。如对家庭暴力问题，民事诉讼法上可采用举证责任倒置；对虐待罪问题，刑事诉讼法上应规定一律有人民检察院提起公诉。国际方面，应加强国际对话与交流。1995 年的第四次世界妇女大会，通过了《北京宣言》和《行动纲领》，1979 年，联合国通过了《消除对妇女的一切形式歧视公约》，1993 年，联合国发表了《消除针对妇女的暴力宣言》。中国于 2000 年 5 月向联合国提交了《中华人民共和国 1995 年第四次世界妇女大会〈北京宣言〉〈行动纲领〉执行成果报告》，2004 年 2 月提交了《关于〈消除对妇女一切形式歧视公约〉执行情况第五次和第六次定期报告》，2005 年 3 月提交了《中华人民共和国执行〈北京行动纲领〉（1995 年）和第二十三届联大特别会议成果文件（2000 年）情况报告》。但与世界发达国家相比，我国在对妇女权益保障方面，仍然存在一定差距，尤其是至今尚未出台统一的反家庭暴力法，而新西兰、英国、日本等国家早已颁行了此法。此外，在对受害妇女的社会救助方面，我们也未建立起一套行之有效的救助机制。因此，我们应加强这方面的工作，以进一步加强与国际社会的交流与沟通。

此外，国家在政策方面也应充分考虑到妇女人权保障问题。在女性参政中，可硬性规定"配额制"，给予妇女特殊保护；在女性接受教育、劳动就业等方面也应有硬性规定，任何单位和个人不得在招生就业中歧视妇女。

第二，严格执法。

在国家还未出台新的法律法规之前，社会应严格遵守和实施已经颁布的法律法规，不得打任何折扣。如《妇女权益保障法》明确规定了妇女的平等就业权；《女职工生育保险

---

① 《马克思恩格斯选集》第三卷，人民出版社 1972 年版，第 300 页。

法》明确规定了妇女在"三期"应当享有的权利；《农村土地承包法》明确规定了妇女享有的平等的土地承包权；《继承法》明确规定了妇女的平等的继承权；《婚姻法》明确规定了妇女的婚姻家庭自主权等等。

3. 加强精神文明建设，提高社会的男女平等观念，倡导尊重妇女权益的社会风尚。

旧的习惯势力总有它的惯性，要克服这种惯性，要求我们加强思想、文化和道德等方面的精神文明建设。要科学而正确地看待男女两性在生理和心理方面的差异，消除对妇女的一切形式的歧视。要倡导新型的家庭伦理文化。吸取中国传统文化中的"和合"精神，以和为贵，家和万事兴。同时也要吸取西方文化中的追求个人幸福的价值取向，既以家庭的和谐、稳定为重，同时又不牺牲个人的自由和幸福；既有家庭成员的自主性，又有相互的包容性，由此，形成一个和谐而又动态的幸福家庭。

本文作者：司马俊莲，武汉大学法学院博士。

图书在版编目(CIP)数据

女性论坛 . 第 1 辑/俞湛明,罗萍编著 .—武汉:武汉大学出版社,
2007.12
ISBN 978-7-307-05993-1

Ⅰ.女… Ⅱ.①俞… ②罗… Ⅲ.妇女学—文集 Ⅳ.C913.68-53

中国版本图书馆 CIP 数据核字(2007)第 169597 号

责任编辑:杜七红 责任校对:王 建 版式设计:詹锦玲

出版发行:**武汉大学出版社** (430072 武昌 珞珈山)
(电子邮件:wdp4@whu.edu.cn 网址:www.wdp.com.cn)
印刷:湖北省通山县九宫印务有限公司
开本:787×1092 1/16 印张:13.5 字数:325 千字 插页:2
版次:2007 年 12 月第 1 版 2007 年 12 月第 1 次印刷
ISBN 978-7-307-05993-1/C·195 定价:22.00 元